ZONE

입문편

GRAMMAR ZONE 입문편

지은이	NE능률 영어교육연구소
선임연구원	김진홍 한정은
연구원	박진향 정희은 이은비 신유승
영문교열	Benjamin Robinson Patrick Ferraro MyAn Thi Le Lewis Hugh Hosie
표지·내지디자인	닷츠
내지일러스트	김기환
맥편집	이인선
Photo credits	www.shutterstock.com

NE능률이
미래를
창조합니다.

건강한 배움의 고객가치를 제공하겠다는 꿈을 실현하기 위해
40년이 넘는 시간 동안 열심히 달려왔습니다.

앞으로도 끊임없는 연구와 노력을 통해
당연한 것을 멈추지 않고

고객, 기업, 직원 모두가 함께 성장하는 NE능률이 되겠습니다.

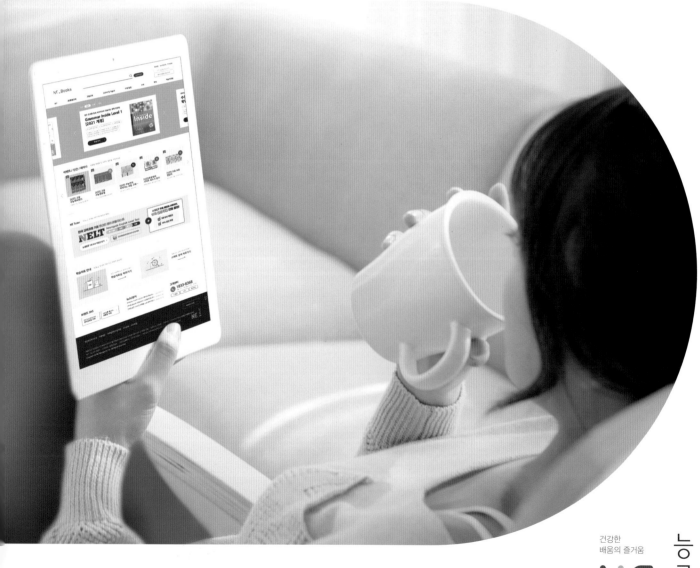

'대한민국 영문법 교재의 새로운 표준'을 표방하며 2004년 처음 출간된 이후로 Grammar Zone 시리즈는 수많은 학교와 학원에서 강의용 교재로 활용되었고, 과외용 또는 자습용 교재로도 많은 학습자들에게 사랑 받아 왔습니다. Grammar Zone 시리즈가 이렇게 많은 인기를 얻게 된 이유는 다음 두 개의 영어 형용사로 설명할 수 있을 것 같습니다.

Authentic

Grammar Zone 시리즈는 실생활에서 쓰는 대량의 언어 데이터(코퍼스, corpus)를 분석하여 자주 사용되는 구문 중심으로 문법 항목을 선정했기 때문에 더 이상 사용하지 않는 문법은 공부할 필요가 없도록 구성했습니다. 또, 문법 설명만을 위해 만들어진 어색한 예문을 배제하였고, 영미문화권에서 실제로 사용되는 활용도 높은 예문을 제시하였습니다.

Practical

물론 영어에는 일정한 규칙이 있지만, 언어는 계속해서 변화하는 것이기 때문에 지나치게 규칙에 얽매이면 영어라는 언어를 종합적으로 이해하기가 불가능해집니다. Grammar Zone 시리즈는 분석적인 규칙 제시를 최소화하고, 실제 활용도가 높은 예문과 구문을 제시하여 이를 통해 자연스럽게 문법을 이해할 수 있도록 하였습니다.

이번에 Grammar Zone 2차 개정판을 기획하면서 몇몇 독자로부터 영문법이 자주 바뀌는 것도 아닌데 개정이 필요하냐는 얘기를 듣고, 일면 타당한 의견이라고 생각했습니다. 하지만 빠르게 변화하고, 특히 다양한 매체가 존재하는 요즘에는 하루가 멀다 하고 신조어와 새로운 언어 규칙이 생겨나고 있으며 몇 년 사이에 더 이상 쓰지 않는 말들도 많아지고 있습니다. 이제 '대한민국 영문법 교재의 표준'이 된 Grammar Zone은 이런 언어의 변화상까지 담을 수 있어야 한다고 생각했습니다. 그것이 Grammar Zone의 장점인 'authentic'하고, 'practical'한 면을 유지할 수 있는 길이라고 믿기 때문입니다.

구성과 특징

BUILD YOUR GRAMMAR

각 UNIT의 주요 문법 개념을 그림과 함께 쉽게 풀어 설명한 BUILD YOUR
GRAMMAR를 통해 앞으로의 학습을 준비할 수 있습니다.

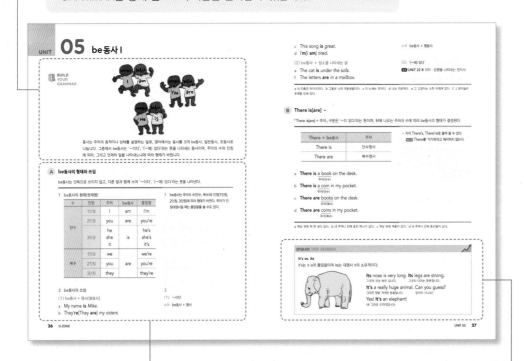

문법 해설

원어민들이 실제로 사용하는 문법을 담아 살아있는 문법 학습을 할 수 있습니다. 실
용적인 예문과 그에 대응하는 설명을 함께 제시하여 한눈에 읽고 이해할 수 있습니다.
관련 UNIT을 **참조**로, 틀리기 쉬운 내용은 **NOTE**로 제시하였습니다.

UPGRADE YOUR GRAMMAR

UPGRADE YOUR GRAMMAR 코너를
통해 중요한 문법 사항의 원리를 보다
자세하게 이해할 수 있습니다.

EXERCISE

각 UNIT에서 학습한 내용을 바로 확인
할 수 있도록 다양한 유형의 연습 문제
를 수록했습니다. 유의미한 드릴부터 사
고력을 길러주는 서술형 문제에 이르기
까지 풍부한 연습 문제를 통해 문법 실
력을 다지고 쓰기 능력을 동시에 강화할
수 있습니다.

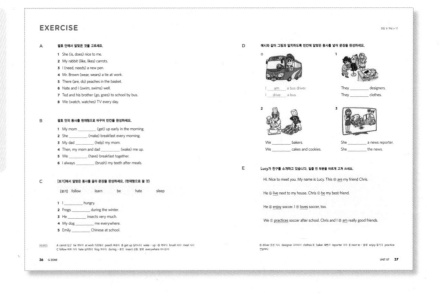

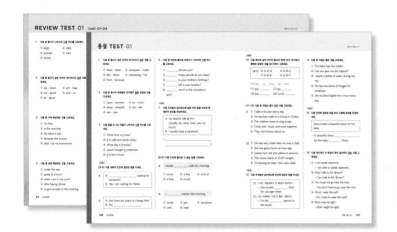

REVIEW TEST / 총괄 TEST

일정 UNIT 묶음마다 학습한 문법사항을 총정리할 수 있도록 REVIEW TEST를 수록했습니다. 누적 테스트를 통해 문법 학습 이해도를 점검하고, 나아가 내신 및 서술형 평가를 체계적으로 대비할 수 있습니다.

교재 전체의 문법 사항을 누적하여 출제한 총괄 TEST 2회분을 통해서는 문법에 대한 이해도를 최종 점검할 수 있습니다.

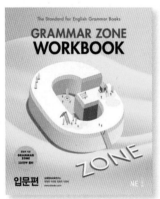

WORKBOOK 별매

본 교재와 연계된 워크북에서 더욱더 많은 문제를 풀어볼 수 있습니다.

양질의 다양한 문제를 통해 배운 사항을 확인하고 문법 실력을 더욱 공고히 다질 수 있습니다.

일러두기

이 책에 쓰인 약어, 용어, 기호 풀이

1 볼드체(굵은 글씨)와 이탤릭체(기울어진 글씨): 볼드체는 설명하는 문법에 해당하는 부분에 적용하고, 이탤릭체는 그와 연관된 부분에 적용하여 문법 사항이 예문 속에서 잘 드러나도록 했습니다.

2 이 책에 쓰인 약어와 기호의 뜻

용어	뜻	용어	뜻
cf.	비교	one's	소유격
e.g.	예시	[ ]	대체할 수 있는 말
복	복수형	( )	생략된 말 또는 부가 해석/설명
형	형용사	↔	반대말
부	부사	취소선	어법상 틀린 구 또는 문장

Contents 입문편

01 문장 성분

**BUILD
YOUR
GRAMMAR**

문장 성분은 문장을 이루는 구성 요소를 말하며, 주어, 동사, 목적어, 보어, 수식어로 나뉩니다.
우리말에서는 단어 끝에 붙는 말에 따라 문장 성분이 결정되므로, 문장 성분의 순서가 뜻에 큰 영향을
주지 않습니다.

<u>진아는</u> 지용이를 좋아**한다**. = 지용이를 진아는 좋아**한다**.
    주어   목적어   동사   목적어   주어   동사

영어에서는 단어의 순서에 따라 문장 성분이 결정되므로, 같은 단어라도 어디에 오느냐에 따라 문장
에서의 역할이 달라집니다.

Jina   likes   Jiyong.   ≠   Jiyong   likes   Jina.
주어   동사   목적어   주어   동사   목적어
진아는 좋아한다 지용이를   지용이는 좋아한다 진아를

영어 문장은 보통 주어와 동사로 시작되며, 목적어나 보어는 동사 뒤에 옵니다. 수식어는 문장을 만드
는 데 필수적인 성분은 아니지만, 다른 문장 성분을 꾸며 문장의 뜻을 더 자세하게 해 줍니다.

Ⓐ 주어와 동사

- **주어**: 행동의 주체가 되는 말. 우리말의 '~은/는, ~이/가'에 해당하며, 주로 문장 제일 앞에 온다.
- **동사**: 주어의 동작이나 상태를 나타내는 말. 우리말의 '~이다, ~하다'에 해당하며, 주어 뒤에 온다.

---

a <u>I</u> <u>drive</u>.
    주어 동사

b <u>My father</u> <u>sleeps</u>.
      주어   동사

- 주어와 동사만으로도 문장을 만들 수 있다.

---

a 나는 운전한다. b 우리 아버지는 주무신다.

B 목적어와 보어

- **목적어**: 동사의 목적, 즉 대상이 되는 말. 우리말의 '~을/를'에 해당하며, 동사 뒤에 온다.
- **보어**: 주어나 목적어를 보충 설명하는 말. 'A는 B이다'에서 B에 해당하며, 동사나 목적어 뒤에 온다.

1 목적어

a I learn **English**.
   주어 동사   목적어

b Mike wears **glasses**. [Mike wears.]
   주어   동사   목적어

- 동사에 따라 목적어나 보어를 꼭 써야 할 때가 있다.
  참조 UNIT 10, 11 동사와 목적어·보어

2 보어

c I am **a student**. [I am.]
   주어동사   보어

d This coat keeps me **warm**.
     주어   동사 목적어 보어

a 나는 영어를 배운다. b 마이크는 안경을 쓴다. c 나는 학생이다. d 이 코트는 나를 따뜻하게 유지한다.

C 수식어

수식어: 다른 말을 꾸며주어 뜻을 더 자세하게 해주는 말. 수식어는 문장에 꼭 있어야 하는 요소가 아니므로 생략해도 문장은 성립한다.

a I like tea.
   → I like **hot** tea.

b The sky gets dark.
   → The sky gets dark **at night**.

c I go **to school** **by bike** **at 7** **every morning**.

c 수식어는 한 문장에 여러 개가 있을 수도 있다.

a 나는 차를 좋아한다. → 나는 뜨거운 차를 좋아한다. b 하늘이 어두워진다. → 밤에 하늘이 어두워진다. c 나는 매일 아침 7시에 자전거로 학교에 간다.

EXERCISE

A 　예시와 같이 문장에서 주어에 동그라미, 동사에 밑줄을 치세요.

0 (We) love soccer.

1 Jack works at a museum.

2 Jenny is my best friend.

3 People study Chinese.

4 Dogs like balls.

5 She lives in New York.

6 I play computer games every weekend.

7 Ms. Kim teaches tennis at school.

B 　밑줄 친 부분이 목적어인지 보어인지 쓰세요.

1 He has sisters.

2 Ms. Brown is old.

3 I love my mother.

4 We are students.

5 Children like chocolate.

6 The computer is expensive.

7 You look happy today.

C 　문장에서 수식어에 밑줄을 치세요.

1 I need a new camera.

2 He plays the violin well.

3 They exercise together.

4 Let's build a big snowman.

5 She meets him at the park.

6 The teacher speaks loudly.

WORDS 　**A** soccer 축구 work 일하다 museum 박물관 Chinese 중국어 weekend 주말 tennis 테니스 **B** expensive 비싼
C violin 바이올린 exercise 운동하다 together 함께 build 짓다, 만들다 snowman 눈사람 speak 말하다 loudly 큰 소리로

D 밑줄 친 부분의 문장 성분을 쓰세요.

1 I go to bed <u>at 11 p.m.</u>

2 Leaves turn <u>red</u> in autumn.

3 My parents <u>like</u> music.

4 I have <u>breakfast</u> every day.

5 The movie is <u>interesting</u>.

6 She gets up <u>early</u> in the morning.

7 <u>He</u> <u>wears</u> a cap on sunny days.

E 그림과 일치하도록 [보기]에 주어진 말을 써서 문장을 완성하세요.

[보기] well   dark   kind   short

1

He is a _____ boy.

2

The dog has _____ legs.

3

She speaks English _____.

4

This room is _____.

D go to bed 잠자리에 들다 leaf (나뭇)잎 (복) leaves) turn 변하다 autumn 가을 breakfast 아침 식사 interesting 흥미로운
early 일찍 cap 캡모자 **E** well 잘 dark 어두운 kind 친절한 short 짧은

02 품사, 구와 절

BUILD
YOUR
GRAMMAR

영어 단어는 뜻과 역할에 따라 동사, 명사, 대명사, 형용사, 부사, 전치사, 접속사, 감탄사로 나뉘고, 이 분류를 품사라고 합니다.
이런 단어들이 뭉쳐서 마치 한 단어인 것처럼 문장의 일부로 쓰이기도 하는데, 그런 덩어리를 구 또는 절이라고 합니다.

A 품사

품사: 단어를 뜻과 역할에 따라 나눈 것으로, 영어 단어는 여덟 가지의 품사로 나뉜다.

동사	• 사람, 동물, 사물의 동작이나 상태를 나타내는 말	be, have, go, make, buy, eat, play ... a I **play** tennis on Sundays. b John **is** my classmate.
명사	• 사람, 동물, 사물의 이름을 나타내는 말 • 주어, 목적어, 보어로 쓰임	Eric, cat, dream, game, movie, peace ... c **Eric** likes **games**. d This is a great **movie**.
대명사	• 명사를 대신하는 말 • 주어, 목적어, 보어로 쓰임	I, you, he, she, they, this, that, them, my ... e Kate has many friends. **She** likes **them**. f **It**'s **my** wallet.
형용사	• 명사 또는 대명사의 성질이나 상태를 나타내는 말 • 보어, 수식어로 쓰임	kind, good, fun, dark, happy, long ... g The book is **fun**. h I have a **long** skirt.

부사	• 형용사, 동사, 다른 부사나 문장 전체를 꾸며주는 말 • 수식어로 쓰임	very, well, here, always, too, really, hard ... i This bag is **too** small. j She studies **hard**.
전치사	• 명사 또는 대명사 앞에 놓여 시간·장소·방향·목적 등 을 나타내는 말	at, in, on, for, from, to, before, after ... k Let's meet **at** 10 a.m. l I live **in** Seoul.
접속사	• 말과 말을 이어주는 말	and, but, or, because, when ... m He is cool **and** handsome. n Dad likes winter, **but** I don't.
감탄사	• 감정을 표현하는 말	Oh, Wow, Oops, Oh my god ... o **Wow**, you look great!

a 나는 일요일마다 테니스를 한다. b 존은 나의 반 친구이다. c 에릭은 게임을 좋아한다. d 이것은 훌륭한 영화이다. e 케이트는 많은 친구들이 있다. 그녀는 그들을 좋아한다. f 그것은 내 지갑이다. g 그 책은 재미있다. h 나는 긴 치마가 있다. i 이 가방은 너무 작다. j 그녀는 열심히 공부한다. k 오전 10시에 만나자. l 나는 서울에 산다. m 그는 멋지고 잘생겼다. n 아빠는 겨울을 좋아하시지만 나는 그렇지 않다. o 와, 너 멋져 보인다!

B 구와 절

• **구**: 두 개 이상의 단어가 모인 덩어리가 문장의 일부로 쓰이는 것으로, 「주어 + 동사」를 포함하지 않는 것을 말한다.
• **절**: 두 개 이상의 단어가 모인 덩어리가 문장의 일부로 쓰이는 것으로, 「주어 + 동사」를 포함하는 것을 말한다.

1 구

a **Sleeping well** is good for your health.
b The books **in my bag** are heavy.
c The cat sleeps **on the sofa**.

1

a 명사 역할을 하는 구 (주어)
b 형용사 역할을 하는 구 (명사 books를 꾸며줌)
c 부사 역할을 하는 구 (동사 sleeps를 꾸며줌)

2 절

d **My sister is thirteen** and **my brother is ten**.
e I think **that you are right**.
f I like movies **that move me**.
g He always smiles **when he sees me**.

2

d 서로 지위가 같은 절
e 명사 역할을 하는 절 (동사 think의 목적어)
f 형용사 역할을 하는 절 (명사 movies를 꾸며줌)
g 부사 역할을 하는 절 (다른 절을 꾸며줌)

a 잘 자는 것은 건강에 좋다. b 내 가방 안에 있는 책들은 무겁다. c 그 고양이는 소파 위에서 잔다. d 내 여동생은 열세 살이고, 내 남동생은 열 살이다. e 나는 네가 맞다고 생각한다. f 나는 나를 감동하게 하는 영화들을 좋아한다. g 그는 나를 볼 때 늘 웃는다.

EXERCISE

A   다음 단어의 품사를 쓰세요.

1	sell	_____		
3	you	_____		
5	pen	_____		
7	beautiful	_____		
9	now	_____		

2 tall _____

4 become _____

6 on _____

8 but _____

10 grow _____

B   품사가 나머지와 <u>다른</u> 하나를 고르세요.

1 week, grandmother, good, night, picture

2 about, see, take, teach, go, find

3 because, warm, great, special, easy

4 well, very, really, cute, forever, always

5 hobby, airplane, mountain, listen, house

C   문장에서 형용사에 밑줄을 치세요.

1 Min-woo is very smart.

2 Math is a difficult subject.

3 The website is useful for students.

4 Steve has an old car. He wants a new car.

D   문장에서 부사에 밑줄을 치세요.

1 Actually, I am busy now.

2 I am too tired today.

3 The baby cries loudly.

4 The horse runs very fast.

WORDS   A sell 팔다 become ~이 되다 grow 자라다 B find 발견하다 warm 따뜻한 special 특별한 cute 귀여운 forever 영원히 airplane 비행기 C smart 똑똑한 difficult 어려운 subject 과목 useful 유용한 D actually 사실은 tired 피곤한

E [보기]에서 알맞은 말을 하나씩 골라 빈칸을 채우세요.

[보기] about he favorite quickly and sleep gift

1 This is a _____ from Ryan.

2 I _____ late on Saturdays.

3 I always think _____ you.

4 My _____ food is pizza.

5 I have brothers _____ sisters.

6 Phil is my friend. _____ is a guitarist.

7 The dog wags its tail _____.

F 밑줄 친 부분이 구인지 절인지 쓰세요.

1 They live in Italy.

2 I think that the book is interesting.

3 I keep my laptop under my bed.

4 Look both ways before you cross the road.

5 She can't go with us because she is too young.

G 그림과 일치하도록 절과 절을 바르게 짝지으세요.

1  **2**  **3**

1 He can't go to school •

2 My friend has a ring •

3 I know •

• (a) that the milk is cold.

• (b) because he is sick.

• (c) that sparkles.

E favorite 가장 좋아하는 quickly 빠르게 late 늦게 guitarist 기타리스트 wag (꼬리를) 흔들다 tail 꼬리 **F** laptop 노트북
under ~ 아래에 both 양쪽의 way 길; *방향, 쪽 cross 건너다 road 길 young 어린 **G** sparkle 반짝이다

03 명사

BUILD
YOUR
GRAMMAR

지용이, 치즈, 어린이, 사랑 … 명사(名詞)는 이처럼 사람이나 동물, 사물의 이름(名)을 나타내는 말입니다. 명사는 크게 셀 수 있는 명사와 셀 수 없는 명사로 나눌 수 있습니다.

하나,둘…

셀 수 있는 명사   셀 수 없는 명사

A 셀 수 있는 명사

정해진 모양이 있거나 서로 뚜렷이 구분되어 개수를 셀 수 있는 명사를 말한다.

1 셀 수 있는 명사의 단수형	**1** 한 개를 가리킬 때는 단수형을 쓰고 앞에 a를 쓴다.
a a man a dog a house a flower	
b an apple an egg an idea an hour[áuər]	b 발음이 모음으로 시작할 때는 an을 쓴다.

2 셀 수 있는 명사의 복수형	**2** 두 개 이상을 가리킬 때는 복수형을 쓴다.
c dog**s** bag**s** tree**s** book**s**	c 대부분의 명사 + -s
d bus**es** dish**es** bench**es** box**es**	d 「-s, -sh, -ch, -x」 + -es
e baby → bab**ies** lady → lad**ies**	e 「자음 + y」: y를 i로 바꾸고 + -es
f wolf → wol**ves** knife → kni**ves**	f 「-f, -fe」: -f(e)를 -v로 바꾸고 + -es
(예외: roof → roof**s** belief → belief**s**)	
g potato → potato**es** tomato → tomato**es**	g 「자음 + o」 + -es
(예외: photo → photo**s** piano → piano**s**)	
h man → **men** woman → **women**	h 불규칙 변화
foot → **feet** tooth → **teeth**	
child → **children** mouse → **mice**	
i sheep → **sheep** deer → **deer**	i 단수형 = 복수형

B 복수형의 발음

- **유성음**: 발음할 때 목구멍이 울리는 소리 ([b], [d], [g], [z] 등의 자음과 모든 모음)
- **무성음**: 발음할 때 목구멍이 울리지 않는 소리 ([t], [p], [k], [s] 등의 자음)

1 유성음 + -(e)s: [z]

a be**ds**: bed[z]　　　　b do**gs**: dog[z]

2 무성음 + -(e)s: [s]

c ca**ts**: cat[s]　　　　d ma**ps**: map[s]

3 [s] [z] [tʃ] [ʃ] [dʒ] + -(e)s: [iz]

e clas**ses**: class[iz]　　f si**zes**: size[iz]

g wat**ches**: watch[iz]　　h di**shes**: dish[iz]

i pa**ges**: page[iz]

1

a -ds: [드즈]가 아니라 [즈]로 이어서 발음한다.

2

c -ts: [트스]가 아니라 [츠]로 이어서 발음한다.

3 [s] [z] [tʃ] [ʃ] [dʒ]로 끝나는 단어는 보통 -es를 [이즈]로 발음한다.

C 셀 수 없는 명사

일정한 형태가 없거나 눈에 보이지 않아서 개수를 세기 어려운 명사를 말한다.

1 셀 수 없는 명사의 종류

a bread, butter, milk, money, water, air, ice, gold ...

b love, luck, health, anger, happiness, freedom ...

c Tom, Seoul, Harvard University ...

1 항상 단수형으로 쓰며 a나 an을 붙이지 않는다.

a 정해진 모양이 없는 물질 (물질명사)

b 추상적인 개념 (추상명사)

c 고유한 이름 (고유명사)

2 물질명사의 양을 나타낼 때

d a **glass** of water　　two **glasses** of water

e a **cup** of rice　　　　two **cups** of rice

f a **piece** of paper　　three **pieces** of paper

g a **slice** of bread　　three **slices** of bread

2 물질명사는 glass, cup, piece, slice 등의 단위를 써서 「단위 + of + 물질명사」의 형태로 양을 나타낸다. 복수를 나타낼 때는 단위 앞에 숫자를 쓰고 단위를 복수형으로 쓴다.

UPGRADE YOUR GRAMMAR

the의 쓰임

a(n)는 여러 개 중 아무거나 하나를 나타내는 명사 앞에, the는 문맥상 어느 것인지 분명한 명사 앞에 쓴다.

A : Can you lend me **an** *umbrella*?　　우산 하나 빌려줄래? (아무 우산)

B : Sure. Take **the** *umbrella* by the door.　　응. 문 옆의 그 우산을 가져가. (아무 우산이 아니라 문 옆에 있는 그 우산)

EXERCISE

A 다음 명사의 복수형을 쓰세요.

1 tree _____		**2** country _____	
3 deer _____		**4** knife _____	
5 roof _____		**6** tooth _____	
7 hero _____		**8** address _____	
9 box _____		**10** wife _____	
11 child _____		**12** potato _____	

B 밑줄 친 부분의 발음이 나머지와 <u>다른</u> 하나를 고르세요.

1 ① desk<u>s</u>   ② flower<u>s</u>   ③ teacher<u>s</u>   ④ movie<u>s</u>

2 ① brid<u>ges</u>   ② chur<u>ches</u>   ③ brus<u>hes</u>   ④ live<u>s</u>

3 ① piano<u>s</u>   ② computer<u>s</u>   ③ pencil<u>s</u>   ④ shop<u>s</u>

4 ① ticket<u>s</u>   ② cap<u>s</u>   ③ award<u>s</u>   ④ rock<u>s</u>

C 셀 수 있는 명사이면 C, 셀 수 없는 명사이면 U를 쓰세요.

1 water _____		**2** bicycle _____	
3 building _____		**4** notebook _____	
5 camera _____		**6** happiness _____	
7 friend _____		**8** friendship _____	
9 salt _____		**10** snow _____	

D 괄호 안에서 알맞은 것을 고르세요.

1 Susan is (student, a student).

2 I have two (book, books) in my bag.

3 Mr. Kim has (son, a son) and two daughters.

4 I usually eat (orange, an orange) and (a, a piece of) bread for lunch.

WORDS   **A** country 나라 deer 사슴 hero 영웅 address 주소 **B** bridge 다리 brush 붓 award 상 rock 바위 **C** bicycle 자전거 happiness 행복 friendship 우정 **D** son 아들 daughter 딸 lunch 점심 식사

E 그림과 일치하도록 [보기]에 주어진 말을 써서 수량을 나타내세요.

[보기] cup   piece   slice   glass
        paper   coffee   cheese   milk

1

_____

2

_____

3

_____

4
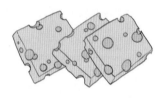
_____

F 문장의 밑줄 친 부분을 바르게 고쳐 쓰세요.

1 I am from <u>a Korea</u>.

2 She has <u>two babys</u>.

3 I have <u>five tomatos</u>.

4 There are <u>three egg</u> in the basket.

5 Jane drinks <u>two cups of teas</u> after dinner.

6 He dances for <u>a hour</u> every day.

F be from ~ 출신이다 basket 바구니

UNIT 04 대명사

BUILD
YOUR
GRAMMAR

대명사(代名詞)는 명사를 대신(代)하는 말입니다. '나는 너를 좋아해.'라는 문장에서 '나'와 '너'라는 말이 없다면 어떨까요? '진아는 지용이를 좋아해.' 이렇게 일일이 이름을 써야 할 것입니다. 이처럼 대명사는 명사 대신 쓰여서 말을 간편하게 만들어 줍니다. 영어에서는 특히, 같은 명사가 반복되면 거의 대명사를 쓴답니다.

A 인칭대명사

인칭대명사는 사람 또는 동물, 사물의 이름을 대신해 쓰는 말이다.

1 인칭대명사의 형태

인칭		격	주격 (~이/가)	소유격 (~의)	목적격 (~을/를)	소유대명사 (~의 것)
1인칭	단수		I	my	me	mine
	복수		we	our	us	ours
2인칭	단수		you	your	you	yours
	복수					
3인칭	단수	남성	he	his	him	his
		여성	she	her	her	hers
		중성	it	its	it	-
	복수		they	their	them	theirs

1 인칭대명사는 인칭과 격에 따라 형태가 달라진다.
- 1인칭: 말하는 사람(I)
- 2인칭: 듣는 사람(you)
- 3인칭: 그 외의 사람 또는 동물, 사물
  (그 외의 모든 명사와 대명사)

• 격이란 명사 또는 대명사가 문장 내에서 가지는 자격을 뜻한다.
- 주격: 주어로서의 자격
- 소유격: 명사 앞에 붙어 소유의 뜻을 나타냄
- 목적격: 목적어로서의 자격
- 소유대명사: 「소유격 + 명사」의 뜻을 나타냄

2 인칭대명사의 쓰임

2 사람 또는 동물, 사물의 이름을 대신해 쓴다.

a Billy is a student. **He** is smart.
  = Billy

b I have a dog. **It** is black.
  = The dog

c I lost **my** bag. Please help **me**.

d Do **you** have **your** camera *with* **you**?

d 전치사 뒤에는 목적격을 쓴다.

e **He** lives with **his** family. They love **him** very much.

f This pen is not **mine**. **It** is **his**.
  = my pen = his pen

cf₁ It is my father**'s** car.

cf₂ I know all my friend**s'** birthdays.

cf. 명사의 소유격: 사람을 나타내는 명사 뒤에 's를 붙여 소유격을 만들 수 있는데 -s로 끝나는 복수 명사는 뒤에 '만 붙인다.

---

a 빌리는 학생이다. 그는 똑똑하다. b 나에게는 개가 한 마리 있다. 그것은 검은색이다. c 제 가방을 잃어버렸어요. 저를 도와주세요. d 너는 네 카메라를 지니고 있니? e 그는 자기 가족과 함께 산다. 그들은 그를 매우 많이 사랑한다. f 이 펜은 내 것이 아니다. 그것은 그의 것이다. *cf₁* 그것은 우리 아버지의 차다. *cf₂* 나는 내 모든 친구들의 생일을 안다.

B 지시대명사

지시대명사는 가까이 또는 멀리 있는 사람이나 동물, 사물을 꼭 집어 가리키는 말이다.

a **This** is an apple.

a 가까운 것을 가리킬 때 this, '이것, 이 사람'

b **That** is my aunt.

b 멀리 떨어진 것을 가리킬 때 that, '저것, 저 사람'

c **These** are apples.

c this의 복수형: these

d **Those** are my aunts.

d that의 복수형: those

e **This** *car* is fast. / **These** *cars* are fast.

e this[these] + 명사: 이 ~

f **That** *ring* is beautiful. / **Those** *rings* are beautiful.

f that[those] + 명사: 저 ~

---

a 이것은 사과다. b 저 분은 우리 이모다. c 이것들은 사과다. d 저 분들은 우리 이모들이다. e 이 차는 빠르다. / 이 차들은 빠르다. f 저 반지는 아름답다. / 저 반지들은 아름답다.

C 비인칭 주어 *it*

특별히 무언가를 가리키지 않으면서 주어로 쓰이는 it을 비인칭 주어라고 한다.

a A: What time is **it**?   B: **It** is nine o'clock.

b A: What day is **it** today?   B: **It** is Wednesday.

c **It** is sunny and warm today.

d **It** is dark in this classroom.

e **It** is 2 km from here to the park.

• 시간, 요일, 날씨, 명암, 거리 등을 나타낼 때 주어 자리에 it을 쓴다. 이때 it은 따로 해석하지 않는다.

---

a A: 몇 시니? B: 9시야. b A: 오늘이 무슨 요일이지? B: 수요일이야. c 오늘은 맑고 따뜻하다. d 이 교실 안은 어둡다. e 여기서 공원까지는 2km이다.

EXERCISE

A   빈칸에 알맞은 대명사를 쓰세요.

1 Terry has a car. _____ car is new.

2 I have a radio. _____ is in my room.

3 Kate is my girlfriend. I see _____ every day.

4 Mr. Green is my English teacher. _____ is from Canada.

5 Jennifer is my sister. _____ is very beautiful.

6 He is my friend. I share everything with _____.

7 Yu-jin and I like baseball. We play _____ in the park.

8 Sarah knows my phone number. But I don't know _____.

B   괄호 안에서 알맞은 것을 고르세요.

1 (Their, Theirs) caps are black.

2 (That, Those) is my school bus.

3 This bag is not (my, mine). My bag is blue.

4 (This, These) rabbits are white. They look like snow.

5 I have a dog. (It, Its) ears are very big.

6 This is my book. That book is (your, yours).

7 (This, These) is my science teacher. He is kind.

8 The children like the cat. (It, They) likes them too.

9 Jason and Chris are my classmates. (You, They) are soccer fans.

C   질문과 대답을 바르게 짝지으세요.

1 What day is it today?   •   • (a) It's cold and rainy.

2 What is the date today?   •   • (b) It's 8 o'clock.

3 What time is it?   •   • (c) It's Saturday.

4 How is the weather?   •   • (d) It's November 16th.

WORDS   **A** share 나누다, 공유하다 everything 모든 것 phone number 전화번호 **B** science 과학 too 또한, 역시 fan 팬, 애호가

D 예시와 같이 그림과 일치하도록 [보기]에 주어진 말과 this, that, these, those를 써서 문장을 완성하세요.

[보기] box   book   pencil   building   cat   doll

0

____That___ _is_ __a building__ .

1

_____ are _____.

2

_____ is _____.

3

_____ are _____.

4

_____ is _____.

5

_____ are _____.

1 다음 중 품사가 나머지와 <u>다른</u> 하나를 고르세요.

① large   ② dark

③ popular   ④ bad

⑤ slowly

2 다음 중 품사가 같은 것끼리 짝지어지지 <u>않은</u> 것을 고르세요.

① are - listen   ② ant - bag

③ too - good   ④ and - or

⑤ at - about

3 다음 중 구에 해당하는 것을 고르세요.

① I'm fine.

② in the morning

③ He takes a taxi.

④ because she is busy

⑤ after I do my homework

4 다음 중 절에 해당하는 것을 고르세요.

① under the sea

② going to school

③ when I am in my room

④ after having dinner

⑤ to get up early in the morning

5 다음 중 [보기]의 밑줄 친 부분과 문장 성분이 같은 것을 고르세요.

> [보기]   They are <u>middle school students</u>.

① <u>My sister</u> is twelve.

② She is <u>very kind</u>.

③ I work <u>on the 4th floor</u>.

④ She enjoys <u>coffee</u>.

⑤ I want <u>a new cell phone</u>.

[6-7] 다음 빈칸에 공통으로 들어갈 알맞은 말을 고르세요.

6
- _____ is 5 : 30.
- _____ is very cold.

① This   ② That   ③ It

④ He   ⑤ She

7
A: Is this _____ notebook?
B: Yes. It is _____.

① its   ② my   ③ yours

④ her   ⑤ his

8 다음 중 명사의 복수형이 옳은 것으로만 묶인 것을 고르세요.

① citys, toys　　② apples, potatoes

③ books, sheeps　　④ pianoes, buses

⑤ oranges, foots

12 다음 중 명사의 복수형이 <u>잘못</u> 연결된 것을 고르세요.

① wallet - wallets　　② car - cars

③ tooth - tooths　　④ pen - pens

⑤ tomato - tomatoes

[9-11] 다음 중 어법상 옳은 것을 고르세요.

9　① She never smiles at my.

　② You don't know he.

　③ I go shopping with she.

　④ It is her idea.

　⑤ Him is clever.

[13-14] 다음 밑줄 친 부분과 바꿔 쓸 수 있는 것을 고르세요.

13　<u>Lucy and I</u> play volleyball together.

① We　　　② You

③ Us　　　④ Them

⑤ They

10　① I eat three breads.

　② These is my book.

　③ It is a heavy.

　④ I hate your hairstyle.

　⑤ I have two pencil.

14　<u>You and Ivan</u> are good friends.

① We　　　② You

③ Us　　　④ Them

⑤ They

11　① He surprises our every time.

　② Their are handsome.

　③ We like ours school.

　④ Us and they have a meeting.

　⑤ We don't like their songs.

15 다음 문장에서 명사의 개수를 고르세요.

Dan listens to music on the bus.

① 1개　　　② 2개

③ 3개　　　④ 4개

⑤ 5개

16 She has a _____.

① crayon   ② money

③ pet   ④ shirt

⑤ doll

17 _____ are interesting.

① They   ② The book

③ Those   ④ These

⑤ Horror movies

18 I have five _____.

① caps   ② sisters

③ ice   ④ cans of coke

⑤ pieces of paper

19 다음 중 밑줄 친 부분의 쓰임이 나머지와 <u>다른</u> 하나를 고르세요.

① <u>It</u> is round.

② <u>It</u> is Monday.

③ <u>It</u> is bright.

④ <u>It</u> is windy.

⑤ <u>It</u> is 8 o'clock.

20 That is ⓐ <u>Peter's</u> bike. He rides ⓑ <u>it</u> once a week. He takes ⓒ <u>photoes</u> with his phone. And he uploads ⓓ <u>them</u> to his blog. ⓔ <u>That</u> is his favorite hobby.

_____ → _____

21 This is ⓐ <u>my</u> friend Jenny. ⓑ <u>We</u> go to the same school. She is nice to ⓒ <u>me</u>. ⓓ <u>She's</u> smile is great, too. I like ⓔ <u>her</u> very much.

_____ → _____

22 다음 중 밑줄 친 부분의 문장 성분이 나머지와 <u>다른</u> 하나를 고르세요.

① I need <u>hot water</u>.

② This story makes <u>me</u> happy.

③ I don't know <u>it</u> well.

④ She is <u>an artist</u>.

⑤ He has <u>a girlfriend</u>.

[23-24] 다음 밑줄 친 부분 중 어법상 옳지 않은 것을 고르세요.

23 ① I have a lot of time.
② I plant two tree.
③ I have three cats.
④ I want a warm hat.
⑤ I eat two pieces of bread every day.

24 ① I drink eight glasses of water every day.
② I need a piece of paper.
③ There are two can of beers on the table.
④ I want a slice of cheese.
⑤ He has two cups of coffee in the morning.

[25-26] 다음 빈칸에 들어갈 알맞은 말을 고르세요.

25 He meets his friends _____.

① you
② good time
③ enjoy
④ morning
⑤ at school

26 I make _____ for Christmas.

① candles
② now
③ happy
④ fast
⑤ on December 25th

27 다음 중 밑줄 친 부분의 품사가 나머지와 다른 하나를 고르세요.

① I have a cute doll.
② You're a lovely girl.
③ I can hear you very well.
④ Leo is a very strong boy.
⑤ David is a famous sports player.

서술형

28 다음 문장에서 어법상 옳지 않은 부분을 찾아 바르게 고쳐 쓰세요.

There is a mouse in a red box. And there are three mouses in a blue box.

_____ → _____

서술형

[29-30] 다음 빈칸에 들어갈 알맞은 대명사를 쓰세요.

29
A: Michelle, is this your pen?
B: No, it's not (1) _____.
A: Is that yours?
B: Yes. That is (2) _____ pen.

30
(1) This is my friend, Tom.
_____ is very kind.
(2) Look at the pictures.
_____ look great.

05 be동사 I

동사는 주어의 동작이나 상태를 설명하는 말로, 영어에서는 동사를 크게 be동사, 일반동사, 조동사로 나눕니다. 그중에서 be동사는 '~이다', '(~에) 있다'라는 뜻을 나타내는 동사이며, 주어의 수와 인칭에 따라, 그리고 언제의 일을 나타내느냐에 따라 형태가 바뀝니다.

A be동사의 형태와 쓰임

be동사는 단독으로 쓰이지 않고, 다른 말과 함께 쓰여 '~이다', '(~에) 있다'라는 뜻을 나타낸다.

1 be동사의 형태(현재형)

수	인칭	주어	be동사	줄임말
단수	1인칭	I	am	I'm
	2인칭	you	are	you're
	3인칭	he she it	is	he's she's it's
복수	1인칭	we	are	we're
	2인칭	you		you're
	3인칭	they		they're

1 be동사는 주어의 수(단수, 복수)와 인칭(1인칭, 2인칭, 3인칭)에 따라 형태가 바뀐다. 주어가 인칭대명사일 때는 줄임말을 쓸 수도 있다.

2 be동사의 쓰임

(1) be동사 + 명사[형용사]

a　My name **is** Mike.

b　They'**re**[They **are**] my sisters.

2

(1) '~이다'

a-b　be동사 + 명사

c This song **is** *great.*

d I'**m**[I **am**] *tired.*

c-d be동사 + 형용사

(2) be동사 + 장소를 나타내는 말

e The cat **is** *under the sofa.*

f The letters **are** *in a mailbox.*

(2) '(~에) 있다'

참조 **UNIT 22 B** 위치 · 방향을 나타내는 전치사

---

a 내 이름은 마이크이다. b 그들은 나의 여동생들이다. c 이 노래는 멋지다. d 나는 피곤하다. e 그 고양이는 소파 아래에 있다. f 그 편지들은 우체통 안에 있다.

B There is[are] ~

「There is[are] + 주어」 구문은 '~이 있다'라는 뜻이며, 뒤에 나오는 주어의 수에 따라 be동사의 형태가 결정된다.

There + be동사	주어
There is	단수명사
There are	복수명사

• 각각 There's, There're로 줄여 쓸 수 있다.
  NOTE There를 '거기에'라고 해석하지 않는다.

a **There is** a book on the desk.
             주어(단수)

b **There is** a coin in my pocket.
             주어(단수)

c **There are** books on the desk.
              주어(복수)

d **There are** coins in my pocket.
              주어(복수)

---

a 책상 위에 책 한 권이 있다. b 내 주머니 안에 동전 하나가 있다. c 책상 위에 책들이 있다. d 내 주머니 안에 동전들이 있다.

UPGRADE YOUR GRAMMAR

it's vs. its
it's는 it is의 줄임말이며 its는 대명사 it의 소유격이다.

Its nose is very long. **Its** legs are strong.
그것의 코는 매우 깁니다.   그것의 다리는 튼튼합니다.

It's a really huge animal. Can you guess?
그것은 정말 거대한 동물입니다.   짐작이 가나요?

Yes! **It's** an elephant!
네! 그것은 코끼리입니다!

EXERCISE

예시와 같이 주어에 맞는 **be동사**와 그 줄임말을 빈칸에 각각 쓰고 문장을 해석하세요.

	주어	동사	줄임말		해석
0	He	is	He's	brave.	그는 용감하다.
1	It			interesting.	
2	They			my dolls.	
3	You			my hero.	
4	I			so sad.	
5	We			at the park.	
6	She			a wise girl.	

B 괄호 안에서 알맞은 것을 고르세요.

1 Tony (is, are) thirteen years old.

2 I (am, is) Tony's friend.

3 Tony and I (is, are) very close.

4 There (is, are) a world map on the wall.

5 This book (am, is) very fun.

6 It (is, are) my favorite TV show.

7 There (is, are) two dogs under the bed.

8 Grace (is, are) the former president.

9 They (is, are) at the new theater.

10 You (am, are) very smart.

WORDS   **A** brave 용감한 wise 현명한 **B** thirteen 열셋(13) close 가까운, 친한 world map 세계지도 wall 벽 favorite 매우 좋아하는 former 이전의, 전임 president 대통령, 회장 theater 극장

C 우리말과 일치하도록 빈칸에 알맞은 말을 쓰세요.

1 서울은 대한민국의 수도이다.

→ Seoul _____ the capital of South Korea.

2 나는 우리 집에서 외동딸이다.

→ _____ the only daughter in my family.

3 이 시계들은 독일에서 왔다. 그것들은 훌륭하다.

→ These watches (1) _____ from Germany. (2) _____ wonderful.

4 너희들은 너무 시끄럽다. 쉿! 방에 아기가 있단다!

→ (1) _____ too noisy. Shush! (2) _____ a baby in the room!

D 밑줄 친 부분 중 어법상 옳지 <u>않은</u> 것을 찾아 바르게 고쳐 쓰세요.

1

There ⓐ <u>is</u> a flower in a pot.
The flower ⓑ <u>is</u> a violet.
ⓒ <u>There</u> ⓓ <u>are</u> two butterflies on it.
Their wings ⓔ <u>is</u> yellow and black.

2

There ⓐ <u>is</u> a book on the table.
ⓑ <u>It's</u> title ⓒ <u>is</u> *Snow White*.
Snow White ⓓ <u>is</u> a princess's name.
Her hair ⓔ <u>is</u> black.

C capital 수도 watch 시계 wonderful 훌륭한 noisy 시끄러운 D pot 화분 violet 제비꽃 butterfly 나비 wing 날개
title 제목 Snow White 백설공주 princess 공주

06 be동사 II

'~이 아니다, (~에) 있지 않다'라는 뜻의 부정문을 만들 때는 be동사 뒤에 not을 붙입니다.
'~이니?, ~가 있니?'라는 뜻의 의문문을 만들 때는 주어와 be동사의 자리가 바뀝니다.

A be동사의 부정문

be동사 바로 뒤에 not을 쓴다.

be동사의 현재형	am	are	is
부정형	am not	are not	is not
줄임말	-	aren't	isn't

• 주로 줄임말을 쓴다. 단, am not은 줄임말이 없다.

a I am a doctor.
   → I **am not** a doctor.
   = I'**m not** a doctor. [~~I amn't a doctor.~~]

b You **are not** fat.
   = You'**re not** fat. / You **aren't** fat.

c He **is not** in the room.
   = He'**s not** in the room. / He **isn't** in the room.

d The car **is not** a new model.
   = The car **isn't** a new model.
   [~~The car's not a new model.~~]

a-c 주어가 인칭대명사인 경우, 「주어 + be동사」 또는 「be동사 + not」을 줄여 쓸 수 있다.

d 주어가 인칭대명사가 아닌 경우, 「주어 + be동사」의 줄임말을 쓰지 않는다.

a 나는 의사다. → 나는 의사가 아니다. b 너는 뚱뚱하지 않다. c 그는 그 방 안에 있지 않다. d 그 차는 새로운 모델이 아니다.

B be동사의 의문문

주어와 be동사의 자리를 바꾼다.

---

a I am the winner of this game.
   → A: **Am I** the winner of this game?
   B: [긍정] Yes, **you are**. [부정] No, **you aren't**.

b You are a middle school student.
   → A: **Are you** a middle school student?
   B: [긍정] Yes, **I am**. [부정] No, **I'm not**.

c You are basketball players.
   → A: **Are you** basketball players?
   B: [긍정] Yes, **we are**. [부정] No, **we aren't**.

d Vivian is tall.
   → A: **Is Vivian** tall?
   B: [긍정] Yes, **she is**. [부정] No, **she isn't**.

e Dogs are loyal to humans.
   → A: **Are dogs** loyal to humans?
   B: [긍정] Yes, **they are**. [부정] No, **they aren't**.

- 짧은 대답
  ┌ 긍정: Yes, 주어(대명사) + be동사.
  └ 부정: No, 주어(대명사) + be동사 + not.
- 부정으로 대답할 경우 「be동사 + not」의 줄임말을 주로 쓴다.

a-c 자신과 상대방에 관해 물어보는 경우에는 대답할 때 주어가 달라진다.
a I → you
b you(단수, 너) → I
c you(복수, 너희들) → we

---

a 나는 이 게임의 우승자이다. → A: 내가 이 게임의 우승자니? B: [긍정] 응, 그래. [부정] 아니, 그렇지 않아.
b 너는 중학생이다. → A: 너는 중학생이니? B: [긍정] 응, 맞아. [부정] 아니, 그렇지 않아.
c 너희들은 농구선수들이다. → A: 너희들은 농구선수들이니? B: [긍정] 응, 맞아. [부정] 아니, 그렇지 않아.
d 비비안은 키가 크다. → A: 비비안은 키가 크니? B: [긍정] 응, 커. [부정] 아니, 안 커.
e 개들은 사람에게 충성스럽다. → A: 개들은 사람에게 충성스럽니? B: [긍정] 응, 충성스러워. [부정] 아니, 충성스럽지 않아.

C 「There is[are] ~」의 부정문과 의문문

is[are] 뒤에 not을 붙여 '~이 없다[있지 않다]'라는 뜻의 부정문을, There와 is[are]의 자리를 바꿔 '~이 있니?'라는 뜻의 의문문을 만든다.

---

a There **isn't[is not]** a sofa in my house.
b There **aren't[are not]** many people in the cinema.

c A: **Is there** any problem?
   B: [긍정] Yes, **there is**. [부정] No, **there isn't**.

d A: **Are there** any other questions?
   B: [긍정] Yes, **there are**. [부정] No, **there aren't**.

- 짧은 대답
  ┌ 긍정: Yes, there is[are].
  └ 부정: No, there isn't[aren't].

---

a 우리 집에는 소파가 없다. b 영화관에는 많은 사람들이 있지 않다. c A: 문제가 있니? B: [긍정] 응, 있어. [부정] 아니, 없어. d A: 다른 질문들이 있니? B: [긍정] 응, 있어. [부정] 아니, 없어.

EXERCISE

A 문장을 각각 부정문과 의문문으로 바꿔 쓰세요.

1 Emma is kind.
   (1) 부정문: _____
   (2) 의문문: _____

2 There are a lot of tourists in Seoul.
   (1) 부정문: _____
   (2) 의문문: _____

3 I'm good at sports.
   (1) 부정문: _____
   (2) 의문문: _____

4 There is a glass of juice on the desk.
   (1) 부정문: _____
   (2) 의문문: _____

5 George and Jessica are friends.
   (1) 부정문: _____
   (2) 의문문: _____

B 질문과 대답을 바르게 짝짓고, 괄호 안에서 알맞은 것을 고르세요.

1 Are you his girlfriend?   •

2 Am I right?   •

3 Is Sam the son of Mr. Smith?   •

4 Are the books yours?   •

5 Is it your phone number?   •

6 Are you and I the main actors?   •

   • (a) Yes, we (are, aren't).

   • (b) No, they (are, aren't).

   • (c) Yes, he (is, isn't).

   • (d) No, I (am, am not).

   • (e) No, it (is, isn't).

   • (f) Yes, you (are, aren't).

WORDS   A tourist 관광객   be good at ~을 잘하다   sports 스포츠   B right *옳은; 오른쪽   son 아들   main actor 주연 배우

C 그림과 일치하도록 질문에 알맞은 대답을 쓰세요.

1

A: Are there any clouds in the sky?

B: _____

2

A: Is Mei Ling from China?

B: _____

3

A: Are they twins?

B: _____

4

A: Are there toys on the floor?

B: _____

5

A: Are the children hungry?

B: _____

6

A: Are you okay today?

B: _____

D 우리말과 일치하도록 괄호 안의 말을 바르게 배열하여 문장을 완성하세요.

1 그것은 실화이니? (a true story, it, is)

→ _____ ?

2 진우는 학교에 있지 않다. (at school, Jin-woo, isn't)

→ _____ .

3 그녀는 뱀을 무서워하니? (afraid of, she, snakes, is)

→ _____ ?

4 이 방에는 창문이 없다. (not, in this room, are, any windows, there)

→ _____ .

C cloud 구름 twin 쌍둥이 toy 장난감 floor 바닥 hungry 배고픈 **D** true 사실인, 진짜의 story 이야기 afraid of ~을 무서워하는 snake 뱀 window 창문

07 일반동사 I

BUILD YOUR GRAMMAR

일반동사는 be동사와 조동사(참조 UNIT 16, 17 조동사)를 제외한 나머지 동사 모두를 말합니다. 먹다, 놀다, 공부하다, 걷다, 자다 등이 모두 일반동사에 속합니다. 일반동사도 주어의 수와 인칭에 따라, 그리고 언제의 일을 나타내느냐에 따라 형태가 바뀝니다.

A 일반동사의 현재형

- 일반동사는 주어가 3인칭 단수일 때만 -(e)s를 붙이고, 그 외에는 모두 동사원형으로 쓴다.
- 동사원형이란 동사의 형태가 바뀌기 전의 기본형을 말한다. 사전에는 동사원형으로 수록되어 있다.

a I **work** at a TV station.　　　　　　　　　a-e 주어가 3인칭 단수가 아닐 때: 동사원형

b We **work** together.

c You **work** very hard.

d They **work** as teachers.

e My parents **work** for five days.

f He **works** at a bank.　　　　　　　　　　f-i 주어가 3인칭 단수일 때: 동사원형 + -(e)s

g She **works** at an art museum.

h Max **works** at a restaurant.

i My sister **works** at a car company.

a 나는 TV 방송국에서 일한다. b 우리는 함께 일한다. c 너는 매우 열심히 일한다. d 그들은 교사로 일한다. e 우리 부모님은 5일 동안 일하신다.
f 그는 은행에서 일한다. g 그녀는 미술관에서 일한다. h 맥스는 식당에서 일한다. i 내 여동생은 자동차 회사에서 일한다.

B 일반동사의 3인칭 단수형

주어가 3인칭 단수일 때 쓰는 「동사원형 + -(e)s」를 동사의 3인칭 단수형이라 한다.

a like → like**s**   run → run**s**   • 발음은 명사의 복수형과 같은 원칙을 따른다.
                                                      참조 UNIT 03 B 복수형의 발음
   play → play**s**   cook → cook**s**   a 대부분의 동사 + -s
   stay → stay**s**   look → look**s**

b do → do**es**   go → go**es**   b 「-o, -s, -sh, -ch, -x」 + -es
   miss → miss**es**   wash → wash**es**
   teach → teach**es**   mix → mix**es**

c study → stud**ies**   cry → cr**ies**   c 「자음 + y」: y를 i로 바꾸고 + -es

d have → **has**   d 불규칙 변화

e Jake **cooks** very well.

f Sae-mi **teaches** science at school.

g He **studies** in Canada.

h The actress **has** beautiful eyes.

e 제이크는 요리를 매우 잘한다. f 새미는 학교에서 과학을 가르친다. g 그는 캐나다에서 공부한다. h 그 여배우는 아름다운 눈을 가졌다.

UPGRADE YOUR GRAMMAR

be동사와 일반동사
일반동사가 나오는 현재시제 문장에 be동사를 함께 쓰지 않도록 주의해야 한다.

a I like comic books. 나는 만화책을 좋아한다.
   [~~I am like comic books.~~]

b He has a great sense of humor. 그는 뛰어난 유머 감각을 가졌다.
   [~~He is have a great sense of humor.~~]

EXERCISE

A   괄호 안에서 알맞은 것을 고르세요.

1 She (is, does) nice to me.

2 My rabbit (like, likes) carrots.

3 I (need, needs) a new pen.

4 Mr. Brown (wear, wears) a tie at work.

5 There (are, do) peaches in the basket.

6 Nate and I (swim, swims) well.

7 Ted and his brother (go, goes) to school by bus.

8 We (watch, watches) TV every day.

B   괄호 안의 동사를 현재형으로 바꾸어 빈칸을 완성하세요.

1 My mom _____ (get) up early in the morning.

2 She _____ (make) breakfast every morning.

3 My dad _____ (help) my mom.

4 Then, my mom and dad _____ (wake) me up.

5 We _____ (have) breakfast together.

6 I always _____ (brush) my teeth after meals.

C   [보기]에서 알맞은 동사를 골라 문장을 완성하세요. (현재형으로 쓸 것)

> [보기]   follow   learn   be   hate   sleep

1 I _____ hungry.

2 Frogs _____ during the winter.

3 He _____ insects very much.

4 My dog _____ me everywhere.

5 Emily _____ Chinese at school.

WORDS   A carrot 당근 tie 넥타이 at work 직장에서 peach 복숭아 B get up 일어나다 wake ~ up ~을 깨우다 brush 닦다 meal 식사
C follow 따라 가다 hate 싫어하다 frog 개구리 during ~ 동안 insect 곤충, 벌레 everywhere 어디든지

D 예시와 같이 그림과 일치하도록 빈칸에 알맞은 동사를 넣어 문장을 완성하세요.

0

I ___am___ a bus driver.
I ___drive___ a bus.

1

They _____ designers.
They _____ clothes.

2

We _____ bakers.
We _____ cakes and cookies.

3

She _____ a news reporter.
She _____ the news.

E **Lucy가 친구를 소개하고 있습니다. 밑줄 친 부분을 바르게 고쳐 쓰세요.**

Hi. Nice to meet you. My name is Lucy. This ⓐ <u>are</u> my friend Chris.

He ⓑ <u>live</u> next to my house. Chris ⓒ <u>be</u> my best friend.

He ⓓ <u>enjoy</u> soccer. I ⓔ <u>loves</u> soccer, too.

We ⓕ <u>practices</u> soccer after school. Chris and I ⓖ <u>am</u> really good friends.

D driver 운전 기사 designer 디자이너 clothes 옷 baker 제빵사 reporter 기자 **E** next to ~ 옆에 enjoy 즐기다 practice 연습하다

08 일반동사 II

be동사가 있는 문장은 부정문과 의문문을 만들기가 어렵지 않습니다. be동사 뒤에 not만 붙이면 부정문이 되고, 주어와 be동사의 자리만 바꾸면 의문문이 되니까요.

그러나 일반동사가 있는 문장은 부정문과 의문문을 만들 때 반드시 do동사의 도움을 받아야 합니다. do동사를 주어의 수와 인칭에 일치시키고, 그 뒤에 오는 일반동사는 동사원형으로 씁니다.

A 일반동사의 부정문

일반동사가 현재형일 때, 「주어 + do[does] not + 동사원형 ~.」으로 쓴다.

do동사	주어가 3인칭 단수가 아닐 때	주어가 3인칭 단수일 때
부정형	do not	does not
줄임말	don't	doesn't

a I know his name.

  → I **don't know** his name.

b You **do not** have a good eyesight.

c They **don't** *do* homework.

d Jay **doesn't like** the idea.

a-c 동사가 현재형이고 주어가 3인칭 단수가 아닐 때는 don't[do not]를 쓴다.

c **NOTE** do가 '하다'라는 뜻의 일반동사로 쓰였을 때도 앞에 don't 또는 doesn't를 붙여야 한다.

d-e 동사가 현재형이고 주어가 3인칭 단수일 때는 doesn't[does not]를 쓴다.

e My sister **doesn't eat** fast food.
   [My sister doesn't eats fast food.]

e **NOTE** doesn't[does not] 뒤에는 반드시 동사원형을 써야 한다.

a 나는 그의 이름을 안다. → 나는 그의 이름을 알지 못한다. b 너는 좋은 시력을 가지고 있지 않다. c 그들은 숙제를 하지 않는다. d 제이는 그 생각을 좋아하지 않는다. e 내 여동생은 패스트푸드를 먹지 않는다.

B 일반동사의 의문문

일반동사가 현재형일 때, 「Do[Does] + 주어 + 동사원형 ~?」으로 쓴다.

a You like musicals.
   → **Do** you **like** musicals?

a-c 동사가 현재형이고 주어가 3인칭 단수가 아닐 때는 Do를 쓴다.

b A: **Do** we **have** enough time?
   B: [긍정] Yes, we **do**. [부정] No, we **don't**.

• 짧은 대답
  긍정: Yes, 주어(대명사) + do동사.
  부정: No, 주어(대명사) + do동사 + not.

c A: **Do** they *do* homework every day?
   B: [긍정] Yes, they **do**. [부정] No, they **don't**.

c **NOTE** do가 '하다'라는 뜻의 일반동사로 쓰였을 때도 앞에 Do 또는 Does를 붙여야 한다.

d A: **Does** your brother **ride** a bicycle?
   B: [긍정] Yes, he **does**. [부정] No, he **doesn't**.

d-e 동사가 현재형이고 주어가 3인칭 단수일 때는 Does를 쓴다.

e A: **Does** Anna **eat** broccoli?
   [Does Anna eats broccoli?]
   B: [긍정] Yes, she **does**. [부정] No, she **doesn't**.

e **NOTE** Does 뒤에는 반드시 동사원형을 써야 한다.

a 너는 뮤지컬을 좋아한다. → 너는 뮤지컬을 좋아하니? b A: 우리에게 충분한 시간이 있니? B: [긍정] 응, 있어. [부정] 아니, 없어. c A: 그들은 매일 숙제를 하니? B: [긍정] 응, 해. [부정] 아니, 안 해. d A: 너희 오빠는 자전거를 타니? B: [긍정] 응, 타. [부정] 아니, 안 타. e A: 애나는 브로콜리를 먹니? B: [긍정] 응, 먹어. [부정] 아니, 먹지 않아.

UPGRADE YOUR GRAMMAR

부정의문문

'~하지 않니?'라는 뜻의 부정의문문은 질문의 형태를 의식하지 말고 대답의 내용이 긍정이면 Yes, 부정이면 No로 답한다.

A: **Aren't** you cold? 너 안 춥니?
B: Yes, I am. (춥다는 뜻) [No, I am.]　　　　B: No, I'm not. (춥지 않다는 뜻) [Yes, I'm not.]

A: **Doesn't** Mark like baseball? 마크는 야구를 좋아하지 않니?
B: Yes, he does. (좋아한다는 뜻)　　　　　　B: No, he doesn't. (좋아하지 않는다는 뜻)
   [No, he does.]　　　　　　　　　　　　　　[Yes, he doesn't.]

EXERCISE

A   괄호 안에서 알맞은 것을 고르세요.

1 Bill (don't, doesn't) watch TV.

2 She (isn't, doesn't) my girlfriend.

3 I (am not, don't) buy books online.

4 Your wallet (isn't, doesn't be) on the desk.

5 The children (don't, doesn't) listen to their parents.

B   빈칸에 **Do** 또는 **Does**를 알맞게 쓰세요.

1 _____ she live in that house?

2 _____ they help poor people?

3 _____ Tom take cello lessons?

4 _____ you know my phone number?

C   문장을 괄호 안의 지시대로 바꿔 쓰세요.

1 You have a new cell phone. (의문문)

→ _____

2 The river flows through the city. (부정문)

→ _____

3 Mike and I play basketball. (부정문)

→ _____

4 The dress looks beautiful. (의문문)

→ _____

5 Mary keeps a diary. (부정문)

→ _____

6 He and his son look alike. (부정문)

→ _____

7 Bats hunt for food at night. (의문문)

→ _____

WORDS   **A** online 온라인 wallet 지갑 **B** poor 가난한, 불쌍한 take a lesson 수업을 받다 cello 첼로 **C** river 강 flow 흐르다, 흘러가다 through ~을 통해 city 도시 basketball 농구 keep a diary 일기를 쓰다 alike 비슷한 hunt for ~을 사냥하다

D 그림과 일치하도록 질문에 알맞은 대답을 쓰세요.

1

A : Are the books in the bag?

B : _____

2

A : Does it like bananas?

B : _____

3

A : Does the house have a
   swimming pool?

B : _____

4

A : Don't you enjoy horror
   movies?

B : _____

E 어법상 틀린 부분을 고쳐 문장을 다시 쓰세요.

1 I not have a cat.

→ _____

2 Do it has strong legs?

→ _____

3 He don't believe it.

→ _____

4 Do you your homework alone?

→ _____

5 Does she not lives with her parents?

→ _____

D swimming pool 수영장 horror movie 공포영화 **E** believe 믿다 do one's homework 숙제를 하다 alone 혼자, 홀로

09 의문사가 있는 의문문

BUILD YOUR GRAMMAR

지금까지 배운 의문문은 모두 '예' 또는 '아니요'라는 대답을 요구하는 것이었습니다. '누가, 언제, 어디서, 무엇을, 어떻게, 왜' 등 구체적인 내용을 꼭 집어서 물어보고 싶을 때는 의문사를 써서 의문문을 만듭니다. 대답할 때도 물론 물어본 내용에 대해 구체적으로 대답해야겠죠.

A 의문사가 있는 의문문을 만드는 방법

1 동사가 be동사일 때

a₁ That boy is Paul's brother.
a₂ → Is that boy Paul's brother?
　　　　　　└─ who
a₃ → **Who** is that boy?

1 「의문사 + be동사 + 주어 ~?」

a₂ be동사의 의문문으로 바꾼다.

a₃ 묻고 싶은 부분을 의문사로 바꾸고 문장 맨 앞에 둔다.

2 동사가 일반동사일 때

b₁ Lily likes music.
b₂ → Does Lily like music?
　　　　　　└─ what
b₃ → **What** does Lily like?

2 「의문사 + do[does] + 주어 + 동사원형 ~?」

b₂ 일반동사의 의문문으로 바꾼다.

b₃ 묻고 싶은 부분을 의문사로 바꾸고 문장 맨 앞에 둔다.

a₁ 저 소년은 폴의 남동생이다. a₂ 저 소년이 폴의 남동생이니? a₃ 저 소년은 누구니? b₁ 릴리는 음악을 좋아한다. b₂ 릴리는 음악을 좋아하니? b₃ 릴리는 무엇을 좋아하니?

B 의문사의 종류

1 where
a **Where** are you from?
b **Where** do you live?

1 장소나 위치를 물을 때: 어디(에)

2 when

c **When** is Mother's Day in the U.S.?

d **When** does the concert begin?

3 why

e **Why** is my computer so slow?

f A: **Why** does Jim call me every day?

  B: *Because* he likes you.

4 how

g **How** is the food?

h **How** do you make a cheesecake?

i **How** *old* is this car?

j **How** *many pens* does she have?

5 who

k **Who** is your best teacher?

l **Who** *helps* you with your homework?

m **Who[Whom]** do you like most?

n **Whose** *book* is this? = **Whose** is this book?

6 what

o **What** is this?

p **What** do you have for breakfast?

q **What** *sports* do you enjoy?

7 which

r **Which** is your cap, this one or that one?

s **Which** *color* is your favorite?

2 시간이나 날짜를 물을 때: 언제

3 이유를 물을 때: 왜

f Why를 써서 물으면 보통 Because(왜냐하면)를 써서 대답한다.

4 상태나 방법을 물을 때: 어떻게, 얼마나

g-h 어떻게

i-j how + 형용사[부사]: 얼마나 ~한[하게]
자주 쓰이는 표현으로 how far, how long, how tall, how many (+ 셀 수 있는 명사의 복수형: 몇 개(의)), how much (+ 셀 수 없는 명사: 얼마(의)) 등이 있다.

5 주로 사람에 관해 물을 때: 누구

l 의문사가 문장의 주어일 때:「의문사 + 동사 ~?」
이때, 의문사(= 주어)는 3인칭 단수로 취급한다.

m 의문사가 문장의 목적어일 때는 who와 whom 둘 다 쓸 수 있다.

n whose + 명사: 누구의 ~ (소유격)
whose: 누구의 것 (소유대명사)

6 주로 사물에 관해 물을 때: 무엇, 무슨

q what + 명사: 무슨 ~, 어떤 ~

7 정해진 범위 안에서 선택할 때: 어느 것, 어느

r which ~, A or B?: A와 B 중 어느 것이[을] ~?

s which + 명사: 어느 ~

a 너는 어디 출신이니? b 너는 어디에 사니? c 미국에서 어머니날은 언제니? d 콘서트는 언제 시작하니? e 왜 내 컴퓨터가 이렇게 느릴까?
f A: 왜 짐은 나에게 매일 전화할까? B: 왜냐하면 그는 너를 좋아하거든. g 음식은 어떻습니까? h 너는 치즈 케이크를 어떻게 만드니? i 이 자동차는 얼마나 오래되었니? j 그녀는 몇 개의 펜을 가지고 있니? k 누가 네 최고의 선생님이니? l 누가 네 숙제를 도와주니? m 넌 누구를 가장 좋아하니? n 이것은 누구의 책이니?=이 책은 누구의 것이니? o 이것은 무엇이니? p 넌 아침 식사로 뭘 먹니? q 너는 어떤 스포츠를 즐기니? r 이것과 저것 중 어느 것이 너의 모자니? s 어느 색이 네가 가장 좋아하는 것이니?

EXERCISE

A   질문과 대답을 바르게 짝지으세요.

1 Do you exercise regularly?   •   • (a) I jump rope.

2 What exercise do you do?   •   • (b) Every morning.

3 Where do you exercise?   •   • (c) Because it's good for my health.

4 When do you exercise?   •   • (d) Yes, I do.

5 How long do you exercise a day? •   • (e) In the park near my house.

6 Who exercises with you?   •   • (f) My father does.

7 Why do you exercise?   •   • (g) For 30 minutes.

B   빈칸에 알맞은 의문사를 쓰세요.

1 A: _____ bag is this?   B: It's hers.

2 A: _____ is Julie so sad?   B: Because her cat is sick.

3 A: _____ is your birthday?   B: It's October 4th.

4 A: _____ does Mr. Park work?   B: He works at a bank.

5 A: _____ much is this necklace?   B: It's 50 dollars.

C   우리말과 일치하도록 적절한 의문사와 괄호 안의 말을 이용하여 문장을 완성하세요.

1 왜 그들은 나의 도움이 필요하니? (need)

→ _____ _____ _____ _____ my help?

2 그는 언제 샤워하니? (take)

→ _____ _____ _____ _____ a shower?

3 누가 집을 청소하니? (clean)

→ _____ _____ the house?

4 너는 몇 대의 컴퓨터를 가지고 있니? (have)

→ How _____ _____ _____ _____ ?

5 그녀는 어디에서 책을 빌리니? (borrow)

→ _____ _____ _____ _____ books from?

WORDS   A regularly 규칙적으로, 정기적으로 jump rope 줄넘기하다 health 건강 near ~에서 가까이에 B sick 아픈 necklace 목걸이
C take a shower 샤워하다 clean 청소하다 borrow 빌리다

D 그림과 일치하도록 주어진 질문에 완전한 문장으로 대답하세요.

1 Where does Tim work?

→ _____

2 Who works with Tim?

→ _____

3 Doesn't Tim wear a cap?

→ _____

4 What color is Tim's shirt?

→ _____

5 How many apples are there?

→ _____

E 어법상 틀린 부분을 고쳐 문장을 다시 쓰세요.

1 Why are you hate math?

→ _____

2 Does he practice the piano where?

→ _____

3 How size do you wear, two or three?

→ _____

4 Where your umbrella is?

→ _____

5 Who does visit your blog?

→ _____

D wear (옷을) 입다, (모자를) 쓰다 cap 모자 shirt 셔츠 **E** math 수학 size 사이즈, 크기 umbrella 우산 visit 방문하다
blog 블로그

문장을 만들기 위해서는 여러 가지 문장 성분을 올바른 순서로 배열해야 합니다. **참조** UNIT 01 문장 성분 그중에서도 동사는 문장 전체의 틀을 결정짓는 아주 중요한 문장 성분이어서, 목적어나 보어를 써야 하는지 말아야 하는지, 쓴다면 어떤 순서로 써야 하는지가 모두 동사의 종류에 따라 결정됩니다.

이 UNIT에서는 그중에서 동작의 대상이 되는 말, 즉 목적어와 함께 쓰는 동사에 대해 알아보겠습니다.

A 목적어나 보어 없이 쓰는 동사

· 동사만으로 뜻이 완전해서 주어와 동사만으로 문장을 만들 수 있는 동사이다.
· 문장은 「주어 + 동사」의 순서로 쓰며, 1형식 문장이라고도 한다.

---

a He **smiles**.
    <u>주어</u> <u>동사</u>

b I **cry**.

c Mary **studies**.

d He **smiles** *at me*.
    <u>주어</u> <u>동사</u> <u>수식어</u>

e I **cry** *quietly*.

f Mary **studies** *for the test*.

· 대표적인 동사는 go, come, walk, run, live, sleep, smile, cry, work, study, fall 등이다.

d-f 보통 수식어가 없어도 문장이 완성되지만, 문장의 뜻을 더 자세하게 해 주기 위해 수식어를 함께 쓰는 경우가 많다.

---

a 그가 미소 짓는다. b 나는 운다. c 메리는 공부한다. d 그는 내게 미소 짓는다. e 나는 조용히 운다. f 메리는 그 시험을 위해 공부한다.

B **목적어와 함께 쓰는 동사**

- 동사만으로는 뜻이 완전하지 않아서 '무엇을'에 해당하는 내용, 즉 목적어와 함께 쓰는 동사이다.
- 문장은 「주어 + 동사 + 목적어」의 순서로 쓰며, 3형식 문장이라고도 한다.

a I **want** a new smartphone.
    동사   목적어(명사)

b He **loves** me.
        동사 목적어(대명사)

c I **eat** an egg *for breakfast every day.*
    동사   목적어   수식어

d Kate **likes** mystery novels *a lot.*

- 목적어로는 명사 또는 대명사 등이 온다.

a 나는 새 스마트폰을 원한다. b 그는 나를 사랑한다. c 나는 매일 아침 식사로 달걀 한 개를 먹는다. d 케이트는 미스터리 소설을 많이 좋아한다.

C **목적어 두 개와 함께 쓰는 동사**

- '누구에게'에 해당하는 간접목적어와 '무엇을'에 해당하는 직접목적어와 함께 쓰는 동사로, '주다'라는 뜻이 있다고 해서 수여동사라고도 한다.
- 문장은 「주어 + 동사 + 간접목적어 + 직접목적어」의 순서로 쓰며, 4형식 문장이라고도 한다.

a I **make** my sister lunch.
    동사   간접목적어 직접목적어

b Ms. James **teaches** us English.

c Tom **sends** me flowers *on my birthday every year.*
      동사 간접목적어 직접목적어   수식어

- 대표적인 동사는 tell, give, send, lend, bring, buy, teach, make, ask 등이다.
a my sister: 내 여동생에게 / lunch: 점심을
b us: 우리에게 / English : 영어를
c me: 나에게 / flowers: 꽃을

a 나는 내 여동생에게 점심을 만들어 준다. b 제임스 선생님은 우리에게 영어를 가르쳐 주신다. c 톰은 매년 내 생일에 나에게 꽃을 보낸다.

UPGRADE YOUR GRAMMAR

동사의 다양한 쓰임 I
같은 동사라도 뜻에 따라 목적어와 같이 쓰는 경우도 있고 같이 쓰지 않는 경우도 있다.

a He **runs** *fast.*
      동사 수식어
    그는 빠르게 뛴다.

b He **runs** a hotel.
      동사   목적어
    그는 호텔을 경영한다.

c The door **opens** *inwards.*
            동사   수식어
    그 문은 안쪽으로 열린다.

d They **open** the store *at 10 a.m.*
       동사   목적어   수식어
    그들은 오전 10시에 가게를 연다.

EXERCISE

A   예시와 같이 문장에서 주어에 밑줄, 동사에 동그라미를 치세요.

0 The book ⟨ends⟩ sadly.

1 I go to school by bus.

2 Babies sleep all day.

3 The movie starts at 7 o'clock.

4 This plant grows very quickly.

5 He plays with his son after work.

6 This train doesn't stop at the next station.

B   예시와 같이 문장에서 동사에 동그라미, 목적어에 밑줄을 치세요.

0 I ⟨need⟩ a new cell phone.

1 Many people buy books online.

2 Lizzy keeps a diary.

3 The car makes a strange noise.

4 I meet them on Sundays.

5 I drink three cups of coffee every day.

6 My brother and I play soccer together.

C   예시와 같이 문장에서 동사에 동그라미, 간접목적어에 밑줄, 직접목적어에 겹밑줄을 치세요.

0 Sue always ⟨tells⟩ me lies.

1 This necklace brings me good luck.

2 I teach my sister math and science.

3 I don't buy my son expensive shoes.

4 Tim sometimes lends me his comic books.

5 My husband makes me coffee after lunch.

6 My parents give me ten dollars every week.

WORDS   **A** sadly 슬프게 plant 식물 **B** strange 이상한 noise 소음 **C** lie 거짓말 good luck 행운 lend 빌려주다 comic book 만화책
husband 남편

D 다음은 **Soo-ah**의 아침 일과입니다. 그림과 일치하도록 [보기]에서 알맞은 말을 하나씩 골라 문장을 완성하세요. (동사는 현재형으로 쓸 것)

[보기] her cat   eat   exercise   bring   an apple   read   milk

1

Soo-ah _____ every morning.

2

She _____ books.

3

She _____ _____
_____ _____ .

4

She _____ _____
_____ and toast for breakfast.

E 우리말과 일치하도록 괄호 안의 말을 바르게 배열하여 문장을 완성하세요.

1 넌 노래를 매우 잘해. (sing, you, very well)

→ _____.

2 그는 그 사실을 믿지 않는다. (the truth, believe, he, doesn't)

→ _____.

3 그녀는 가방에 책을 가지고 다닌다. (books, carries, in her bag)

→ She _____.

4 크리스는 그의 형에게 많은 질문을 한다. (asks, many questions, Chris, his brother)

→ _____.

D toast 토스트 **E** truth 사실 believe 믿다 carry 가지고 다니다 question 질문

11 동사와 목적어·보어 II

BUILD
YOUR
GRAMMAR

앞에서는 목적어와 함께 쓰는 동사에 대해 알아보았습니다. 동사 뒤에 나오는 또 다른 문장 성분으로 보어가 있습니다. 보어란 주어 또는 목적어를 보충 설명하는 말입니다. 이 UNIT에서는 보어와 함께 쓰는 동사에 대해 알아보겠습니다.

A 보어와 함께 쓰는 동사

· 동사만으로는 뜻이 완전하지 않아서 주어의 상태를 보충 설명하는 말이 있어야 하는 동사이다.
· 주어와 보어 사이에는 '(주어)가 (보어)이다[하다]'라는 관계가 성립한다. 이때의 보어를 주격 보어라고도 한다.
· 문장은 「주어 + 동사 + 보어」의 순서로 쓰며, 2형식 문장이라고도 한다.

---

a I **am** a singer.
    동사 보어(명사)

b He **remains** silent.
      동사 보어(형용사)

c She **looks** smart.
  [She looks smartly.]

d That **sounds** great!
  [That sounds greatly!]

e How do I **become** a nurse?

f Leaves **turn** red in autumn.
      동사 보어 수식어

· 대표적인 동사는 상태를 나타내는 동사이다.
a-b 상태의 지속: be, remain 등
c-d 상태에 대한 감각: look, smell, feel, sound, taste 등
e-f 상태의 변화: become, get, turn 등

· 보어로는 명사, 형용사가 온다.
a, e 보어가 명사인 경우
a I(주어)가 a singer(보어)이다.
b-d, f 보어가 형용사인 경우
b He(주어)가 silent(보어)하다.
c-d **NOTE** 부사는 보어로 쓰일 수 없다.

---

a 나는 가수다. b 그는 침묵을 지킨다. c 그녀는 똑똑해 보인다. d 그거 좋게 들리는데! e 내가 어떻게 하면 간호사가 될까? f 가을에 나뭇잎은 붉게 변한다.

B 목적어, 보어와 함께 쓰는 동사

- 목적어와 그 목적어를 보충 설명하는 말이 함께 있어야 하는 동사이다.
- 목적어와 보어 사이에는 '(목적어)가 (보어)이다[하다]'라는 관계가 성립한다. 이때의 보어를 목적격 보어라고도 한다.
- 문장은 「주어 + 동사 + 목적어 + 보어」의 순서로 쓰며, 5형식 문장이라고도 한다.

---

1 보어가 명사나 형용사인 경우

a   My friends **call** me Vicky.
        동사 목적어 보어(명사)

b   What **makes** you a good friend?

c   I **find** this book useful.
        동사   목적어   보어(형용사)

d   He always **keeps** his room clean.

2 보어가 「to + 동사원형」인 경우

e   My mother **tells** me to drive carefully.
        동사   목적어   보어

f   I **want** you to listen to me.

1 '(주어)는 (목적어)가 (보어)라고[하게] (동사)하다'
   라고 해석한다.
- 대표적인 동사는 call, make, find, keep 등이다.
a-b 보어가 명사인 경우
a   me(목적어)가 Vicky(보어)이다.
c-d 보어가 형용사인 경우
c   this book(목적어)이 useful(보어)하다.

2 보어 자리에 동사가 올 때는 동사원형 앞에 to를
   쓴다. '(주어)는 (목적어)가 (보어)라고[하는 것
   을] (동사)하다'라고 해석한다.
   참조 UNIT 24 to부정사 I
- 대표적인 동사는 tell, want, ask, order, allow
  등이다.
e   me(목적어)가 drive carefully(보어)하다.

---

a 내 친구들은 나를 비키라고 부른다. b 무엇이 여러분을 좋은 친구가 되게 만드는가? (좋은 친구가 되기 위한 조건은 무엇인가?) c 나는 이 책이
유용하다고 생각한다. d 그는 항상 그의 방을 깨끗하게 유지한다. e 우리 엄마는 내게 조심히 운전하라고 말씀하신다. f 나는 네가 내 말을 듣기를
바란다.

UPGRADE YOUR GRAMMAR

동사의 다양한 쓰임 II
같은 동사라도 때에 따라 목적어나 보어를 쓰는 경우가 다르다.

a   Charles **teaches** at a middle school.
        동사   수식어
    찰스는 중학교에서 가르친다.

b   Charles **teaches** math to students.
        동사   목적어   수식어
    찰스는 학생들에게 수학을 가르친다.

c   Charles **teaches** students math.
        동사   간접목적어 직접목적어
    찰스는 학생들에게 수학을 가르친다.

d   The director **makes** great movies.
        동사   목적어
    그 감독은 훌륭한 영화를 만든다.

e   My mother **makes** us good food.
        동사 간접목적어 직접목적어
    어머니께서는 우리에게 좋은 음식을 만들어 주신다.

f   Music **makes** us happy.
        동사 목적어 보어
    음악은 우리를 행복하게 한다.

EXERCISE

A 예시와 같이 문장에서 보어에 밑줄을 치세요.

0 I feel <u>tired</u> today.

1 She's not my sister.

2 This dish tastes great.

3 His excuse sounds false.

4 They remain best friends.

5 Some people get angry easily.

B 예시와 같이 문장에서 목적어에 동그라미, 목적격 보어에 밑줄을 치세요.

0 People call (him) a genius.

1 I want him to get up early.

2 Hiking makes me tired.

3 My coach tells me to lose weight.

4 I keep the windows open for fresh air.

5 She often orders her dog to sit.

C 그림과 일치하도록 [보기]에 주어진 말을 알맞은 형태로 바꾸어 문장을 완성하세요.

[보기] fix the computer   join a book club   throw out the trash

1 My mom tells me _____.

2 My dad asks me _____.

3 My brother wants me _____.

WORDS

A dish *음식; 접시 excuse 핑계, 변명 false 틀린, 가짜의 easily 쉽게 B hiking 하이킹, 도보 여행 coach 코치 lose weight 살을 빼다 fresh 신선한 order 명령하다 C fix 수리하다 book club 독서회, 책 클럽 throw out 버리다 trash 쓰레기

52 G-ZONE

D 괄호 안에서 알맞은 것을 고르세요.

1 This song is (beautiful, beautifully).

2 My father dances (good, well).

3 This shirt looks (great, greatly).

4 I want you (help, to help) me.

5 I find the waiter very (rude, rudely).

E 예시와 같이 주어진 문장의 구조와 일치하는 것을 [보기]에서 찾아 번호를 쓰세요.

[보기]　① 주어 + 동사　　　　② 주어 + 동사 + 보어
　　　　③ 주어 + 동사 + 목적어　④ 주어 + 동사 + 목적어 + 목적어
　　　　⑤ 주어 + 동사 + 목적어 + 보어

0 I have four family members.　　③

1 I sometimes cook for them.　_____

2 I usually make chicken soup in winter.　_____

3 The soup smells very good.　_____

4 I give my family the soup.　_____

5 They find it delicious.　_____

6 They like it very much.　_____

7 My sister asks me to make it every day!　_____

F 앞에 쓰인 동사에 유의하여 이어질 말로 알맞은 것을 짝지으세요.

1 Horses and rabbits like　•　　• (a) at 100 °C.

2 He doesn't allow　•　　• (b) carrots.

3 Water boils　•　　• (c) people to smoke indoors.

4 Linda becomes　•　　• (d) me gifts from L.A.

5 My uncle sends　•　　• (e) nervous before interviews.

D rude 무례한, 예의 없는 **E** weather 날씨　chicken soup 닭고기 수프　delicious 맛있는 **F** allow 허락하다　boil 끓다　smoke 담배를 피다　indoors 실내에서　gift 선물　uncle 삼촌, 아저씨　nervous 초조한　interview 면접, 인터뷰

REVIEW TEST 02 Unit 05-11

1 다음 동사의 3인칭 단수형이 옳지 <u>않은</u> 것을 고르세요.

① fly – flies ② visit – visits

③ listen – listenes ④ talk – talks

⑤ wash – washes

2 다음 빈칸에 들어갈 알맞은 말을 고르세요.

> A: Are you ready now?
> B: _____ I need more time.

① No, I'm not. ② Yes, I am.

③ No, I don't. ④ Yes, you are.

⑤ No, you're not.

서술형

[3-5] 다음 대화의 빈칸에 알맞은 말을 쓰세요.

3
> A: _____ _____ know Ben?
> B: Yes, I do. He is my cousin.

4
> A: _____ do you like better, red or blue?
> B: I like blue.

5
> A: _____ swims best in class?
> B: It's Nayeon. She has a gold medal.

[6-7] 다음 문장에서 not이 들어갈 적절한 위치를 고르세요.

6
> ① My ② parents ③ are ④ very ⑤ tall.

7
> ① They ② do ③ want ④ me to eat ⑤ junk food.

8 다음 중 빈칸에 Do가 들어갈 수 <u>없는</u> 것을 고르세요.

① _____ you like this cap?

② _____ they have a problem?

③ _____ you do the dishes?

④ _____ you from China?

⑤ _____ you have many friends?

서술형

9 다음 우리말과 일치하도록 괄호 안의 말을 바르게 배열하여 문장을 완성하세요.

> A: 케빈은 왜 도서관에서 공부하니?
> (study, why, in the library, does, Kevin)
> B: Because he loves quiet places.

→ _____ ?

[10-11] 다음 중 자연스럽지 않은 대화를 고르세요.

10
① A: Doesn't Mary dance well?

B: No, she doesn't.

② A: Does your brother like movies?

B: No, he doesn't.

③ A: Does he drink milk?

B: Yes, he does.

④ A: Don't you have a blog?

B: No, I'm not.

⑤ A: Does your sister drive?

B: Yes, she does.

11
① A: How are you?

B: I'm fine, thanks.

② A: Are you busy now?

B: No, I'm not.

③ A: Do you like hip-hop?

B: Yes, I do.

④ A: When is your birthday?

B: It's April 1st.

⑤ A: Where do you meet friends?

B: I meet them at night.

12 다음 중 목적어와 함께 쓰는 동사를 고르세요.

① go   ② fall   ③ love

④ cry   ⑤ come

[13-15] 다음 중 어법상 옳지 않은 것을 고르세요.

13
① My friends has lunch together.

② Alex plays computer games.

③ Amy works very hard.

④ I speak English and Japanese.

⑤ She doesn't study math.

14
① How much money do you need?

② Where do you come from?

③ Is who your teacher?

④ Why are you angry?

⑤ When do you go to bed?

15
① I feel hungry.

② They like chocolate.

③ I want wonderful shoes.

④ She asks George many questions.

⑤ She is wants more water.

서술형

16 다음 빈칸에 it's 또는 its를 알맞게 쓰세요.

It hangs in the sky. It appears on rainy
days. (1) _____ colors are bright.
(2) _____ sometimes huge. But
(3) _____ always beautiful. Yes!
(4) _____ a rainbow.

17 There _____ many empty seats in the hall.

① is   ② are   ③ has

④ have   ⑤ do

18 Charlie takes showers at night. He _____ take showers in the morning.

① do   ② not

③ isn't   ④ not does

⑤ doesn't

19 다음 부정문으로 바꿔 쓴 문장 중 옳지 <u>않은</u> 것을 고르세요.

① Tim is in his room now.

   → Tim isn't in his room now.

② The house has a garden.

   → The house hasn't a garden.

③ I like bananas.

   → I don't like bananas.

④ Their ideas are good.

   → Their ideas aren't good.

⑤ She raises cows.

   → She doesn't raise cows.

20 다음 대답이 나올 수 있는 질문으로 알맞은 것을 고르세요.

Because I like funny things.

① What do you like?

② Do you like funny things?

③ When do you watch comedy shows?

④ Where do you watch comedy shows?

⑤ Why do you watch comedy shows?

21 He doesn't _____ bowling.

① watch   ② like   ③ enjoy

④ sees   ⑤ love

22 This _____ good.

① looks   ② is   ③ likes

④ feels   ⑤ tastes

23 You make me _____.

① glad   ② happy   ③ sadly

④ busy   ⑤ upset

24 다음 중 빈칸에 들어갈 말이 나머지와 다른 하나를 고르세요. (모두 긍정문임)

① There _____ books on the shelf.

② There _____ peace in the world.

③ There _____ hot water in the cup.

④ There _____ a house on the corner.

⑤ There _____ an eraser in the pencil case.

25 다음 우리말을 영어로 바르게 옮긴 것을 고르세요.

> 엄마는 나에게 쿠키를 만들어 주신다.

① My mom makes cookies.

② My mom makes me cookies.

③ My mom makes cookies me.

④ My mom makes me to cookies.

⑤ My mom makes to me cookies.

26 다음 중 [보기]와 구조가 같은 문장을 고르세요.

> [보기] My sister tells me to smile brightly.

① I feel good now.

② Betty and Donna are friends.

③ I have some good news today.

④ The teacher asks us to be quiet.

⑤ I send Anna an e-mail every day.

27 다음 중 목적어가 두 개인 문장을 고르세요.

① He exercises a lot.

② Eric teaches us math.

③ I like cheeseburgers.

④ She is a famous singer.

⑤ I have no idea about that.

28 다음 중 문장의 구조가 나머지와 다른 하나를 고르세요.

> ① I have a piano. ② I play it well. ③ I like my piano. ④ But it is very old. ⑤ I want a new piano now.

서술형

29 다음 빈칸에 들어갈 알맞은 말을 쓰세요.

> A: There (1) _____ too many people in the room.
> B: (2) _____ many people are there?
> A: There are twenty people.

서술형

30 다음 괄호 안의 말을 바르게 배열하여 문장을 완성하세요.

> My dad (1) _____
> _____ his car.
> (to drive, doesn't, me, allow)
> But (2) _____
> _____.
> (me, her car, lends, my sister)

12 현재시제, 현재진행형

BUILD YOUR GRAMMAR

시제란 동사의 형태를 변화시켜서 그 일이 일어난 때를 나타내는 것을 말합니다. 현재시제는 동사의 현재형을 쓰며, 바로 지금의 일보다는 현재를 중심으로 해서 장기적으로 사실인 일을 나타낼 때 씁니다. 지금 진행 중인 일을 나타낼 때는 현재시제가 아닌 현재진행형을 씁니다.

She is a singer.
She is singing now.

He is a driver.
He is not driving now.

A 현재시제

a David **is** my friend. He **has** a good sense of humor.
b I **go** to yoga class every day.
c The store **opens** at 7 o'clock in the morning.
d The moon **goes** around the Earth.

- 현재시제는 동사의 현재형을 쓴다.
참조 UNIT 05 A 1 be동사의 형태(현재형)
　　　 UNIT 07 A 일반동사의 현재형
a 지속적인 성질 · 상태
b-c 습관이나 반복되는 일
d 변하지 않는 사실

a 데이비드는 내 친구이다. 그는 유머 감각이 좋다. b 나는 매일 요가 수업에 간다. c 그 가게는 아침 7시에 문을 연다. d 달은 지구 주위를 돈다.

B 현재진행형

1 형태

(1) 현재진행형 : be동사 + 동사원형-ing

I	am	reading
He / She / It	is	looking
We / You / They	are	studying

(2) 동사원형-ing 만드는 방법

a stand → stand**ing**
b run → run**ning**
c take → tak**ing**
d lie → **lying**

1

(1) be동사는 주어의 수와 인칭에 따라 변한다.

(2)

a 대부분의 동사: 「동사원형 + -ing」
b 「단모음 + 단자음」: 마지막 자음을 한 번 더 쓰고 + -ing
c 「-e」: e를 빼고 + -ing
d 「-ie」: ie를 y로 바꾸고 + -ing

2 의미

e I'm **waiting** for the school bus now.

f Lucy **is washing** the dishes.

2 '~하고 있다, ~하는 중이다'

: 지금 진행 중인 일을 나타낸다.

e 나는 지금 학교 버스를 기다리고 있다. f 루시는 설거지하고 있다.

C 현재진행형의 부정문과 의문문

be동사의 부정문, 의문문과 같은 방식으로 쓴다.

1 부정문

a I am listening to music.

→ I'm **not listening** to music.

b He**'s not reading** a newspaper.

= He **isn't reading** a newspaper.

1 be동사 바로 뒤에 not을 쓴다.

b 「주어 + be동사」 또는 「be동사 + not」을 줄여
쓸 수 있다.

2 의문문

c They're playing baseball.

→ **Are they playing** baseball?

d A: **Is Lily making** an apple pie?

B: [긍정] Yes, she **is**. [부정] No, she **isn't**.

e A: *What* **are you doing**?

B: I'm **surfing** the Internet.

f A: *Where* **is she going**?   B: She**'s going** to the zoo.

2

c-d 의문사가 없을 때

: 주어와 be동사의 자리를 바꾼다.

e-f 의문사가 있을 때

: 주어와 be동사의 자리를 바꾸고, 의문사를 맨 앞
에 붙인다.

a 나는 음악을 듣고 있다. → 나는 음악을 듣고 있지 않다. b 그는 신문을 읽고 있지 않다. c 그들은 야구를 하고 있다. → 그들은 야구를 하고 있니?
d A: 릴리는 사과 파이를 만들고 있니? B: [긍정] 응, 만들고 있어. [부정] 아니, 만들고 있지 않아. e A: 너 뭐 하고 있니? B: 인터넷 서핑하고 있어.
f A: 그녀는 어디 가고 있니? B: 그녀는 동물원에 가고 있어.

UPGRADE YOUR GRAMMAR

진행형으로 쓰지 않는 동사

움직임이 아닌 일정한 '상태'를 나타내는 동사(have, like, love, know, want, own 등)는 진행형으로 쓰지 않는다.

a ~~I am having a dog.~~

I have a dog. 나는 개를 가지고 있다.

b ~~She is knowing the news.~~

She knows the news. 그녀는 그 소식을 안다.

단, 상태가 아닌 동작을 나타내는 뜻으로 쓰일 때는 진행형으로 쓸 수 있다.

c I **am having** lunch. 나는 점심을 먹고 있다.

EXERCISE

A   문장을 현재진행형으로 바꿔 쓰세요.

1   I swim in the pool.

→ _____

2   The flags wave in the wind.

→ _____

3   Scott cooks dinner for me.

→ _____

4   Does the man lie about his age?

→ _____

5   I don't draw my brother.

→ _____

B   괄호 안에서 알맞은 것을 고르세요.

1   It (snows, is snowing) right now.

2   Jihong (wears, is wearing) glasses every day.

3   Sally (brushes, is brushing) her teeth now.

4   We (take, are taking) a walk every morning.

5   He (has, is having) three computers in his house.

6   A: Where is Paul?

  B: He (dances, is dancing) in his room.

C   괄호 안의 동사를 알맞은 형태로 바꾸어 빈칸을 완성하세요.

1   I _____ (get) up at 6 o'clock in the morning.

2   Paris _____ (be) a city in France.

3   Cindy often _____ (drink) coffee.

4   The sun _____ (rise) in the east.

5   My school _____ (begin) at 9 a.m. every day.

6   Water _____ (freeze) at 0 °C.

WORDS   **A** pool 수영장 flag 깃발 wave 흔들리다, 흔들다 age 나이 draw (그림을) 그리다 **B** brush one's teeth 이를 닦다 **C** often 자주 rise 떠오르다 east 동쪽 freeze 얼다

D 그림과 일치하도록 [보기]에 주어진 말을 현재진행형으로 바꾸어 대화를 완성하세요.

[보기]　　tie　　　　go　　　　change　　　　do　　　　watch　　　　ride

1

A: _____ he _____ a bicycle?

B: Yes, _____ _____.

2

A: Where _____ she _____?

B: She _____ _____ to the hospital.

3

A: _____ you _____ TV?

B: No, _____ _____.
_____ _____ my clothes.

4

A: What _____ they _____?

B: They _____ _____ the ribbons.

E 우리말과 일치하도록 괄호 안의 말을 알맞은 형태로 바꾸어 문장을 완성하세요.

1 그들은 왜 큰 소리로 울고 있니? (cry loudly)

→ _____

2 난 너를 보고 있는 게 아니야. (look at you)

→ _____

3 그 아기는 자고 있나요? (the baby, sleep)

→ _____

D tie 매다　hospital 병원　clothes 옷　ribbon 리본　E look at ~을 보다

UNIT 13 과거시제

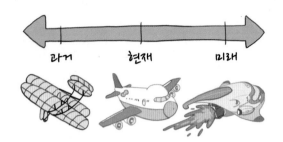

BUILD YOUR GRAMMAR

과거시제는 동사의 과거형을 쓰며, 이미 끝나버린 과거의 일을 나타낼 때 씁니다. be동사의 과거형은 두 가지가 있고, 일반동사의 과거형은 규칙적으로 변화하는 형태와 불규칙적으로 변화하는 형태로 나뉩니다.

과거   현재   미래

A 과거시제

1 형태

(1) be동사의 과거형

단수	1인칭	I	**was**
	2인칭	You	**were**
	3인칭	He / She / It	**was**
복수		We / You / They	**were**

(2) 일반동사의 과거형

a open - open**ed**   play - play**ed**   look - look**ed**
b love - love**d**   live - live**d**   die - die**d**
c try - tr**ied**   reply - repl**ied** enjoy - enjoy**ed**
d stop - stop**ped** plan - plan**ned** drop - drop**ped**
e cut - **cut**   put - **put**   read[ri:d] - **read**[red]
   buy - **bought**   come - **came**   do - **did**
   eat - **ate**   go - **went**   have - **had**
   make - **made**   see - **saw**   sleep - **slept**

2 의미

f I **was** in Boston *last year*.
g She **moved** to Seoul *two years ago*.
h Lee Seonggye **founded** the Joseon Dynasty *in 1392*.

1

(1) be동사의 과거형
: am/is의 과거형은 was, are의 과거형은 were

(2) 일반동사의 과거형

a 동사 + -ed
b 「-e」 + -d
c 「자음 + y」: y를 i로 바꾸고 + -ed
   단, 「모음 + y」는 + -ed
d 「단모음 + 단자음」: 마지막 자음을 한 번 더 쓰고 + -ed
e 불규칙 변화 **참조** Appendix p.158

2

f-g 과거시제는 이미 끝난 과거의 상태나 동작을 나타내며, 특정한 과거 시점을 나타내는 표현들 (yesterday, last week, two days ago 등)과 주로 함께 쓰인다.
h 역사적 사실을 나타낼 때 과거시제를 쓴다.

---

f 나는 작년에 보스턴에 있었다. g 그녀는 2년 전에 서울로 이사했다. h 이성계는 1392년에 조선왕조를 세웠다.

62 G-ZONE

B 과거시제의 부정문과 의문문: be동사

현재시제의 부정문, 의문문과 같은 방식으로 쓰며, be동사만 과거형으로 변한다.

1 부정문	**1** be동사 바로 뒤에 not을 쓴다.
a He was a doctor. → He **wasn't[was not]** a doctor.	
b We **weren't[were not]** home last night.	
2 의문문	**2**
c He was angry. → **Was he** angry?	c-d 의문사가 없을 때
d A: **Were you** sick last week?	: 주어와 be동사의 자리를 바꾼다.
B: [긍정] Yes, I **was**. [부정] No, I **wasn't**.	
e A: *Where* **were you** yesterday?	e 의문사가 있을 때
B: I was home.	: 주어와 be동사의 자리를 바꾸고, 의문사를 맨 앞에 붙인다.

a 그는 의사였다. → 그는 의사가 아니었다. b 우리는 지난밤에 집에 있지 않았다. c 그는 화가 났다. → 그는 화가 났었니? d A: 너는 지난주에 아팠니? B: [긍정] 응, 아팠어. [부정] 아니, 아프지 않았어. e A: 너는 어제 어디에 있었니? B: 집에 있었어.

C 과거시제의 부정문과 의문문: 일반동사

현재시제의 부정문, 의문문과 같은 방식으로 쓰며, do동사만 과거형으로 변한다.

1 부정문	**1** 「주어 + didn't[did not] + 동사원형 ~.」
a I went shopping yesterday.	
→ I **didn't[did not] go** shopping yesterday.	
b Dave **didn't[did not] know** my name.	
2 의문문	**2**
c You heard the news yesterday.	c-d 의문사가 없을 때
→ **Did** you **hear** the news yesterday?	: 「Did + 주어 + 동사원형 ~?」
d A: **Did** she **buy** a ticket?	
B: [긍정] Yes, she **did**. [부정] No, she **didn't**.	
e A: *What* **did** you **eat**?	e 의문사가 있을 때
B: I ate a sandwich.	: 「의문사 + did + 주어 + 동사원형 ~?」

a 나는 어제 쇼핑하러 갔다. → 나는 어제 쇼핑하러 가지 않았다. b 데이브는 내 이름을 알지 못했다. c 너는 어제 그 소식을 들었다. → 너 어제 그 소식을 들었니? d A: 그녀는 표를 샀니? B: [긍정] 응, 샀어. [부정] 아니, 안 샀어. e A: 너 뭘 먹었니? B: 샌드위치를 먹었어.

EXERCISE

A   [보기]에서 알맞은 동사를 하나씩 골라 과거시제로 바꿔 문장을 완성하세요.

[보기]   play   hit   study   go   open   have

1 Kate _____ to the movies last weekend.
2 The café _____ at 7 a.m. yesterday.
3 I _____ math this morning.
4 She _____ dinner with her family last Friday.
5 Colin and I _____ chess two days ago.
6 A hurricane _____ Florida in 1992.

B   문장을 괄호 안의 지시대로 바꿔 쓰세요.

1 She lived in Japan three years ago. (부정문)

→ _____

2 They were home last weekend. (의문문)

→ _____

3 He cut the pie with a knife. (부정문)

→ _____

4 Mr. Lee gave Maria a birthday present. (의문문)

→ _____

C   문장의 밑줄 친 부분을 바르게 고쳐 쓰세요.

1 I <u>were</u> ten years old now.
2 I <u>work</u> in the zoo two years ago.
3 How did you <u>found</u> your new house?
4 He <u>make</u> a mistake, so I was angry at him.
5 Chris <u>read</u> magazines these days.
6 Ethan and Betty <u>was</u> my best friends last year.

<u>WORDS</u>   A weekend 주말 chess 체스 hurricane 허리케인 B cut 자르다 knife 칼 present 선물 C find 찾다 (find-found-found)
mistake 실수 magazine 잡지 these days 요즘(에)

D 어제 한 일을 나타내는 다음 그림을 보고 [보기]에 주어진 말을 알맞은 형태로 바꾸어 대화를 완성하세요.

[보기]　　be　　　　sell　　　　see　　　　sleep　　　　read　　　　do

1

A: _____ you _____
your bike?

B: Yes, I _____.

2

A: What _____ you
_____ yesterday?

B: I _____ all day.

3

A: _____ you _____
your boyfriend?

B: No, I _____. I _____
a book.

4

A: Where _____ you
last evening?

B: I _____ at the amusement
park.

E 괄호 안의 동사를 알맞은 형태로 바꾸어 빈칸을 완성하세요.

1 My father _____ (be) in Canada now.

2 There _____ (be) a building on the corner in the past.

3 Lucy _____ (lose) her job a week ago.

4 Bees _____ (make) honey from flowers.

5 Dave _____ (invite) some old friends to his house yesterday.

6 These days, she _____ (drink) milk every morning.

7 It _____ (rain) a lot yesterday morning.

D amusement park 놀이공원　**E** on the corner 모퉁이에　in the past 예전에, 과거에　lose *잃다; 지다　bee 꿀벌　honey 꿀
invite 초대하다　drink 마시다

14 미래시제

BUILD YOUR GRAMMAR
미래시제는 앞으로 일어날 일을 나타낼 때 씁니다. 미래를 나타내는 방법에는 여러 가지가 있지만, 주로 will이나 be going to를 씁니다.

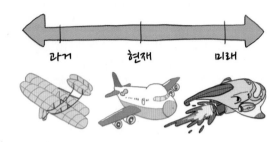

과거　　　현재　　　미래

A will

1 형태와 의미

a Your parents **will** be proud of you.
b They**'ll**[They **will**] visit my house *next week*.
c I**'ll** call you *tomorrow*.

1 주어의 수와 인칭에 관계없이 「will + 동사원형」으로 미래를 나타낸다. 주어가 인칭대명사일 때 will은 'll로 줄여 쓸 수 있다.

a-b 예측: ~일 것이다
c 의지: ~할 것이다, ~하겠다
b-c 미래를 나타내는 표현들과 주로 함께 쓰인다.

2 부정문

d Ava will lend me the book.
　→ Ava **won't**[**will not**] lend me the book.
e We **won't** go to bed early tonight.

2 will 바로 뒤에 not을 쓴다. will not은 won't로 줄여 쓸 수 있다.

3 의문문

f Tim will play basketball on Sunday.
　→ **Will Tim** play basketball on Sunday?
g A: **Will she** go to the concert tomorrow?
　B: [긍정] Yes, she **will**. [부정] No, she **won't**.
h *What* **will you** do this weekend?
i *When* **will they** finish the work?

3
f-g 의문사가 없을 때
: 주어와 will의 자리를 바꾼다.

h-i 의문사가 있을 때
: 주어와 will의 자리를 바꾸고, 의문사를 맨 앞에 붙인다.

---

a 너의 부모님은 너를 자랑스러워할 것이다. b 그들은 다음 주에 우리 집을 방문할 것이다. c 내가 내일 전화할게. d 아바는 내게 그 책을 빌려줄 것이다. → 아바는 내게 그 책을 빌려주지 않을 것이다. e 우리는 오늘 밤 일찍 잠자리에 들지 않을 것이다. f 팀은 일요일에 농구를 할 것이다. → 팀은 일요일에 농구를 할까? g A: 그녀는 내일 콘서트에 갈까? B: [긍정] 응, 그럴 거야. [부정] 아니, 그러지 않을 거야. h 너는 이번 주말에 뭐할 거니? i 그들은 그 일을 언제 끝낼까?

B be going to

부정문, 의문문은 be동사의 부정문, 의문문과 같은 방식으로 쓴다.

1 형태와 의미

a Zoe **is going to** be okay. (= Zoe *will* be okay.)

b It**'s going to** rain tomorrow. (= It*'ll* rain tomorrow.)

c I**'m going to** buy a new car this year.

2 부정문

d He's going to study Chinese.
→ He**'s not going to** study Chinese.
= He **isn't going to** study Chinese.

e They**'re not going to** help us.

3 의문문

f She is going to relax at home.
→ **Is she going to** relax at home?

g A: **Are you going to** see Min-jun tonight?
B: [긍정] Yes, I **am**. [부정] No, I**'m not**.

h *How long* **is she going to** stay in the U.S.?

i *When* **is he going to** get up?

---

1 「be going to + 동사원형」으로도 미래를 나타낸다. 이때 be동사는 주어의 수와 인칭에 따라 변한다.

a-b 예측: ~일 것이다 (= will)

c 계획: ~하려고 하다, ~할 것이다

2 be동사 바로 뒤에 not을 쓴다.

d 「주어 + be동사」 또는 「be동사 + not」을 줄여 쓸 수 있다.

3

f-g 의문사가 없을 때
: 주어와 be동사의 자리를 바꾼다.

h-i 의문사가 있을 때
: 주어와 be동사의 자리를 바꾸고, 의문사를 맨 앞에 붙인다.

---

a 조는 괜찮을 것이다. b 내일 비가 올 것이다. c 나는 올해 새 차를 살 것이다. d 그는 중국어를 공부할 것이다. → 그는 중국어를 공부하지 않을 것이다. e 그들은 우리를 도와주지 않을 거야. f 그녀는 집에서 쉴 것이다. → 그녀는 집에서 쉴 것이니? g A: 너 오늘 밤에 민준이를 만날 거니? B: [긍정] 응, 만날 거야. [부정] 아니, 만나지 않을 거야. h 그녀는 미국에 얼마나 오래 머물 것이니? i 그는 언제 일어날까?

UPGRADE YOUR GRAMMAR

미래를 나타내는 다른 방법

1 대중교통이나 영화 시간처럼 시간표가 정해져 있는 일을 나타낼 때는 현재시제를 쓰기도 한다.

The movie **starts** at 8:00 this evening. 그 영화는 오늘 저녁 8시에 시작한다.

2 가까운 미래에 예정된 일을 나타낼 때는 현재진행형을 쓰기도 한다.

I**'m leaving** for Boston next week. 나는 다음 주에 보스턴으로 떠난다.

EXERCISE

A   괄호 안에서 알맞은 것을 고르세요.

1   We (painted, paint, will paint) our house next month.

2   When (did, do, will) you go to bed last night?

3   Why (did, do, will) you call me yesterday?

4   Jessica (was, is, will be) the next president of our class.

5   (Did, Does, Will) he attend tomorrow's party?

B   괄호 안에 주어진 말을 써서 미래시제로 문장을 바꿔 쓰세요.

1   John is 11 years old. (will)

→ _____ next year.

2   It snowed a lot last night. (will)

→ _____ tomorrow.

3   I bought a new bicycle yesterday. (be going to)

→ _____ next week.

4   Billy does the dishes every day. (be going to)

→ _____ tonight.

C   문장을 괄호 안의 지시대로 바꿔 쓰세요.

1   The weather will be nice. (부정문)

→ _____

2   I'm going to meet her tomorrow. (부정문)

→ _____

3   Sarah will join the football team. (의문문)

→ _____

4   You're going to take a nap. (의문문)

→ _____

5   They are going to win the prize. (부정문)

→ _____

WORDS   **A** paint *페인트를 칠하다; (그림을) 그리다 president 대통령, 회장 attend 참석하다 **B** do the dishes 설거지하다 **c** join 합류하다, 결합하다 take a nap 낮잠 자다 win the prize 상을 받다

D   문장의 밑줄 친 부분을 바르게 고쳐 쓰세요.

1   Chris is <u>going to sells</u> his car.

2   Will you <u>to tell</u> her the truth?

3   <u>He is</u> going to wash his car tomorrow?

4   A new student <u>will comes</u> to my class tomorrow.

5   He <u>is going not to</u> answer the phone.

6   They're <u>going leave</u> the city tonight.

E   그림과 일치하도록 빈칸에 알맞은 말을 넣어 대화를 완성하세요.

1

A: What will you have for dinner tonight?

B : _____ _____ _____ pizza.

2

A: When are you going to visit him?

B : We _____ _____ _____ _____

_____ this Sunday.

3

A: Will you stay home today?

B : No, _____ _____. I _____ go fishing.

4

A: Are you going to go there by airplane?

B : Yes, _____ _____.

D tell the truth 사실대로 말하다 answer the phone 전화를 받다 leave 떠나다 **E** go fishing 낚시하러 가다

15 현재완료형

현재완료

과거   현재

I have lost my cell phone.

BUILD YOUR GRAMMAR

현재완료형은 과거와 현재를 연결하는 시제로, 과거의 일이 현재까지 영향을 미칠 때 씁니다. 현재완료형은 문맥에 따라 여러 가지 뜻으로 해석될 수 있습니다.

A 현재완료형의 개념과 형태

1 개념

a I lost my cell phone last week. 과거
  I don't have it now. 현재
  → I **have lost** my cell phone. 현재완료형
  cf₁ I *lost* my cell phone.

b We moved to L.A. five years ago. 과거
  We still live in L.A. now. 현재
  → We **have lived** in L.A. for five years. 현재완료형
  cf₂ ~~I have lost my cell phone *yesterday*.~~

1 과거와 현재를 함께 나타낸다.

a 과거에 잃어버렸고 현재도 갖고 있지 않은 상태

cf₁ 과거에 잃어버렸고, 현재 갖고 있는지 알 수 없음

b 과거에 이사하여 현재까지도 살고 있는 상태

cf₂ **NOTE** 현재완료형은 구체적인 과거를 가리키는 말(yesterday, last year, ~ ago 등)과 함께 쓸 수 없다.

2 형태

(1) 현재완료형: have[has] + 과거분사

I / You / We / They	have	lived
He / She / It	has	

(2) 동사원형 – 과거형 – 과거분사형

c live-lived-lived   talk-talked-talked
d send-sent-sent   tell-told-told
e see-saw-seen   do-did-done
f come-came-come   run-ran-run
g cut-cut-cut   put-put-put

2

(1) 인칭대명사 주어에 've 또는 's를 붙여 줄여 쓸 수 있다. (I've, We've, He's …)

(2) 규칙동사는 동사에 -(e)d를 붙여서 과거형과 과거분사형을 만든다.
c 규칙 동사는 과거형과 과거분사형이 같다.
d-g 불규칙 동사
d A-B-B형
e A-B-C형
f A-B-A형
g A-A-A형
참조 Appendix p.158

a 나는 지난주에 내 휴대전화를 잃어버렸다. 나는 지금 그것을 가지고 있지 않다. → 나는 내 휴대전화를 잃어버렸다. *cf₁* 나는 내 휴대전화를 잃어버렸다. b 우리는 5년 전 LA로 이사 왔다. 우리는 지금도 여전히 LA에 살고 있다. → 우리는 LA에서 5년간 살아왔다.

B 현재완료형의 쓰임

1 완료된 일로 인한 현재의 상태 (~했다)

a I**'ve** *just* **won** the game.

b Sally **has** *already* **done** her homework.

c Chris **has gone** to Spain.

1 과거에 완료된 일로 인한 현재의 상태를 강조할 때 쓴다. just, already, yet 등과 함께 자주 쓰인다.

a 현재 게임에 이긴 상태

b 현재 숙제를 다 한 상태

c 현재 스페인에 가 있는 상태

2 현재까지의 경험 (~한 적 있다)

d I**'ve seen** this movie *before*.

e Mike **has** *never* **been** to Japan.

2 현재까지의 경험을 나타낼 때 쓴다. before, never, ever 등과 함께 자주 쓰인다.

3 현재까지 계속된 일 (~해 왔다)

f I **have worked** here *for* two years.

g She **has known** him *since* 2008.

3 과거부터 현재까지 계속된 동작이나 상태를 나타낼 때 쓴다. for, since 등과 함께 자주 쓰인다.

a 나는 방금 게임에서 이겼다. b 샐리는 이미 그녀의 숙제를 마쳤다. c 크리스는 스페인에 갔다. d 나는 전에 이 영화를 본 적이 있다. e 마이크는 일본에 가본 적이 없다. f 나는 여기서 2년간 일해 왔다. g 그녀는 2008년 이래로 그를 알고 지내왔다.

C 현재완료형의 부정문과 의문문

1 부정문

a They have arrived at the airport.

→ They **haven't[have not] arrived** at the airport.

b Bill **hasn't[has not] read** the novel yet.

1 have[has] 바로 뒤에 not을 쓴다.

a-b have not은 haven't로, has not은 hasn't로 줄여 쓸 수 있다.

2 의문문

c Laura has been to Canada.

→ **Has Laura been** to Canada?

d A: **Have you finished** the work?

B : [긍정] Yes, I **have**. [부정] No, I **haven't**.

e *Where* **have you been**?

f *How long* **has he stayed** here?

2

c-d 의문사가 없을 때

: 주어와 have[has]의 자리를 바꾼다.

e-f 의문사가 있을 때

: 주어와 have[has]의 자리를 바꾸고, 의문사를 맨 앞에 붙인다.

a 그들은 공항에 도착했다. → 그들은 공항에 도착하지 않았다. b 빌은 아직 그 소설을 읽지 않았다. c 로라는 캐나다에 다녀왔다. → 로라는 캐나다에 다녀왔니? d A: 너는 그 일을 끝마쳤니? B: [긍정] 응, 끝마쳤어. [부정] 아니, 끝마치지 않았어. e 너 어디에 있었니? f 그는 이곳에 얼마나 오랫동안 머물렀니?

EXERCISE

A   괄호 안의 동사를 현재완료형으로 바꾸어 빈칸을 완성하세요.

1 Jerry _____ (go) back to Australia.

2 They _____ (work) hard for many years.

3 I _____ (be) here for three hours.

4 He _____ (see) the movie four times.

5 We _____ (live) in Seoul since 2012.

6 I _____ (leave) my watch in my office.

7 She _____ already _____ (tell) me about it.

B   문장을 괄호 안의 지시대로 바꿔 쓰세요.

1 He has been to Italy. (부정문)

→ _____

2 Emma has bought a new camera. (의문문)

→ _____

3 You've visited the museum before. (의문문)

→ _____

4 Jack has studied English for five years. (의문문)

→ _____

5 I've forgotten his e-mail address. (부정문)

→ _____

C   괄호 안에서 알맞은 것을 고르세요.

1 (Did you see, Have you seen) Joe at school yesterday?

2 Susan is a writer. She (wrote, has written) five books so far.

3 Andrew (broke, has broken) his arm last week. He is in the hospital now.

4 I (met, have met) Tim in 2014. We (were, have been) good friends since then.

WORDS   **A** Australia 호주   time 번, 회   **B** museum 박물관   **C** writer 작가   so far 지금까지   break 부러뜨리다 (break-broke-broken)
be in the hospital 입원해 있다

72   G-ZONE

D 같은 뜻이 되도록 빈칸에 알맞은 말을 써서 문장을 완성하세요.

1 Mary lost her key. She doesn't have it now.

→ Mary _____ _____ her key.

2 He had a cold two weeks ago. He still has it.

→ He _____ _____ a cold for two weeks.

3 I read the book last year. I read it again this year.

→ I _____ _____ the book twice.

4 Jason went to Mexico a week ago. He is still there.

→ Jason _____ _____ to Mexico.

E 그림과 일치하도록 [보기]에 주어진 말을 현재완료형으로 바꾸어 대화를 완성하세요.

[보기]   eat   find   do   teach

1

A: _____ she _____ her homework?

B: Yes, she _____.

2

A: _____ he _____ his wallet?

B: No, he _____.

3

A: _____ you ever _____ sushi?

B: Yes, I _____.

4

A: How long _____ you _____ Korean in France?

B: I _____ _____ Korean since last year.

D have a cold 감기에 걸리다 still 여전히 twice 두 번 Mexico 멕시코 **E** sushi 초밥

16 조동사 I

조동사(助動詞)는 동사를 도와주는(助) 동사라는 뜻으로, be동사 또는 일반동사 앞에 붙어서 동사의 기본 뜻에 다른 뜻을 더해줍니다.

앞에서 미래의 일을 나타낼 때 will을 쓴다고 배웠죠? 이 will도 동사에 '~할 것이다'라는 뜻을 더해주는 조동사입니다. 이 외에도 능력, 추측, 의무 등 다양한 뜻을 나타내는 조동사가 있습니다.

A 조동사의 개념과 특징, 부정문과 의문문

---

1 조동사의 개념

a Birds fly. → Birds **can** fly.
　　 난다　　　　　　 날 수 있다

2 조동사의 특징

b He can swims. → He **can** swim.

c He cans swim. → He **can** swim.

d He will can swim.

3 부정문과 의문문

e He **will not** come.

f You can keep a secret.
　→ **Can you** keep a secret?

g A: **Can you** play the piano?
　B: [긍정] Yes, I **can.** [부정] No, I **can't.**

h *How* **can I** get to the bus stop?

i *How long* **will you** be there?

---

1 동사 앞에 쓰여 동사에 다른 뜻을 더해주며, can, may, must, should 등이 있다.

2

b 조동사 뒤에는 동사원형이 온다.

c 조동사는 주어의 수와 인칭에 따라 형태가 변하지 않는다.

d 조동사는 연달아 쓸 수 없다.

3

e 부정문: 조동사 바로 뒤에 not을 붙인다.

f-g 의문사가 없을 때
: 주어와 조동사의 자리를 바꾼다.

h-i 의문사가 있을 때
: 주어와 조동사의 자리를 바꾸고, 의문사를 맨 앞에 붙인다.

---

a 새들은 난다. → 새들은 날 수 있다.　b-c 그는 수영할 수 있다.　e 그는 오지 않을 것이다.　f 너는 비밀을 지킬 수 있다. → 너는 비밀을 지킬 수 있니?　g A: 너는 피아노를 칠 수 있니? B: [긍정] 응, 칠 수 있어. [부정] 아니, 못 쳐.　h 버스 정류장에 어떻게 하면 갈 수 있니?　i 너는 거기 얼마나 오래 있을 거니?

B can

<table>
<tr><td>

1 능력

a I **can** speak English.
  = I **am able to** speak English.
b I **can't[cannot]** ride a bicycle.
  = I **am not able to** ride a bicycle.
c She **could** finish the work on time.
  = She **was able to** finish the work on time.
d We **couldn't[could not]** buy the car.
  = We **weren't[were not] able to** buy the car.
e ~~You will can drive a car.~~
  → You **will be able to** drive a car.

2 허가

f You **can** use my bike any time.
g You **can't[cannot]** smoke here.
h A: **Can** I come in?
  B: [긍정] Sure. [Of course. / Certainly.]
    [부정] I'm sorry, but you can't.
i **Could** I ask you a question?

3 요청

j A: **Can you** help me?
  B: [긍정] Sure. [Of course. / Certainly.]
    [부정] I'm sorry, but I can't.
k **Could you** open the door?
  cf. **Will[Would] you** do me a favor?

</td><td>

1 '~할 수 있다'

  can이 능력을 나타낼 때는 be able to로 바꿔 쓸 수 있다. 이때 be동사는 주어의 수와 인칭, 시제에 따라 형태가 변한다.
b 부정형은 can't[cannot] 또는 「be동사 + not able to」이며 '~할 수 없다'라는 뜻을 나타낸다.
c-d 과거의 능력을 나타낼 때는 could 또는 was[were] able to를 쓴다. 부정형은 couldn't[could not] 또는 「be동사의 과거형 + not able to」이다.
e 미래의 능력을 나타낼 때는 will be able to를 쓴다. 부정형은 will not be able to이다.

2 '~해도 된다'

g 부정형은 can't[cannot]로 '~하면 안 된다'라는 뜻을 나타낸다.

i 과거형 조동사 could를 쓰면 더 공손한 표현이 된다.

3 「Can you ~?」를 써서 '~해줄 수 있니?'라는 요청의 뜻을 나타낸다.
k 과거형 조동사 could를 쓰면 더 공손한 표현이 된다.
cf. 「Will you ~?」로 요청을 나타낼 수도 있다. 과거형 조동사 would를 쓰면 더 공손한 표현이 된다.

</td></tr>
</table>

a 나는 영어를 할 수 있다. b 나는 자전거를 타지 못한다. c 그녀는 그 일을 제시간에 마칠 수 있었다. d 우리는 그 차를 살 수 없었다. e 너는 운전할 수 있게 될 것이다. f 너는 언제든 내 자전거를 써도 된다. g 여기서 담배를 피워서는 안 된다. h A: 들어가도 될까? B: [긍정] 물론이지. [부정] 미안하지만 안 돼. i 질문 하나 해도 되겠습니까? j A: 너는 나를 도와줄 수 있니? B: [긍정] 물론이지. [부정] 미안하지만 안 돼. k 문 좀 열어주시겠어요? *cf.* 제 부탁을 좀 들어주시겠어요?

EXERCISE

A   문장의 밑줄 친 부분을 바르게 고쳐 쓰세요.

1 My father can <u>repairs</u> cars.

2 They <u>not can</u> pass the test.

3 He <u>wills</u> tell me the truth.

4 We <u>will can</u> see her again.

5 She can't <u>plays</u> the violin.

6 I <u>remember can't</u> his name.

B   문장을 괄호 안의 지시대로 바꿔 쓰세요.

1 I can solve the problem. (부정문)

→ _____

2 He can read English books. (의문문)

→ _____

3 I can't fix my laptop. (과거시제)

→ _____

4 The girl can play the guitar very well. (미래시제)

→ _____

C   괄호 안에서 알맞은 것을 고르세요.

1 Where is my bag? I (can, can't) find it.

2 (Can I, Can you) give me your phone number?

3 It's too dark outside. I (can't, won't) see anything.

4 She (was, will be) able to arrive tomorrow.

5 A: I don't have a pencil.

    B: You (can, will) use mine.

WORDS   **A** repair 수리하다   pass *통과하다; 건네주다   remember 기억하다   **B** solve 풀다, 해결하다   problem 문제   fix 수리하다   laptop 노트북   **C** outside 밖에   anything 어떤 것   arrive 도착하다

D 두 문장이 같은 뜻이 되도록 빈칸에 알맞은 말을 쓰세요.

1 I can't understand the question.

= I ＿＿＿＿ ＿＿＿＿ ＿＿＿＿ ＿＿＿＿ understand the question.

2 He could climb the mountain five years ago.

= He ＿＿＿＿ ＿＿＿＿ ＿＿＿＿ climb the mountain five years ago.

3 Will you pass me the salt, please?

= ＿＿＿＿ ＿＿＿＿ pass me the salt, please?

E 밑줄 친 can의 쓰임이 같은 것끼리 짝지으세요.

1 <u>Can</u> I start now?　　•

2 <u>Can</u> he cook?　　•

3 <u>Can</u> you help me?　•

　　　•　(a) You <u>can</u> leave the classroom.

　　　•　(b) <u>Can</u> you bring me some water?

　　　•　(c) She <u>can</u> write an e-mail in English.

F 그림과 일치하도록 빈칸에 알맞은 조동사를 넣어 문장을 완성하세요.

1

The baby lions ＿＿＿＿＿＿＿＿ hunt now.
But they ＿＿＿＿＿＿＿＿ hunt someday.

2

I ＿＿＿＿＿＿＿＿ skate very well two years ago.
But I ＿＿＿＿＿＿＿＿ skate well now.

3

A: ＿＿＿＿＿＿＿＿ borrow your umbrella?
B: Sure. Here you are.

D understand 이해하다　climb 오르다　mountain 산　salt 소금　**E** leave *떠나다; 남다　bring 가져다주다　**F** hunt 사냥하다
someday 언젠가　skate 스케이트를 타다　borrow 빌리다　Here you are. 여기 있어.

UNIT **17** # 조동사 II

A may

1 추측

a She **may** be right.
= She **might** be right.

b He **may not** come back tomorrow.

2 허가

c You **may** go home now.
= You **can** go home now.

d You **may not** bring your smartphone into the exam room.

e A: **May** I open the window?
B: [긍정] Sure. [Of course. / Certainly.]
[부정] I'm sorry, but you may not.

1 '~일지도 모른다' (확신이 없는 추측)

a may가 추측을 나타낼 때, 과거형 조동사 might로 바꾸어 써도 뜻이 거의 비슷하다.

b 부정형은 may not으로 '~가 아닐지도 모른다'라는 뜻을 나타낸다.

2 '~해도 된다'

c 허가를 나타내는 can과 같은 뜻이다.

a 그녀가 옳을지도 모른다. b 그는 내일 돌아오지 않을지도 모른다. c 너는 이제 집에 가도 된다. d 시험장 안에 네 스마트폰을 가져와서는 안 된다. e A: 내가 창문을 열어도 될까? B: [긍정] 물론이지. [부정] 미안하지만 안 돼.

B must

1 의무

a You **must** wear sunscreen.
= You **have to** wear sunscreen.

b Kelly **must** leave now.
= Kelly **has to** leave now.

c Paul **had to** take the first train.

d You **will have to** see the doctor.
[~~You will must see the doctor.~~]

1 '~해야 한다'

must가 의무를 나타낼 때는 have to로 바꿔 쓸 수 있다. 이때 have는 주어의 수와 인칭, 시제에 따라 형태가 변한다. 부정문과 의문문을 쓸 때는 do동사를 이용한다.

c 과거의 의무를 나타낼 때는 had to를 쓴다. (must는 과거형이 없음)

d 미래의 의무를 나타낼 때는 will have to를 쓴다.

e You **must not** go near the water. It's dangerous.

f Tomorrow is Sunday. I **don't have to** get up early.

g A: **Must I** wear the uniform?
  = **Do I have to** wear the uniform?
  B: [긍정] Yes, you **must**.
      = Yes, you **do[have to]**.
  [부정] No, you **don't have to**.
      [No, you must not.]

2 추측

h A: Jack hasn't spoken to me for a week.
  B: He **must** be angry with you.

i A: Where is Steve?
  B: He **can't** be at home. It's not 7 p.m. yet.

e-f **NOTE** must와 have to의 부정형은 뜻이 서로 다르므로 유의해야 한다.

e '~해서는 안 된다' (금지)

f '~할 필요가 없다' (불필요)

g '~해야 하나요?'라는 질문에 대한 부정의 대답은 '~할 필요가 없다'라는 뜻인 don't have to를 쓴다.

2 '~인 게 틀림없다' (강한 확신이 담긴 추측)

i 추측을 나타낼 때 must의 부정형으로는 must not이 아니라 '~일 리 없다'라는 뜻의 can't[cannot]를 써야 한다.

---

a 너는 자외선 차단제를 발라야 한다. b 켈리는 지금 떠나야 한다. c 폴은 첫차를 타야 했다. d 너는 진찰을 받아야 할 것이다. e 물 근처에 가서는 안 돼. 위험해. f 내일은 일요일이야. 나는 일찍 일어나지 않아도 돼. g A: 제가 제복을 입어야만 하나요? B: [긍정] 네, 입어야만 합니다. [부정] 아니요, 안 입어도 됩니다. h A: 잭이 내게 일주일 동안 말을 안 했어. B: 그는 너에게 화가 난 게 틀림없어. i A: 스티브는 어디에 있니? B: 그는 집에 있을 리 없어. 아직 오후 일곱 시가 안 되었는걸.

C should

a You **should** apologize to her.

b You **shouldn't[should not]** eat too much.

a '~해야 한다, ~하는 것이 좋다' (의무, 충고)
  must, have to보다 강제성이 약하며, 주로 충고할 때 쓰인다.

b 부정형은 shouldn't[should not]로 '~하지 않아야 한다'라는 뜻을 나타낸다.

---

a 너는 그녀에게 사과해야 한다. b 너무 많이 먹지 말아야 한다.

EXERCISE

A   괄호 안에서 알맞은 것을 고르세요.

1   You (has to, have to) brush your teeth.

2   Alice didn't have cash, so she (had to, have to) walk home.

3   You will (must, have to) wait for him.

4   I'm sorry, but you (must not, don't have to) park here.

5   Why (may, should) we study English?

6   He bought a very expensive car! He (must, cannot) be rich.

7   A: (May, Must) I read this magazine?

      B : Sure, go ahead.

B   두 문장이 같은 뜻이 되도록 빈칸에 알맞은 말을 쓰세요.

1   You must remember your password.

    = You _____ _____ remember your password.

2   Can I see your passport, please?

    = _____ I see your passport, please?

C   우리말과 일치하도록 빈칸에 알맞은 말을 넣어 문장을 완성하세요.

1   그는 오늘 밤에 야구 경기를 보러 갈지도 모른다.

→ He _____ go to a baseball game tonight.

2   서두를 필요 없어.

→ You _____ _____ _____ hurry.

3   그의 가족은 가난해서, 그는 열심히 일해야 했다.

→ His family was poor, so he _____ _____ work hard.

4   제가 그 콘서트에 제 카메라를 가져가도 될까요?

→ _____ I bring my camera to the concert?

5   우리는 그곳에 일찍 도착해야만 할 것이다.

→ We _____ _____ _____ get there early.

WORDS   **A** cash 돈, 현금   wait for ~을 기다리다   park 주차하다   expensive 비싼   rich 부유한   **B** password 비밀번호   passport 여권
C hurry 서두르다   bring 가져오다, 가져가다

D 그림과 일치하도록 괄호 안에서 알맞은 것을 고르세요.

1

A: Luke's dog died yesterday.

B: Really? He (can, must) be very sad.

2

A: You (must not, don't have to) run in the library.

B: I'm sorry. I won't do it again.

3

A: I don't feel well today.

B: Maybe you (would, should) get some sleep.

E [보기]에서 알맞은 말을 골라 대화를 완성하세요.

[보기]	Yes, you must	No, you must not	Sure
	Yes, you should	No, you don't have to	Sorry, but you can't

1 A: Must I wear a seat belt?

B: _____. It can save your life.

2 A: May I borrow your pen?

B: _____. Here you are.

3 A: Do I have to finish the work today?

B: _____. You may finish it tomorrow.

4 A: Should I get a haircut?

B: _____. Your hair is too long.

D die 죽다 feel well 건강 상태가 좋다 maybe 아마도 get some sleep 잠을 좀 자다 **E** seat belt 안전벨트 save 구하다 life 삶;
*생명 get a haircut 이발하다, 머리를 자르다

BUILD YOUR GRAMMAR

지금까지 배운 문장은 모두 능동태 문장이었습니다. 능동태는 주어가 행동을 스스로 하는 것을 나타냅니다. 수동태는 이와 반대로, 주어가 행동의 대상이 되는 것을 나타냅니다. 즉, 수동태는 누가 그 행동을 했는가 보다는 행동 그 자체나 그 행동을 당하는 대상에 초점을 둘 때 씁니다.

A 수동태의 개념과 형태

---

1 능동태와 수동태의 개념

a₁ Trees *clean* the air.
a₂ Ian *teaches* my brothers.
b₁ The air **is cleaned** by trees.
b₂ My brothers **are taught** by Ian.

1

a 능동태 (~가 …하다)
: 주어가 한 일을 나타냄
b 수동태 (~가 …당하다[되다])
: 주어에게 일어난 일을 나타냄

2 수동태의 형태

c Everybody *loves* him. 능동태
　　　주어　　　　　목적어

→ He **is loved** by everybody. 수동태
　　주어　　　　by + 목적격

2 수동태 만드는 방법

① 능동태의 목적어를 주어 자리로 가져온다.
② 동사를 「be동사 + 과거분사」 형태로 바꾼다.
③ 능동태의 주어를 「by + 목적격」으로 바꾼다.

3 「by + 목적격」의 생략

d People *speak* English in Canada. 능동태
　　→ English **is spoken** in Canada (by people). 수동태
e Somebody *plays* music in the park.
　　→ Music **is played** in the park (by somebody).

d-e 수동태는 보통 행동을 한 사람(행위자)이 중요하지 않을 때 쓰이므로 「by + 목적격」을 쓰지 않을 때가 많다.

---

a₁ 나무는 공기를 깨끗하게 한다. a₂ 이안은 내 남동생들을 가르친다. b₁ 공기는 나무에 의해 깨끗해진다. b₂ 내 남동생들은 이안에게 가르침을 받는다. c 모두가 그를 사랑한다. → 그는 모두에게 사랑받는다. d 사람들은 캐나다에서 영어를 사용한다. → 영어는 (사람들에 의해) 캐나다에서 사용된다. e 누군가가 그 공원에서 음악을 연주한다. → 음악이 (누군가에 의해) 공원에서 연주된다.

B 수동태의 부정문과 의문문

1 부정문

a This road is used.
→ This road **isn't[is not] used**.

b Beef **is not eaten** in India.

1 be동사 바로 뒤에 not을 쓴다.

2 의문문

c The machine is checked every day.
→ **Is the machine checked** every day?

d A: **Is this seat taken**?
B: [긍정] Yes, it **is**. [부정] No, it **isn't**.

e *Where* **is your car parked**?

f *How* **is pasta made**?

2

c-d 의문사가 없을 때
: 주어와 be동사의 자리를 바꾼다.

e-f 의문사가 있을 때
: 주어와 be동사의 자리를 바꾸고, 의문사를 맨 앞에 붙인다.

---

a 이 도로는 사용된다. → 이 도로는 사용되지 않는다. b 소고기는 인도에서 먹히지 않는다. (인도에서는 소고기를 먹지 않는다.) c 이 기계는 매일 점검된다. → 이 기계는 매일 점검되니? d A: 이 자리는 차지되었나요? (이 자리에 누가 있나요?) B: [긍정] 예, 그렇습니다. [부정] 아니요, 그렇지 않습니다. e 너의 차는 어디에 주차되어 있니? f 파스타는 어떻게 만들어지니?

C 수동태의 시제

- 수동태의 시제는 각 시제에 맞게 be동사를 변형시켜서 나타낸다.
- 부정문이나 의문문을 만드는 방식은 각 시제 부분에서 언급된 방식과 같다.

---

1 과거시제

a Somebody *stole* your car. 능동태
→ Your car **was stolen**. 수동태

1 '~가 …당했다[되었다]'
: 「 was[were] + 과거분사 」

a be동사의 과거시제를 쓴다.

2 미래시제

b We *will need* more money. 능동태
→ More money *will* **be needed**. 수동태

c Jake *is going to direct* the movie.
→ The movie *is going to* **be directed** by Jake.

cf. We *can see* stars at night.
→ Stars *can* **be seen** at night.

2 '~가 …당할[될] 것이다'

b 「will + be + 과거분사」
NOTE 조동사 will 뒤에 오므로 be동사는 동사원형인 be를 쓴다.

c 「be going to + be + 과거분사」
NOTE to 뒤에 동사원형을 쓰므로 be를 쓴다.

cf. 다른 조동사가 포함된 수동태 문장도 will의 경우와 마찬가지로 「조동사 + be + 과거분사」로 쓴다.

---

a 누군가 네 차를 훔쳐갔다. → 네 차가 도난당했다. b 우리는 더 많은 돈이 필요할 것이다. → 더 많은 돈이 필요해질 것이다. c 제이크는 그 영화를 감독할 것이다. → 그 영화는 제이크에 의해 감독 될 것이다. cf. 우리는 밤에 별을 볼 수 있다. → 별은 밤에 보인다.

EXERCISE

A　괄호 안에서 알맞은 것을 고르세요.

1 Billy (bought, was bought) a new pair of pants.

2 The books (wrote, were written) by Tolkien.

3 The schedule can (be changed, is changed).

4 The basketball game (cancelled, was cancelled).

5 Tom will (invite, be invited) to this party.

6 Chris (broke, was broken) the window.

7 This song is going to (play, be played) for her.

8 The television (not was repaired, was not repaired) by Ken.

B　능동태 문장을 수동태 문장으로 바꿔 쓰세요. (밑줄 친 부분을 주어로 할 것)

1 I couldn't find the key.

→ _____

2 The girl designed this car.

→ _____

3 Did da Vinci paint the *Mona Lisa*?

→ _____

4 I'll finish this project today.

→ _____

5 My brother didn't fix my computer.

→ _____

6 They are going to hold the 2022 World Cup in Qatar.

→ _____

7 Students must obey the rules.

→ _____

8 Someone built this library 10 years ago.

→ _____

WORDS　**A** schedule 일정, 계획　cancel 취소하다　**B** hold *개최하다; (손에) 들다　Qatar 카타르　obey 준수하다　rule 규칙　build (건물을) 짓다 (build-built-built)

C 그림과 일치하도록 [보기]에 주어진 동사를 알맞은 형태로 바꾸어 문장을 완성하세요. (과거시제로 쓸 것)

[보기]   bear   invent   bite   catch

1

The thief _____ by the police.

2

Karl Benz _____ a car.

3

The twin babies _____
on Christmas.

4

Ji-hye _____ by mosquitos
last night.

D 문장의 밑줄 친 부분을 바르게 고쳐 쓰세요.

1 When <u>did</u> this picture taken?

2 <u>Was</u> all the tickets <u>were sold</u>?

3 Water <u>discovered</u> on Mars.

4 The letter is going to <u>written</u> by Mary.

5 A cake was made <u>with</u> my mother.

6 Five people <u>killed</u> by a drunken driver.

7 Many children <u>can be used</u> the Internet.

8 The newspapers should <u>is delivered</u> every morning.

C bear *낳다; 견디다 (bear-bore-born) invent 발명하다 bite 물다 (bite-bit-bitten) catch 잡다 (catch-caught-caught)
thief 도둑 mosquito 모기 D discover 발견하다 Mars 화성 drunken 술 취한 newspapers 신문

1 다음 중 동사의 현재형과 과거형이 <u>잘못</u> 연결된 것을 고르세요.

① go – went   ② come – came

③ visit – visited   ④ stop – stoped

⑤ read – read

[2–3] 다음 빈칸에 알맞은 말을 써서 대화를 완성하세요.

2
> A: What _____ you do last night?
>
> B: I went to the movies.

3
> A: What _____ he doing now?
>
> B: He is jogging with his friend.

4 다음 중 자연스럽지 <u>않은</u> 대화를 고르세요.

① A: Did you call me last night?
   B: No, I didn't.

② A: Where were you yesterday?
   B: I was at the library.

③ A: Have you ever been to Jeju-do?
   B: No, I haven't.

④ A: How is Su-jin going to get there?
   B: She went by subway.

⑤ A: What will you do this weekend?
   B: I will do my homework.

5 다음 우리말을 영어로 바르게 옮긴 것을 모두 고르세요. (2개)

> 너는 런던에 얼마나 오래 머물 거니?

① How long will you stay in London?

② How long are you stay in London?

③ Will you stay in London how long?

④ How long will you going to stay in London?

⑤ How long are you going to stay in London?

[6–7] 다음 문장을 의문문으로 바꿔 쓰세요.

6
> We're going to make dinner for Mom.

→ _____ make dinner for Mom?

7
> The novel was read by most people.

→ _____ by most people?

8 다음 빈칸에 들어갈 알맞은 말을 고르세요.

> A: Must I bring this book?
>
> B: No, you _____.

① must   ② don't

③ has to   ④ don't have to

⑤ have to

9 다음 중 동사의 과거형과 과거분사형이 <u>잘못</u> 연결된 것을 고르세요.

① hit – hit – hit

② see – saw – seen

③ give – gave – given

④ ride – rode – roden

⑤ catch – caught – caught

[10–11] 다음 밑줄 친 부분 중 어법상 옳지 <u>않은</u> 것을 고르세요.

10 ① The wall <u>was painted</u>.

② They <u>are studying</u> together.

③ I <u>ran</u> along the river.

④ The boy <u>is reading</u> a comic book.

⑤ I <u>am write</u> a letter to my boyfriend now.

11 ① He <u>hasn't</u> helped us.

② I'm <u>not</u> going to do it alone.

③ I <u>haven't</u> finished the work yet.

④ She <u>willn't</u> lend me her dictionary.

⑤ We <u>didn't</u> watch the soccer game last night.

12 다음 문장에서 **not**이 들어갈 적절한 위치를 고르세요.

The meeting ① will ② be ③ held ④ this afternoon. ⑤

13 다음 중 수동태 문장이 <u>아닌</u> 것을 고르세요.

① The work wasn't done by Bill.

② The movie is popular among teens.

③ Cookies were baked in the oven.

④ When was your car stolen?

⑤ Was this jam made by the farmer?

14 다음 빈칸에 공통으로 들어갈 알맞은 말을 고르세요.

• He did really well on that test. He _____ be very smart.

• Daniel _____ be home by 10 p.m.

① must   ② will   ③ can't

④ has to   ⑤ must not

15 다음 질문에 대한 대답으로 <u>어색한</u> 것을 고르세요.

Can you help me?

① Sure.   ② No problem.

③ Yes, you can.   ④ Of course.

⑤ I'm sorry, but I can't.

16 다음 중 어법상 옳은 것을 고르세요.

① She will has to see a doctor.

② I will can meet her tomorrow.

③ You must got up early tomorrow.

④ We don't have to worry about her.

⑤ He cans do the work without my help.

17 다음 우리말과 일치하도록 빈칸에 알맞은 말을 쓰세요.

> 나는 지금까지 그 영화를 세 번 봤다.

→ I _____ _____ the movie

three times so far.

18 다음 중 [보기]의 밑줄 친 부분과 뜻이 같은 것을 고르세요.

> [보기]　You <u>can't</u> use your phone here.

① I <u>can't</u> hear you.
② He <u>can't</u> be right.
③ You <u>can't</u> park here.
④ She <u>can't</u> speak Korean.
⑤ I <u>can't</u> see without my glasses.

19 다음 짝지어진 두 문장의 뜻이 일치하지 <u>않는</u> 것을 고르세요.

① Must I book the ticket?
　- Do I have to book the ticket?
② I can ride a bicycle.
　- I am able to ride a bicycle.
③ You must not use a dictionary.
　- You don't have to use a dictionary.
④ The party will be held at 6 p.m.
　- The party is going to be held at 6 p.m.
⑤ May I sit here? - Can I sit here?

[20-21] 다음 빈칸에 알맞은 말을 써서 수동태 문장을 완성하세요.

20
> Lenny broke the plate.

→ The plate _____ _____ by
Lenny.

21
> They are going to cancel the party.

→ The party is _____ _____

_____ _____.

22 다음 빈칸에 들어갈 말이 바르게 짝지어진 것을 고르세요.

> • English is _____ in many countries.
> • When are you _____ to marry her?

① speaking - going　② spoke - going
③ spoken - go　④ spoken - going
⑤ speaking - go

23 다음 중 빈칸에 들어갈 말이 나머지와 <u>다른</u> 하나를 고르세요.

① Can you _____ me a favor?
② Did you _____ your homework?
③ When _____ you usually go to sleep?
④ You will _____ able to drive a car.
⑤ _____ I have to apologize to her now?

24 ① He has gone to America.

② Ji-soo has been to Hawaii.

③ I have done yoga for 5 years.

④ I've known her since 2010.

⑤ I have started the project yesterday.

25 ① Did you bought a new car?

② When will you come home?

③ How long have you lived here?

④ Bella has been here since May 2013.

⑤ He hasn't finished his lunch yet.

26 ① He takes a shower every day.

② Have you ever been to New York?

③ I'm playing a computer game.

④ What are you going to buy?

⑤ Many people are inviting to the event.

27 ① You have to be quiet here.

② Does Jessica have gone to France?

③ I will be able to play the guitar.

④ The movie will be directed by the actor.

⑤ The camera can't be used now.

28 다음 빈칸에 들어갈 알맞은 말을 고르세요.

> I am _____ the red pen now.

① owning   ② using   ③ wanting

④ having   ⑤ knowing

서술형

29 다음 [보기]에서 알맞은 말을 골라 문장을 완성하세요. (필요 시, 수동태로 변형할 것)

> [보기] will wash / must finish / can see

> (1) Tomorrow is Monday, so you have to go to school. You _____ _____ your homework today.
> (2) *Camellias bloom between November and April. So their flowers _____ in winter.
> (3) The car _____ at the gas station. It is free for their customers.   *camellia 동백꽃

서술형

30 다음 밑줄 친 부분 중 어법상 옳지 <u>않은</u> 것을 바르게 고쳐 쓰세요. (2개)

> A : ⓐ <u>What</u> ⓑ <u>you are going</u> to do during the summer vacation?
> B : ⓒ <u>I'm going to</u> read many books. I ⓓ <u>hasn't read</u> a single book ⓔ <u>for two months.</u>

(1) _____ → _____

(2) _____ → _____

BUILD YOUR GRAMMAR

형용사(形容詞)란 사물의 모양(形容)을 나타내는 말, 즉 성질이나 상태를 표현하는 말입니다. 형용사는 명사나 대명사를 꾸며주거나 보충 설명합니다.

A 형용사의 종류와 형태

1 형용사의 종류

a good, big, happy, blue, warm, young ...
b many, much, some, any, few, little ...
c this, these, that, those ...

1

a 성질이나 상태를 나타내는 것
b 수나 양을 나타내는 것
c 형용사처럼 쓰이는 대명사

2 형용사의 형태

d old, tall, nice, long, easy, different, strange
e sleep**y**, luck**y**　　f beauti**ful**, hope**ful**
g end**less**, use**less**　　h danger**ous**, fam**ous**
i fool**ish**, child**ish**　　j love**ly**, friend**ly**

2

d 일반적인 형태
e-j 명사 + -y, -ful, -less, -ous, -ish, -ly

B 형용사의 역할

1 수식어 역할

a Billy is a **good** friend.

b I want something **cold**.

1 명사나 대명사를 꾸며 자세한 뜻을 더해준다.

a 보통 앞에서 꾸며준다.

b something, everybody처럼 -thing, -body[-one]로 끝나는 말은 형용사가 뒤에서 꾸며준다.

2 보어 역할

c The car is **expensive**.

d I'm getting **hungry**.

e I will make you **famous**.

f You should keep your hands **clean**.

2 동사 뒤에 쓰여 주어나 목적어의 상태를 보충 설명한다.

c-d 주어를 보충 설명 (= 주격 보어)

e-f 목적어를 보충 설명 (= 목적격 보어)

---

a 빌리는 좋은 친구이다. b 나는 차가운 무언가를 원한다. c 그 차는 비싸다. d 나는 배가 고파지고 있다. e 내가 너를 유명하게 만들 것이다. f 너는 손을 깨끗이 유지해야 한다.

C 수와 양을 나타내는 형용사

뒤에 오는 명사의 성격에 따라 다른 종류의 형용사가 쓰인다.

---

1 수를 나타내는 형용사

a She doesn't have **many** *friends*.

b I have **a few** *friends*.

c He has **few** *friends*.

1 셀 수 있는 명사 앞에 쓰여 수를 나타낸다.

a 많은

b 조금 있는, 약간의

c 거의 없는 (부정의 뜻)

2 양을 나타내는 형용사

d She doesn't have **much** *money*.

e I have **a little** *money*.

f He has **little** *money*.

2 셀 수 없는 명사 앞에 쓰여 양을 나타낸다.

d 많은

e 조금 있는, 약간의

f 거의 없는 (부정의 뜻)

3 수와 양을 나타내는 형용사

g I ate **some** *eggs* this morning.
I didn't eat **any** *eggs*.

h There is **some** *milk* in the bottle.
Is there **any** *milk* in the bottle?
cf. He reads **a lot of** *books*.
I did **lots of** *work* yesterday.

3 셀 수 있는 명사와 셀 수 없는 명사 앞에 모두 쓰여 수나 양을 나타낸다.

g-h some은 주로 긍정문(몇몇의, 조금의)에, any 는 주로 부정문(조금도 (~않다))과 의문문(약간의, 어떤)에 쓴다.

cf. a lot of와 lots of는 '많은'이라는 뜻으로 수와 양 모두를 나타낼 수 있다.

---

a 그녀는 친구가 많지 않다. b 나는 친구가 조금 있다. c 그는 친구가 거의 없다. d 그녀는 돈이 많지 않다. e 나는 돈이 약간 있다. f 그는 돈이 거의 없다. g 나는 오늘 아침에 달걀 몇 개를 먹었다. / 나는 달걀을 조금도 먹지 않았다. h 병 안에 우유가 조금 있다. / 병 안에 우유가 조금이라도 있니? *cf.* 그는 많은 책을 읽는다. / 나는 어제 많은 일을 했다.

EXERCISE

A 예시와 같이 문장에서 형용사에 밑줄을 치고 그것이 꾸며주는 말에 밑줄과 화살표를 치세요.

0 Betty lives in a <u>large</u> <u>house</u>.

1 The Internet is a useful tool.

2 A strange man went into the room.

3 It was a careless mistake.

4 They discovered something bad.

5 He asked foolish questions.

6 Kay never says anything nice.

7 Those drums are my brother's.

B [보기]에서 적절한 형용사를 골라 빈칸을 채우고, 그 형용사가 문장에서 주어를 보충 설명하면 **S**를, 목적어를 보충 설명하면 **O**를 쓰세요.

[보기] angry   sweet   terrible   short

1 Sarah keeps her hair _____ these days.   _____

2 I can't eat this. It tastes _____.   _____

3 He looks _____. What's wrong?   _____

4 Mom is baking cookies. They smell _____.   _____

[보기] interesting   famous   fine   sad

5 She became _____ at 19. She's still a big star.   _____

6 The song makes me _____, but it's very beautiful.   _____

7 You will find this book _____.   _____

8 I was sick yesterday. Today I feel _____.   _____

C 괄호 안에서 알맞은 것을 고르세요.

1 Are there (some, any) problems?

2 Antonio has spent (a lot of, many) money.

3 The singer has (many, much) fans.

4 I bought (some, any) CDs yesterday.

5 John collects (a lot of, much) coins from around the world.

6 I ate (a few, a little) donuts this morning.

7 Ellen doesn't drink (many, much) water.

8 We didn't buy (some, any) flowers.

D 그림과 일치하도록 few, a few 또는 little, a little을 한 번씩 써서 대화를 완성하세요.

1

A: Do you have any comic books?

B : Yes, I have _____ comic books.

2

A: We had _____ rain this summer.

B : Yes, we really need some rain.

3

A: Are there many cars on the road?

B : No. There are _____ cars.

4

A: Are you really going to travel to Spain alone?

B : Yes! I speak _____ Spanish.

C spend (돈을) 쓰다, (시간을) 보내다 (spend-spent-spent) fan 팬 collect 모으다 coin 동전 donut 도넛 **D** travel 여행하다

20 부사

부사(副詞)는 동사나 형용사, 다른 부사 또는 문장 전체를 도와(副) 언제, 어디서, 어떻게, 얼마나 등의 뜻을 더해 꾸며주는 말입니다.

A 부사의 종류와 형태

1 부사의 종류

a now, then, soon, already, today ...

b here, there, up, down ...

c well, loudly, slowly, quickly ...

d so, too, very, quite, almost, really ...

e never, rarely, often, usually, always ...

1

a 시간

b 위치 · 방향

c 방법 · 상태

d 정도

e 빈도: 어떤 일이 얼마나 자주 일어나는지를 표현

2 부사의 형태

(1) 형용사 + -ly

f really, carefully, kindly, beautifully, sadly

g happily, easily, luckily, busily

h simply, gently, possibly, terribly

i good → **well**

2

(1) -ly 붙이는 방법

f 대부분의 경우: 형용사 + -ly

g -y: y를 i로 바꾸고 + -ly

h -le: e를 빼고 + -y

i 불규칙한 경우

(2) 형용사와 부사의 형태가 같은 경우

j₁ This is a *fast* car.　　j₂ He can run **fast**.

k₁ He took an *early* train.　k₂ I left the party **early**.

(2) fast, early, hard, late, enough 등

(3) -ly를 붙이면 다른 뜻의 부사인 경우

l₁ Tom studies **hard**.　l₂ I can **hardly** believe it.

m₁ I came home **late**.　m₂ I haven't seen her **lately**.

(3) hard 열심히　　hardly 거의 ~ 않는

　　late 늦게　　lately 최근에

　　high 높게　　highly 매우

　　near 가까이　　nearly 거의

j₁ 이것은 빠른 자동차이다.　j₂ 그는 빨리 달릴 수 있다.　k₁ 그는 이른 기차를 탔다.　k₂ 나는 그 파티를 일찍 떠났다.　l₁ 톰은 열심히 공부한다.
l₂ 나는 그것을 거의 믿을 수 없다.　m₁ 나는 집에 늦게 왔다.　m₂ 나는 최근에 그녀를 보지 못했다.

부사의 역할

부사는 동사, 형용사, 다른 부사 또는 문장 전체를 꾸며준다.

1 동사 수식

a Chris drives **carefully**.

b Rosa finished her work **quickly**.

2 형용사 수식

c Yu-ri is a **very** smart girl.

d This pizza tastes **really** good.

3 다른 부사 수식

e Yuto speaks English **quite** well.

f They are working **so** hard.

4 문장 전체 수식

g **Luckily**, we had some money.

1

a-b 주로 동사 (+ 목적어 · 보어) 뒤에서 꾸며준다.

2

c-d 형용사 앞에서 꾸며준다.

3

e-f 부사 앞에서 꾸며준다.

4

g 주로 문장 맨 앞에서 꾸며준다.

a 크리스는 조심스럽게 운전한다. b 로사는 그녀의 일을 빨리 끝냈다. c 유리는 매우 똑똑한 소녀이다. d 이 피자는 정말 맛이 좋다. e 유토는 영어를 꽤 잘한다. f 그들은 매우 열심히 일하고 있다. g 다행히도, 우리는 돈이 좀 있었다.

C **빈도부사**

빈도부사는 어떤 일이 얼마나 자주 일어나는지를 나타내는 부사로, 문장에서의 위치가 정해져 있으므로 주의해야 한다.

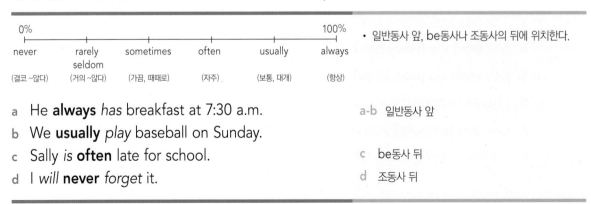

0%					100%
never	rarely seldom	sometimes	often	usually	always
(결코 ~않다)	(거의 ~않다)	(가끔, 때때로)	(자주)	(보통, 대개)	(항상)

• 일반동사 앞, be동사나 조동사의 뒤에 위치한다.

a He **always** *has* breakfast at 7:30 a.m.

b We **usually** *play* baseball on Sunday.

c Sally *is* **often** late for school.

d I *will* **never** *forget* it.

a-b 일반동사 앞

c be동사 뒤

d 조동사 뒤

a 그는 항상 오전 7시 반에 아침 식사를 한다. b 우리는 보통 일요일에 야구를 한다. c 샐리는 학교에 자주 늦는다. d 나는 그것을 절대 잊지 않을 것이다.

EXERCISE

A   다음 형용사의 부사 형태를 쓰세요.

1 real   _____   **2** careful   _____

3 happy   _____   **4** gentle   _____

5 enough   _____   **6** horrible   _____

7 heavy   _____   **8** early   _____

9 bad   _____   **10** quiet   _____

B   예시와 같이 문장에서 부사에 밑줄을 치고 그것이 꾸며주는 말에 밑줄과 화살표를 치세요.

0 The story was so funny.

1 The solution was quite simple.

2 She plays the piano very well.

3 Our vacation was too short.

4 Sadly, our team lost the game.

5 The cinema was almost empty.

6 They will come here soon.

7 Surely, he will pass the exam.

8 Spell your name correctly.

C   괄호 안에서 알맞은 것을 고르세요.

1 I slept (good, well) last night.

2 That sounds (good, well) to me.

3 The problem seems (easy, easily).

4 She lifted the heavy box (easy, easily).

5 Billy woke up (late, lately) this morning.

6 I haven't visited the museum (late, lately).

7 Can you speak up? I can (hard, hardly) hear you.

8 He worked (hard, hardly) all his life.

WORDS   B solution 해결책 quite 꽤 simple 간단한 cinema 영화관 exam 시험 spell 철자를 말하다   C seem (~인 것처럼) 보이다 lift 들어 올리다 speak up 더 크게 말하다

D   그림과 일치하도록 [보기]에서 알맞은 말을 골라 빈칸을 채우세요.

[보기]   beautifully   safely   seriously   loudly

1   **2**   **3**   **4**

1 He was _____ hurt in the accident.

2 The bell rang _____ for a long time.

3 She skated _____ on the ice.

4 They crossed the street _____.

E   우리말과 일치하도록 괄호 안의 말을 바르게 배열하여 문장을 완성하세요.

1 그는 자주 나에게 좋은 충고를 해준다. (me, gives, good advice, often)

→ He _____.

2 내 여동생은 좀처럼 아프지 않다. (sick, my sister, rarely, is)

→ _____.

3 짐은 주말에 가끔 집에 있다. (home, stays, Jim, sometimes)

→ _____ on weekends.

4 우리는 항상 그를 기억할 것이다. (him, always, will, we, remember)

→ _____.

5 나는 나의 실수가 전혀 부끄럽지 않았다. (never, my mistakes, ashamed of, was)

→ I _____.

6 나의 고모는 보통 오전 10시에 가게 문을 여신다. (opens, my aunt, her store, usually)

→ _____ at 10 a.m.

7 그들은 주말에 만난 적이 거의 없었다. (seldom, on weekends, they, met)

→ _____.

D seriously 심각하게 hurt 다친 accident 사고 ring 울리다 (ring-rang-rung) for a long time 오랫동안 **E** advice 충고, 조언 be ashamed of ~을 부끄러워하는 aunt 이모, 고모

UNIT 21 비교

BUILD YOUR GRAMMAR

우리말에서는 두 가지 이상의 것을 비교할 때 '더'와 '가장'을 붙여 '더 ~하다', '가장 ~하다' 라고 씁니다.

영어에서는 비교의 표현을 나타낼 때, 형용사와 부사의 형태를 변형한 '비교급'과 '최상급'을 씁니다. 비교급과 최상급으로 변하기 전 원래 형태의 형용사와 부사는 '원급'이라고 부릅니다.

원급	비교급	최상급
big	bigger	biggest
큰	더 큰	가장 큰

A 비교급과 최상급의 형태

- 비교급: 「형용사[부사] + -er」 또는 「more + 형용사[부사]」
- 최상급: 「형용사[부사] + -est」 또는 「most + 형용사[부사]」

1 규칙 변화

	원급	비교급	최상급
a	young	young**er**	young**est**
b	nice	nic**er**	nic**est**
c	early	earl**ier**	earl**iest**
d	hot	hot**ter**	hot**test**
e	famous	**more** famous	**most** famous
f	difficult	**more** difficult	**most** difficult

1

a 대부분의 경우: + -er[-est]

b -e: + -r[-st]

c 「자음 + y」: y를 i로 바꾸고 + -er[-est]

d 「단모음 + 단자음」: 마지막 자음을 한 번 더 쓰고 + -er[-est]

e-f 일부 2음절 단어, 3음절 이상의 긴 단어: more[most] + 형용사[부사]

2 불규칙 변화

	원급	비교급	최상급
g	good / well	better	best
h	bad / badly	worse	worst
i	many / much	more	most
j	little	less	least

B 비교급의 쓰임

「비교급 + than + 비교 대상」의 형태로 '…보다 더 ~한[하게]'이라는 뜻을 나타낸다.

a My cat is **fatter than** yours.
b He drives **more carefully than** you.
c You look **thinner** (**than** before).
d The Earth is **much larger than** the Moon.
  [~~The Earth is very larger than the Moon.~~]

c 말하지 않아도 비교 대상이 무엇인지 알 수 있을 때는 「than + 비교 대상」을 쓰지 않기도 한다.

d 차이 나는 정도를 강조할 때는 비교급 앞에 much, a lot, far를 쓴다. very는 비교급을 강조할 수 없다.

a 내 고양이는 네 고양이보다 더 뚱뚱하다. b 그는 너보다 더 조심스럽게 운전한다. c 너는 (전보다) 더 날씬해 보인다. d 지구는 달보다 훨씬 더 크다.

C 최상급의 쓰임

「the + 최상급」의 형태로 '가장 ~한[하게]'이라는 뜻을 나타낸다.

a She is **the most valuable** player this year.
b This is **the longest** bridge *in* Korea.
c Alex is **the tallest** (person) *of* the three.

b-c 최상급 뒤에 범위를 나타내어 '…중에 가장 ~한[하게]'이라는 뜻을 나타내기도 한다.
b in + 단수명사
c of + 복수명사
  뒤에 명사는 생략하기도 한다.

a 그녀는 올해 가장 가치 있는 선수이다. (그녀는 올해 MVP이다.) b 이것은 한국에서 가장 긴 다리이다. c 알렉스는 세 사람 중에 가장 키가 크다.

D 원급을 이용한 비교

「as + 원급 + as + 비교 대상」의 형태로 '…만큼 ~한[하게]'이라는 뜻을 나타낸다.

a My brother is **as strong as** me.
b Jane sings **as well as** you.
c Busan is **not as crowded as** Seoul.
  = Busan is **less crowded than** Seoul.
  = Seoul is **more crowded than** Busan.
d Please call me **as soon as possible**.

c not + as + 원급 + as: …만큼 ~하지 않은[않게] = less + 원급 + than + 비교 대상: …보다 덜 ~한[하게]

d as + 원급 + as + possible: 가능한 한 ~한[하게]

a 내 남동생은 나만큼 힘이 세다. b 제인은 너만큼 노래를 잘 부른다. c 부산은 서울만큼 붐비지 않는다. = 부산이 서울보다 덜 붐빈다. = 서울이 부산보다 더 붐빈다. d 가능한 한 빨리 제게 전화해 주세요.

EXERCISE

A   다음 말의 비교급과 최상급을 쓰세요.

	원급	비교급	최상급			원급	비교급	최상급
1	bad	_____	_____	**2**	sad	_____	_____
3	pretty	_____	_____	**4**	popular	_____	_____
5	beautiful	_____	_____	**6**	much	_____	_____
7	fast	_____	_____	**8**	dangerous	_____	_____
9	safe	_____	_____	**10**	little	_____	_____

B   그림과 일치하도록 주어진 형용사를 알맞은 형태로 바꾸어 빈칸을 완성하세요.

1   heavy

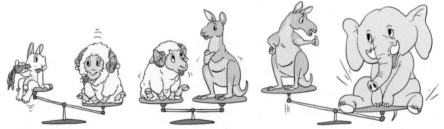

(1) The sheep is _____ than the rabbit.

(2) The rabbit is _____ _____ than the sheep.

(3) The kangaroo is _____ _____ _____ the sheep.

(4) The elephant is _____ _____ of all.

2   high

1,708m   설악산   2,744m   백두산   8,848m   에베레스트

(1) _____ _____ mountain of the three is Mt. Everest.

(2) Mt. Seorak is not _____ _____ _____ Mt. Everest.

(3) Mt. Baekdu is _____ _____ Mt. Seorak.

WORDS   **A** popular 인기 있는 dangerous 위험한 **B** sheep 양 kangaroo 캥거루 mountain(Mt.) 산

C 괄호 안의 말을 원급, 비교급, 최상급 중 알맞은 형태로 바꾸어 빈칸을 완성하세요.

1 She is the _____ (short) in her class.

2 Fruit is not as _____ (expensive) as meat.

3 This is the _____ (interesting) of all books.

4 He can cook _____ (well) than me.

5 He gave her the _____ (big) diamond in the world.

6 This puzzle looks much _____ (difficult) than that one.

7 The Eiffel Tower is as _____ (famous) as the Statue of Liberty.

D 주어진 문장이 같은 뜻이 되도록 빈칸에 알맞은 말을 쓰세요.

1 Health is more important than money.

= Money is _____ _____ than health.

2 My room is less bright than my sister's.

= My room is not as _____ as my sister's.

= My sister's room is _____ than mine.

3 Seoul has less rain than London.

= London has _____ rain than Seoul.

E 우리말과 일치하도록 괄호 안의 말을 알맞은 형태로 바꾸어 문장을 완성하세요.

1 어제는 내 인생에서 가장 바쁜 날이었다. (busy)

→ Yesterday was _____ _____ day in my life.

2 그는 지난주보다 훨씬 더 피곤함을 느낀다. (tired)

→ He feels much _____ _____ than last week.

3 나는 그 시험을 위해 가능한 한 열심히 공부했다. (hard)

→ I studied _____ _____ _____ _____ for the exam.

4 다크 초콜릿은 밀크 초콜릿만큼 달지 않다. (sweet)

→ Dark chocolate is _____ _____ _____ _____ milk chocolate.

C meat 고기 diamond 다이아몬드 the Eiffel Tower 에펠탑 the Statue of Liberty 자유의 여신상 **D** bright 밝은

UNIT 22 전치사 I

BUILD YOUR GRAMMAR

전치사(前置詞)란 '앞(前)에 위치(置)하는 말'이라는 뜻입니다. 이름과 같이 전치사는 명사, 대명사, 동명사(참조 UNIT 26 동명사) 등 명사 역할을 하는 말 앞에 쓰여 시간, 장소, 방법 등을 나타냅니다. 전치사가 이끄는 단어의 묶음을 전치사구라고 하며, 전치사구는 문장에서 형용사 또는 부사 역할을 합니다.

A 전치사와 전치사구

1 전치사의 목적어

a The book is **about** *dogs*.

b The book is **about** *them*.

c The book is **about** *running*.

1 전치사는 목적어를 가지며, 전치사의 목적어로는 명사 역할을 하는 말이 온다.

a 명사

b 대명사: 전치사 뒤의 대명사는 목적격으로 쓴다.

c 동명사

2 전치사구의 쓰임

d The cat **on the sofa** is Felix.

e The cat is lying **on the sofa**.

f I was lying **on the sofa in my room at 9 at night**.

2 전치사와 전치사의 목적어를 통틀어 전치사구라고 한다.

d 형용사 역할: 명사를 꾸며준다.

e 부사 역할: 동사나 형용사를 꾸며준다.

f 같은 종류의 전치사구가 여러 개 이어질 때는 '작은 단위 → 큰 단위'의 순서로 쓴다.

a 그 책은 개들에 관한 것이다. b 그 책은 그들에 관한 것이다. c 그 책은 달리기에 관한 것이다. d 소파 위의 그 고양이는 펠릭스다. e 그 고양이는 소파 위에 누워 있다. f 나는 밤 9시에 내 방에서 소파 위에 누워 있었다.

UPGRADE YOUR GRAMMAR

전치사의 위치

보통 전치사 뒤에 전치사의 목적어가 바로 나오지만, 전치사와 전치사의 목적어가 떨어져 있는 경우도 있다.

a *What* is the speech **about**? 그 연설은 무엇에 관한 것인가? (← The speech is **about** *love*.)

b *Who* do you go **with**? 너는 누구와 함께 가니? (← I go **with** *Lisa*.)

at ~에(서)

a Jay is standing **at** the bus stop.

in ~ 안에

b There are some toys **in** the box.

on ~ 위에 (표면에 붙어서)

c Lucy put her bag **on** the desk.

under & over
~ 아래에 & ~ 위에 (떨어져서)

d The baby is **under** the table. The lamp hangs **over** the table.

beside[= next to, by] ~ 옆에

e The desk is **beside** the window.

in front of & behind
~ 앞에 & ~ 뒤에

f Tara is **in front of** me. I am **behind** Tara.

across from ~의 맞은편에

g The station is **across from** a theater.

between ~ 사이에

h The cap is **between** a T-shirt and a skirt.

around ~ 주위에

i We sat **around** the fire.

out of & into
~ 밖으로 & ~ 안으로

j The dog ran **out of** the house. It ran **into** the dog house.

up & down ~위로 & ~ 아래로

k The rabbit is running **up** the stairs. The turtle is running **down** the stairs.

from & to ~부터 & ~까지

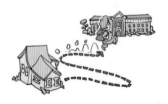

l Luke walks **from** his home **to** school.

---

a 제이는 버스 정류장에 서 있다. b 상자 안에 몇 개의 장난감이 있다. c 루시는 자신의 가방을 책상 위에 놓았다. d 그 아기는 탁자 밑에 있다. 그 전등은 탁자 위에 매달려 있다. e 그 책상은 창문 옆에 있다. f 타라는 내 앞에 있다. 나는 타라 뒤에 있다. g 역은 영화관의 맞은편에 있다. h 모자는 티셔츠와 치마 사이에 있다. i 우리는 불 주위에 앉았다. j 그 개가 집 밖으로 뛰어나왔다. 그것은 개집으로 뛰어들어갔다. k 토끼는 계단을 뛰어 올라가고 있다. 거북이는 계단을 뛰어 내려가고 있다. l 루크는 집에서 학교까지 걸어간다.

EXERCISE

A   예시와 같이 문장에서 전치사구를 찾아 괄호로 묶으세요.

0   I put my cell phone (in my bag).

1   We're going to meet at Sinchon station.

2   They're lying beside the tree.

3   The girl between Jack and me is Kate.

4   He took some coins out of his pocket.

5   The hunter went into the cave slowly.

B   우리말과 일치하도록 [보기]에서 알맞은 전치사를 하나씩 골라 빈칸을 채우세요.

[보기]   around   from   under   in front of   out of
         down   to   by   across from

1   은행 앞에 버스정류장이 있다.
→ There's a bus stop _____ the bank.

2   그는 강 옆에 통나무집을 지었다.
→ He built a cabin _____ the river.

3   이것은 서울에서 부산까지의 고속도로이다.
→ This is the highway _____ Seoul _____ Busan.

4   그녀는 방 밖으로 나갔다.
→ She went _____ the room.

5   큰 바위가 언덕 아래로 굴러 내려갔다.
→ A big rock rolled _____ the hill.

6   지구는 태양 주위를 움직인다.
→ The Earth moves _____ the Sun.

7   내 자리는 제니 자리의 맞은편이다.
→ My seat is _____ Jenny's seat.

8   탁자 아래에 몇 개의 상자가 있다.
→ There are some boxes _____ the table.

C 그림과 일치하는 문장에 ○ 표시하고, 일치하지 <u>않는</u> 문장은 밑줄 친 부분을 바르게 고쳐 쓰세요.

1 The dog is sleeping <u>under</u> the bed. _____

2 The lamp is <u>next to</u> the bed. _____

3 The bed is <u>between</u> the desk and the lamp. _____

4 There are slippers <u>over</u> the desk. _____

5 There are books <u>beside</u> the box. _____

6 There is a picture <u>on</u> the wall. _____

D 그림과 일치하도록 빈칸에 알맞은 전치사를 쓰세요.

1

The mouse ran _____ the hole.

2

The plane is flying _____ the sea.

3

They hid _____ the curtain.

4

A boy is climbing _____ the tree.

C lamp 램프, 등 slipper 실내화 D hole 구멍 plane 비행기 hide 숨다 (hide-hid-hidden) curtain 커튼

23 전치사 II

A 시간을 나타내는 전치사

1 at / on / in

a I get up **at** 7 o'clock every day.
b Where were you **at** that time?
c The contest is **on** March 5th.
d I'm going to have a party **on** Friday.
e I got a lot of presents **on** my birthday.
  cf₁ I have football practice *on Wednesdays*.
f My cousin was born **in** 2001.
g It snows a lot in Canada **in** the winter.

2 before / after

h You should read the books **before** class.
i What are you going to do **after** work?
  cf₂ I'll be back *in* ten minutes.

3 from / to

j I have class **from** 9 a.m. **to** 3 p.m. tomorrow.
k The shop is open **from** Monday **to** Saturday.
  cf₃ I've lived here *since* 2015.

4 by / until

l You have to pay the bill **by** tomorrow.
m I slept **until** 10 a.m. this morning.

5 for / during

n She hasn't talked to me **for** three days.
o I traveled to Italy **during** the holidays.

1

a-b at: ~에 (+ 시각, 한 시점)

c-e on: ~에 (+ 날짜, 요일, 특정한 날)

cf₁ on + 요일의 복수형: 매주 그 요일
f-g in: ~에 (+ 아침, 점심, 저녁, 월, 연도, 계절)

2

h before: ~ 전에
i after: ~ 후에
cf₂ in: (지금부터) ~ 후에

3

j-k from ~ to … : ~부터 …까지

cf₃ since: (주로 완료형과 함께 쓰여)
    ~이래로 (지금까지 계속)

4

l by: ~까지 (완료 기한)
m until: ~까지 (동작 · 상태의 계속)

5

n for: ~ 동안 (+ 구체적인 시간의 길이)
o during: ~ 동안, ~ 중에 (+ 특정한 기간)

---

a 나는 매일 7시에 일어난다. b 너는 그때 어디 있었니? c 그 대회는 3월 5일에 있다. d 나는 금요일에 파티를 열 것이다. e 나는 내 생일에 많은 선물을 받았다. *cf₁* 나는 매주 수요일에 축구 연습이 있다. f 내 사촌은 2001년에 태어났다. g 캐나다에서는 겨울에 눈이 많이 온다. h 너는 수업 전에 그 책들을 읽어야 한다. i 너는 업무 후에 뭘 할 거니? *cf₂* 10분 후에 돌아올게. j 나는 내일 오전 9시부터 오후 3시까지 수업이 있다. k 그 가게는 월요일부터 토요일까지 연다. *cf₃* 나는 2015년 이래로 (지금까지 계속) 여기에 살고 있다. l 내일까지 요금을 내셔야 합니다. m 나는 오늘 아침에 10시까지 잤다. n 그녀는 나에게 사흘 동안 말을 하지 않고 있다. o 나는 휴일 동안 이탈리아를 여행했다.

1 about
a This story is **about** family and love.
b Can you tell me **about** the accident?

1 ~에 관해

2 for
c Se-hun cooked dinner **for** me.
d Thank you **for** your help.

2
c ~을 위해
d ~에 대해 (이유)

3 by
e I go to school **by** bus.
   cf. Mary goes to school *on foot*.
f Molly booked the ticket **by** phone.
g The song was written **by** famous composers.

3
e ~을 타고 (교통수단)
cf. on foot: 도보로, 걸어서
f ~을 이용하여 (수단 · 방법)
g ~에 의해 (행위자)

4 of
h He opened the window **of** the car.
i The cover **of** the book is very unique.

4 ~의

5 with / without
j Will you come **with** me?
k Should I write **with** a pencil?
l I can't live **without** you.
m He left **without** a word.

5
j ~와 함께 (+ 사람)
k ~을 가지고 (+ 사물)
l-m without: ~ 없이

a 이 이야기는 가족과 사랑에 관한 것이다. b 그 사고에 대해 말해줄 수 있니? c 세훈이는 나를 위해 저녁을 요리했다. d 당신의 도움에 감사드립니다. e 나는 버스로 학교에 간다. *cf.* 메리는 걸어서 학교에 간다. f 몰리는 전화로 그 표를 예매했다. g 그 곡은 유명한 작곡가들에 의해 쓰였다. h 그는 자동차의 창문을 열었다. i 그 책의 표지는 매우 독특하다. j 나와 함께 갈래? k 연필로 써야 합니까? l 난 너 없이 살 수 없어. m 그는 한 마디 말도 없이 떠났다.

UPGRADE YOUR GRAMMAR

동사와 함께 쓰이는 전치사
「동사 + 전치사」가 하나의 동사처럼 쓰이기도 한다.

look at ~을 보다   look for ~을 찾다   look after ~을 돌보다
laugh at ~을 비웃다   wait for ~을 기다리다   listen to ~을 듣다

a What are you **looking at**? 너는 무엇을 보고 있니?
b I **waited for** him for an hour. 나는 그를 한 시간 동안 기다렸다.

EXERCISE

A   괄호 안에서 알맞은 전치사를 고르세요.

1 The movie starts (at, on) 6 p.m.

2 I'll stay here (by, until) Christmas.

3 It has rained (for, during) two days.

4 The pages were cut (for, with) scissors.

5 What are you thinking (by, about)?

6 She went to the library (by, in) bike.

7 He will work here (on, from) June to September.

8 I can't do it (about, without) her advice.

B   우리말과 일치하도록 빈칸에 알맞은 전치사를 쓰세요.

1 나는 이번 여름 방학 동안 삼촌 댁을 방문할 것이다.

→ I will visit my uncle's house _____ this summer vacation.

2 사이렌의 소리는 매우 요란했다.

→ The sound _____ sirens was very loud.

3 그들은 8월에 만날 것이다.

→ They're going to meet _____ August.

4 나는 시험 전에 독감에 걸렸다.

→ I caught the flu _____ the test.

C   두 문장의 빈칸에 공통으로 들어갈 전치사를 쓰세요.

1 ⓐ Can you arrive at the airport _____ 11 o'clock?

  ⓑ The dress was made _____ a famous designer.

2 ⓐ I bought some flowers _____ my girlfriend.

  ⓑ He played the game _____ three hours.

3 ⓐ I've just moved _____ L.A. to New York.

  ⓑ I watched the show _____ the beginning.

WORDS   **B** uncle 삼촌 siren 사이렌 loud 시끄러운, (소리가) 큰 flu 독감 **C** arrive at ~에 도착하다 beginning 초반, 시작

D   질문과 대답을 바르게 짝지으세요.

1 What time does the store open? •   • (a) In the spring.

2 When should I finish this report? •   • (b) Since last month.

3 When is Brian's birthday? •   • (c) At 9 o'clock in the morning.

4 When do flowers bloom? •   • (d) On July 9th.

5 How long have you stayed in Moscow? •   • (e) By next Tuesday.

E   [보기]에서 알맞은 전치사를 하나씩 골라 광고문을 완성하세요.

[보기]   by   from   about   on   with   at   during   to   for

---

Youth Music Festival

Welcome to the Youth Music Festival! At the festival, you can enjoy music and relax ⓐ _____ your friends!

ⓑ _____ the festival, there will be a dance contest. Afterward, we will listen to some songs. The songs will be ⓒ _____ youth and happiness. Finally, the hip-hop performances will start ⓓ _____ 7 p.m.

This festival will be held ⓔ _____ Saturday, November 17, ⓕ _____ 3 p.m. ⓖ _____ 9 p.m. You can get to the stadium ⓗ _____ bus or subway. Please call us at 02-050-0505 ⓘ _____ more information.

D report 보고서 bloom (식물, 꽃이) 피다 Moscow 모스크바 **E** youth 젊음, 젊은이 festival 축제 relax 휴식을 취하다
afterward 그 후에 finally 마지막으로, 마침내 performance 공연 stadium 경기장 subway 지하철 information 정보

REVIEW TEST 04 Unit 19-23

[1-2] 다음 중 품사가 나머지와 <u>다른</u> 하나를 고르세요.

1 ① lovely ② kindly ③ sleepy
　　④ careful ⑤ dangerous

2 ① often ② already ③ very
　　④ usually ⑤ quiet

3 다음 중 형용사 또는 부사의 비교급과 최상급이 바르게 연결된 것을 고르세요.

　　① hot - hoter - hotest
　　② bad - worse - worst
　　③ many - more - much
　　④ easy - easyer - easyest
　　⑤ short - shortter - shorttest

[4-5] 다음 빈칸에 들어갈 수 <u>없는</u> 것을 고르세요.

4 She didn't have _____
　　information.

　　① a lot of ② a few
　　③ much ④ any
　　⑤ lots of

5 He _____ speaks politely.

　　① usually ② always
　　③ rarely ④ very
　　⑤ never

[6-7] 다음 빈칸에 들어갈 말이 바르게 짝지어진 것을 고르세요.

6 • I bought _____ books.
　　• I spent too _____ money on it.

　　① a lot of - much ② a little - much
　　③ little - a lot of ④ much - lots of
　　⑤ a lot of - many

7 • Thank you _____ your attention.
　　• Koreans eat _____ chopsticks.

　　① for - of ② for - with
　　③ with - for ④ by - from
　　⑤ with - with

서술형

8 다음 두 문장이 같은 뜻이 되도록 빈칸에 알맞은 말을 쓰세요.

　　> She is prettier than her sister.

　　= Her sister is _____ pretty than her.

서술형

9 다음 예시를 참고하여 빈칸에 알맞은 말을 쓰세요.

　　> He works hard. → He is a hard worker.

　　He drives carefully. → He is a _____ driver.

10 다음 중 밑줄 친 부분의 역할이 나머지와 다른 하나를 고르세요.

① He has a friend from Japan.
② The pen on the desk is mine.
③ We played baseball for two hours.
④ Look at the girl with long hair.
⑤ I know the boys in the classroom.

[11-13] 다음 중 어법상 옳지 않은 것을 고르세요.

11 ① I don't want any help.
② There is little time.
③ He always asks much questions.
④ Do you have any problems?
⑤ I've heard a lot of interesting stories.

12 ① A bird is not as small as a fly.
② A horse is faster than an elephant.
③ A turtle moves less slowly than a snail.
④ A fly is very smaller than an elephant.
⑤ The elephant is the heaviest land animal.

13 ① The supermarket closes at 11 p.m.
② Jack goes to work with bus.
③ I watched TV for three hours.
④ Tell me about your hometown.
⑤ You must finish it by tomorrow.

14 다음 중 [보기]의 밑줄 친 부분과 쓰임이 같은 것을 고르세요.

[보기] I met someone famous yesterday.

① She became famous.
② I'll make him famous.
③ Her husband is rich and famous.
④ What is your country famous for?
⑤ My best friend is a famous pianist.

15 다음 우리말을 영어로 바르게 옮긴 것을 고르세요.

이 반지는 차 한 대보다 더 비싸다.

① This ring is as expensive as a car.
② This ring is expensiver than a car.
③ This ring is expensive than a car.
④ This ring is more expensive than a car.
⑤ This ring is much expensive than a car.

16 다음 중 어법상 옳은 것을 고르세요.

① This is the larger park in the world.
② The book is as thicker as a dictionary.
③ Today is more cold than yesterday.
④ This is the most oldest tree in the world.
⑤ My computer is much better than yours.

[17-20] 다음 우리말과 일치하도록 [보기]에서 알맞은 말을 골라 빈칸을 채우세요.

[보기]	after	between	for	at
	during	around	on	behind

17 그 종이는 벽과 옷장 사이로 미끄러져 들어갔다.

→ The paper slipped _____ the wall and the closet.

18 나는 방학 동안에 런던을 방문했다.

→ I visited London _____ the vacation.

19 그는 그의 남동생을 돌보았다.

→ He looked _____ his brother.

20 그들은 분홍색 상자를 찾고 있다.

→ They are looking _____ a pink box.

21 다음 밑줄 친 부분 중 어법상 옳은 것을 고르세요.

① I can hard believe it.

② My mom gets up lately.

③ He usually drives fastly.

④ I near finished the report.

⑤ The movie was highly successful.

[22-23] 세 사람이 키가 작은 사람에서 큰 사람 순으로 서 있습니다. 다음을 읽고, 물음에 답하세요.

Alex and Hye-jin are standing in front of Eva. Eva is standing right behind Hye-jin.

22 Eva, Alex, Hye-jin 중 가장 앞에 서 있는 사람을 쓰세요.

_____

23 윗글의 내용과 일치하도록 주어진 말을 바르게 배열하여 문장을 완성하세요.

(1) of the three, Eva, the tallest, is

→ _____.

(2) Hye-jin, as tall as, Alex, is, not

→ _____.

24 다음 중 빈칸에 들어갈 전치사가 나머지와 다른 하나를 고르세요.

① Arthur is _____ his room.

② I'll see you _____ Monday.

③ They will be back _____ a moment.

④ My brother was born _____ August.

⑤ What do you usually do _____ the evening?

	면적(km²)	인구수(명)
Seoul	605	10,035,597
New York	789	8,491,079
Tokyo	2,189	13,297,629

서술형

25 표의 내용과 일치하도록 빈칸에 알맞은 말을 쓰세요.

There are _____ people in Seoul than in New York.

26 표의 내용과 일치하지 <u>않는</u> 것을 고르세요.

① Seoul is smaller than Tokyo.
② New York is not as large as Tokyo.
③ Seoul is not larger than New York.
④ New York is the smallest of the three cities.
⑤ There are fewer people in New York than in Tokyo.

27 다음 중 우리말 해석이 <u>어색한</u> 것을 고르세요.

① I can hardly understand him.
   나는 그의 말을 거의 이해할 수가 없다.
② He nearly fell into the sea.
   그는 바다 가까이에 떨어졌다.
③ Have you seen her lately?
   최근에 그녀를 본 적이 있니?
④ She is a very honest lawyer.
   그녀는 매우 정직한 변호사이다.
⑤ I'm going to visit Spain in early summer.
   나는 초여름에 스페인을 방문할 것이다.

서술형

[28-29] 다음 우리말과 일치하도록 괄호 안의 말을 알맞은 형태로 바꾸어 문장을 완성하세요.

28
> 그녀는 어떤 여자 형제들도 없다. (have, sisters)

→ She _____ _____
   _____ _____.

29
> 우리는 이 프로젝트를 다음 주 월요일까지 끝내야 한다. (complete, project, Monday)

→ We should _____ _____
   _____ _____ next
   _____.

서술형

30 다음 글에서 예시와 같이 어법상 옳지 <u>않은</u> 부분을 찾아 바르게 고쳐 쓰세요. (괄호 안의 숫자는 각 행에 있는 오류의 개수임)

<The ~~More~~ Terrible Day> → Most	(1)
I got up late on the morning. I	(1)
missed the bus, too. I ran to the	
school as fastest as possible.	(1)
Unluckily, I made carelessly mistakes	(1)
all day. And my teachers gave me	
too many homework. Oh, no!	(1)

24 to부정사 I

'나는 놀기를 좋아한다. 그런데 같이 놀 사람이 없다.' 동사는 본래 '~다'라는 형태로 주어를 설명하는 역할을 합니다. 그런데 위 문장에서는 '놀다'라는 동사에 '~기'라는 꼬리가 붙어 명사처럼, '~ㄹ'이라는 꼬리가 붙어 형용사처럼 쓰였습니다. 영어에서는 동사원형 앞에 to를 붙여 명사, 형용사, 부사처럼 쓸 수 있습니다. 그 형태가 주어의 수와 인칭에 따라 정(定)해지는 것이 아니라, 항상 「to + 동사원형」으로 쓴다고 해서 to부정사(不定詞)라고 부릅니다.

A to부정사의 개념과 역할

1 to부정사의 형태와 특징

a **to** play   **to** be   **to** sleep

b **not to** play   **not to** be   **not to** sleep

c **to play** baseball   **to send** him an e-mail
    to be tall   **to keep** your body healthy

1

a 주어의 수와 인칭에 관계없이 항상 동사원형 앞에 to를 붙인다.

b to부정사의 부정형은 「not + to부정사」이다.

c 동사와 마찬가지로 목적어와 보어를 가질 수 있다.

2 to부정사의 역할

(1) 명사 역할

d I like *baseball*. 명사가 동사 like의 목적어

e I like **to play** baseball. to부정사구가 동사 like의 목적어

2 문장에서 명사, 형용사, 부사와 같은 역할을 한다.

(1) 명사처럼 주어, 목적어, 보어로 쓰인다.

(2) 형용사 역할

f I need *some* time. 형용사가 명사 time을 꾸며줌

g I need time **to sleep**. to부정사가 명사 time을 뒤에서 꾸며줌

(2) 형용사처럼 명사 또는 대명사를 꾸며준다.

(3) 부사 역할

h English is *very* difficult. 부사가 형용사 difficult를 꾸며줌

i English is difficult **to learn**. to부정사가 형용사 difficult를 뒤에서 꾸며줌

(3) 부사처럼 형용사, 동사 등을 꾸며 여러 가지 뜻을 더해준다.

---

d 나는 야구를 좋아한다. e 나는 야구 하는 것을 좋아한다. f 나는 약간의 시간이 필요하다. g 나는 잘 시간이 필요하다. h 영어는 매우 어렵다. i 영어는 배우기에 어렵다.

B 명사 역할을 하는 to부정사

문장에서 주어, 목적어, 또는 보어로 쓰이며, '~하기, ~하는 것'이라고 해석한다.

1 주어

a **To get up** early *is* not easy.
　→ *It* is not easy **to get up** early.

b *It* is important **to keep** your promises.

1

a-b to부정사구가 주어인 경우 보통 주어 자리에 it을 쓰고 to부정사구는 문장 뒤로 보낸다. 이때 it을 가주어, to부정사구를 진주어라고 한다.
NOTE 주어로 쓰인 to부정사구는 단수 취급한다.

2 목적어

c I *want* **to have** a sandwich for lunch.
d She *decided* **not to waste** money.
e We *hope* **to see** you soon.

2 주로 동사 want, like, love, decide, hope, expect, need, promise, plan 등의 목적어로 쓰인다.

3 보어

f My dream is **to be** a soccer player.
g The job of the police is **to protect** citizens.
h She wants me **to play** the piano for her.
i Dave asked me **to look after** his sister.

3

f-g 주격 보어

h-i 목적격 보어
참조 UNIT 11 B 2 보어가 「to + 동사원형」인 경우

---

a 일찍 일어나는 것은 쉽지 않다. b 약속을 지키는 것은 중요하다. c 나는 점심으로 샌드위치를 먹고 싶다. d 그녀는 돈을 낭비하지 않기로 결심했다. e 우리는 곧 너를 만나기를 바란다. f 내 꿈은 축구 선수가 되는 것이다. g 경찰의 일은 시민들을 보호하는 것이다. h 그녀는 내가 그녀를 위해 피아노를 쳐주길 원한다. i 데이브는 내게 자기 여동생을 돌봐달라고 부탁했다.

UPGRADE YOUR GRAMMAR

의문사 + to부정사

「의문사 + to부정사」는 문장 안에서 명사 역할을 하며, 보통 동사의 목적어로 쓰인다.

what + to부정사　무엇을 ~할지　　　how + to부정사　어떻게 ~할지(~하는 방법)
when + to부정사　언제 ~할지　　　　where + to부정사　어디서 ~할지

a I can't decide **what to wear** today. 나는 오늘 무엇을 입을지를 정할 수가 없다.
b I don't know **how to swim**. 나는 수영하는 방법을 모른다.

EXERCISE

A   밑줄 친 부분의 역할이 같은 것끼리 짝지으세요.

1 I want something <u>to drink</u>.   •   • (a) This match is <u>especially</u> exciting.

2 People want <u>to have more money</u>.   •   • (b) My mother likes <u>movies</u>.

3 This book isn't easy <u>to understand</u>. •   • (c) I don't need <u>any</u> advice.

B   밑줄 친 to부정사구가 주어, 목적어, 보어 중 어떤 역할을 하는지 쓰세요.

1 His plan is <u>to marry her next year</u>.

2 It is impossible <u>to live without water</u>.

3 I asked him <u>to carry the boxes</u>.

4 She loves <u>to play with dogs</u>.

5 Patrick wants <u>to be a great cook</u>.

6 It's a good idea <u>to change your hairstyle</u>.

7 The most important thing is <u>not to give up</u>.

8 My mother told me <u>not to talk to strangers</u>.

C   [보기]에서 알맞은 말을 하나씩 골라 대화를 완성하세요.

[보기]   how   when   what

Suzy: Dad, what are you doing?

Dad : I'm fixing the garage.

Suzy: I would like to help you! Please tell me ⓐ _____ to do.

Dad : Great! Can you mix paint for me?

Suzy: Oh, I don't know ⓑ _____ to do that.

Dad : It's not hard. Just mix it gently with this brush.

        I'll tell you ⓒ _____ to stop.

<u>WORDS</u>   **A** match 경기 especially 특히 **B** plan 계획 marry ~와 결혼하다 impossible 불가능한 carry 나르다 cook 요리사 give up 포기하다 stranger 낯선 사람 **C** garage 차고, 주차장 mix 섞다 gently 살살, 부드럽게

D 그림과 일치하도록 괄호 안의 말을 바르게 배열하여 문장을 완성하세요.

1

(travel, to, want)

I _____ around the world.

2

(is, speak, difficult, to)

It _____ Spanish.

3

(be, is, to)

My goal _____ a yoga teacher.

4

(told, to, not, play, me)

My mother _____ the guitar late at night.

E 어법상 틀린 부분을 고쳐 문장을 다시 쓰세요.

1 I decided write in my diary every day.

→ _____

2 She wants her husband to doesn't smoke.

→ _____

3 My parents to expect me be a nice person.

→ _____

4 It's impossible get there on time.

→ _____

D Spanish 스페인어 goal 목표 **E** expect 기대하다 get 도착하다 on time 제시간에

25 to부정사 II

to부정사는 명사 역할과 함께 형용사나 부사의 역할도 합니다. 형용사 역할을 하는 to부정사는 형용사와 마찬가지로 명사, 대명사를 꾸며주고, 부사 역할을 하는 to부정사는 부사와 마찬가지로 동사, 형용사 등을 꾸며줍니다. 특히 부사 역할을 할 때는 목적, 원인 등 여러 가지 뜻으로 쓰이므로 해석에 유의해야 합니다.

A 형용사 역할을 하는 to부정사

a It's time **to go** to bed.

b I have a lot of work **to do**.

c I need someone **to help** me.

d Can you give me something **to drink**?

- '~할, ~해야 할'이라고 해석하며, 보통 형용사는 명사 앞에 오지만 to부정사는 (대)명사를 뒤에서 수식한다.

a-b 명사 수식

c-d 대명사 수식

---

a 잠자리에 들 시간이다. b 나는 해야 할 많은 일이 있다. c 나는 나를 도와줄 누군가가 필요하다. d 저에게 마실 것 좀 주시겠어요?

B 부사 역할을 하는 to부정사

1 목적

a I am saving money **to buy** a new cell phone.
b He went to Canada **to study** English.
  cf. He went to Canada **in order to study** English.

1 ~하기 위해, ~하려고

cf. to부정사 앞에 in order를 붙여서 목적의 뜻을 분명히 나타내기도 한다.

2 원인

c I'm *sorry* **to hear** the news.

d She was *surprised* **to see** me.

3 형용사 수식

e The book is *difficult* **to understand**.

f Chinese is not *easy* **to learn**.

---

2 ~해서, ~하니

주로 감정을 나타내는 glad, happy, sorry, surprised, shocked 등의 형용사 뒤에 온다.

3 ~하기에

주로 쉽고 어려운 정도를 나타내는 easy, hard, difficult, impossible 등의 형용사 뒤에 온다.

---

a 나는 새 휴대전화를 사려고 돈을 모으고 있다. b, *cf.* 그는 영어를 공부하기 위해 캐나다에 갔다. c 그 소식을 듣게 되어 안타깝다. d 그녀는 나를 보고 놀랐다. e 그 책은 이해하기에 어렵다. f 중국어는 배우기에 쉽지 않다.

C 「**too + 형용사 + to부정사**」, 「**형용사 + enough + to부정사**」

---

a This water is **too** *hot* **to drink**.

b I'm *old* **enough to travel** alone.

a too + 형용사 + to부정사: ~하기에 너무 …한

b 형용사 + enough + to부정사: ~하기에 충분히 …한

---

a 이 물은 마시기에 너무 뜨겁다. b 나는 혼자 여행하기에 충분히 나이 들었다.

UPGRADE YOUR GRAMMAR

to부정사와 함께 쓰이는 기타 형용사

to부정사는 그 외에도 sure, ready, willing, likely 등의 형용사와 함께 자주 쓰인다.

a She is *sure* **to win** an award. 그녀는 상을 받을 것이 확실하다.

b Are you *ready* **to order**? 주문할 준비가 되었나요?

c I'm *willing* **to pay** $30 for the book. 나는 기꺼이 그 책 한 권에 30달러를 내겠다.

d She is *likely* **to come** back. 그녀는 돌아올 것 같다.

EXERCISE

A   밑줄 친 to부정사구가 형용사와 부사 중 어떤 역할을 하는지 쓰세요.

1 Hangul is easy to learn.

2 We have a long way to go today.

3 My brother ran to catch the bus.

4 I have something to eat in my bag.

5 He is happy to live together with his family.

B   우리말과 일치하도록 괄호 안의 말을 바르게 배열하여 문장을 완성하세요.

1 나는 나를 웃게 할 무언가가 필요하다. (to, something, make)

→ I need _____ me laugh.

2 그녀는 차를 고쳐줄 사람을 찾고 있다. (fix, someone, her car, to)

→ She is looking for _____.

3 우리는 금요일까지 끝내야 할 숙제가 많다. (finish, homework, lots of, to)

→ We have _____ by Friday.

4 나는 그 후식을 먹기엔 너무 배가 불렀다. (too, the dessert, to, eat, full)

→ I was _____.

5 나는 그 보고서를 끝내기 위해서 늦게까지 일해야 한다. (the report, in, finish, to, order)

→ I have to work late _____.

C   괄호 안에서 알맞은 것을 고르세요.

1 Your brother is (so, too) young to drive.

2 She is studying hard (pass, to pass) the exam.

3 The man is (rich enough, enough rich) to buy the building.

4 I need (to think time, time to think) about it.

5 I'm (glad to be, to be glad) your friend.

WORDS   **A** way 길, 여정 **B** dessert 후식 full 배부른 **C** glad 기쁜

D **to가 들어갈 위치로 적절한 곳에 √ 표시하세요.**

1 I'm happy be with you.

2 This letter is hard read.

3 I was surprised hear his name.

4 Mia will buy books read.

5 Do I need a visa go to Japan?

E **예시와 같이 그림과 일치하도록 A와 B의 말을 바르게 짝지어 문장을 완성하세요.**

A	B
Kelly studies hard	to lift the box
This washing machine is easy	to see the price tag
He is too weak	to give me
Do you have anything	to use
I was shocked	to be a doctor

0

Kelly studies hard to be a doctor.

1

_____

2

_____

3

_____

4

_____

D visa 비자 **E** washing machine 세탁기 price tag 가격표 weak 약한, 힘이 없는

26 동명사

BUILD YOUR GRAMMAR

to부정사는 동사원형 앞에 to를 붙여 명사, 형용사, 부사의 역할을 하게 하는 것이었습니다.

이와 비슷하게 동사 뒤에 -ing를 붙여서 명사 역할을 하게 할 수 있습니다. 이것을 동사(動詞)의 성격과 명사(名詞)의 성질을 모두 지니고 있다고 해서 동명사(動名詞)라고 부릅니다. 똑같이 명사의 역할을 해도 to부정사와는 쓰임이 다른 경우가 있으므로 주의해야 합니다.

A 동명사의 형태와 특징

a look → look**ing**   run → run**ning**
   take → tak**ing**   lie → **ly**ing

b **not** looking   **not** running
   not taking   **not** lying

c **playing** *board games*
   sending *her a message*
   being *a kind person*
   keeping *your house clean*

a 동사원형에 -ing를 붙인다. -ing를 붙이는 방법은 현재진행형의 경우와 같다.
   참조 UNIT 12 B (2)동사원형-ing 만드는 방법

b 동명사의 부정형은 「not + 동명사」이다.

c 동사와 마찬가지로 목적어와 보어를 가질 수 있다.

B 동명사의 쓰임

· 동명사는 문장에서 명사처럼 주어, 목적어, 보어로 쓰이며, '~하기, ~하는 것'이라고 해석한다.
· to부정사로 바꾸어 쓸 수 있는 경우도 있다.

1 주어

a **Baking** *is* not difficult.

b **Using** chopsticks *is* not easy.
   = *It* is not easy *to use chopsticks*.

1 NOTE 주어로 쓰인 동명사(구)는 단수 취급한다.

2 목적어

(1) 동사의 목적어

c Andy *likes* **making** new friends.
= Andy likes *to make* new friends.

d I *started* **taking** yoga classes last week.
= I started *to take* yoga classes last week.

e He *avoids* **bringing** his car to work.
[He avoids *to bring* his car to work.]

f She *enjoys* **knitting** all kinds of things.
[She enjoys *to knit* all kinds of things.]

cf. I want *to be* free.
[I *want* **being** free.]

(2) 전치사의 목적어

g The class was *about* Korean history.
명사가 전치사의 목적어

h The class was *about* **making** web pages.
동명사구가 전치사의 목적어

[The class was about *to make* web pages.]

i You can print the map *by* **clicking** on the button.

3 보어

j My hobby is **drawing**.

k Your mistake was **believing** his lies.
= Your mistake was *to believe* his lies.

2

(1)

c-d love, like, hate, begin, start 등의 동사 뒤에는 동명사와 to부정사가 모두 목적어로 올 수 있다.

e-f **NOTE** avoid, enjoy, quit, mind, finish 등의 동사 뒤에는 동명사가 목적어로 올 수 있다.

cf. **NOTE** want, plan, decide 등의 동사 뒤에는 to부정사가 목적어로 올 수 있다.
참조 UNIT 24 B 명사 역할을 하는 to부정사

(2)

g 전치사의 목적어로는 명사나 대명사를 쓴다.
참조 UNIT 22, 23 전치사

h-i **NOTE** 전치사 뒤에 동사가 이어질 때는 동명사 형태로 써야 한다.

3

j-k 주격 보어

---

a 빵 굽기는 어렵지 않다. b 젓가락을 사용하는 것은 쉽지 않다. c 앤디는 새 친구를 사귀기를 좋아한다. d 나는 지난주에 요가 수업을 듣기 시작했다. e 그는 회사에 차를 가져오는 것을 피한다. f 그녀는 온갖 종류의 것들을 뜨개질하기를 즐긴다. *cf.* 나는 자유로워지길 원한다. g 그 수업은 한국 역사에 관한 것이었다. h 그 수업은 웹 페이지 만들기에 관한 것이었다. i 버튼을 클릭함으로써 지도를 인쇄할 수 있다. j 내 취미는 그림 그리는 것이다. k 네 실수는 그의 거짓말을 믿은 것이었다.

EXERCISE

A 예시와 같이 괄호 안의 말을 이용하여 밑줄 친 부분을 바꿔 쓰세요.

   0 I enjoyed <u>the show</u> last night. (watch)

   → <u>I enjoyed watching the show last night.</u>

   1 I like <u>strawberry jam</u>. (make)

   → _____

   2 <u>Movies</u> are exciting. (film)

   → _____

   3 I don't mind <u>hard work</u>. (do)

   → _____

   4 <u>Comic books</u> are really fun. (read)

   → _____

B 괄호 안에서 알맞은 것을 고르세요.

   1 My hobby is (cook, cooking) Chinese food.

   2 Is France famous for (to produce, producing) good wine?

   3 Alice loves (listen, listening) to rock music.

   4 Living with one's grandparents (is, are) not common these days.

   5 The man will quit (to drink, drinking).

   6 You have to finish (to clean, cleaning) your room by noon.

C 괄호 안의 말을 알맞은 형태로 바꾸어 빈칸을 완성하세요.

   1 I was afraid of _____ (be) alone in the dark.

   2 What do you plan _____ (do) this weekend?

   3 Bill hates _____ (go) to the dentist.

   4 _____ (wear) sunglasses is good for your eyes.

   5 Happiness is _____ (have) good friends.

WORDS   A strawberry jam 딸기 잼 film *촬영하다; 영화 B be famous for ~로 유명한 produce 생산하다 rock music 록 음악
grandparents 조부모님 common 흔한 C in the dark 어둠 속에서 go to the dentist 치과에 가다 sunglasses 선글라스

D 그림과 일치하도록 [보기]에 주어진 말을 알맞은 형태로 바꾸어 문장을 완성하세요.

[보기] be a movie director   wash your hands
        walk to school with my friends   show your student ID

1

_____ is

an easy way to be healthy.

2

I enjoy _____

_____.

3

I want _____

someday.

4

You can get 10% off by

_____.

E 어법상 <u>틀린</u> 부분을 고쳐 문장을 다시 쓰세요.

1 His job is sell cars.

→ _____

2 You can't avoid meet her.

→ _____

3 Eating not fast food is a good habit.

→ _____

4 Can I lose weight by to do yoga?

→ _____

5 I've decided not wasting money.

→ _____

D director 감독 ID(identity) 신분증 **E** fast food 패스트푸드 habit 습관 waste 낭비하다

27 분사

앞에서 배운 to부정사 외에도 동사를 형용사처럼 쓰는 방법이 있습니다. 바로 현재분사와 과거분사를 쓰는 것입니다. 우리는 이미 앞에서 현재진행형의 「동사원형-ing」가 바로 현재분사이고, 과거분사는 수동태와 현재완료형에 쓰인다고 배웠습니다.

현재분사는 '능동'과 '진행'의 뜻을, 과거분사는 '수동'과 '완료'의 뜻을 가지고 있습니다.

과거분사 watched

현재분사 watching

A 분사의 형태와 의미

1 형태

동사	현재분사	과거분사
a interest 흥미를 느끼게 하다	interest**ing** 흥미를 느끼게 하는	interest**ed** 흥미를 느끼게 된
b make 만들다	mak**ing** 만드는, 만들고 있는	**made** 만들어진
c go 가다	go**ing** 가는, 가고 있는	**gone** 가버린

1 현재분사: 동사원형 + -ing
과거분사: 동사원형 + -ed / 불규칙 변화

참조 UNIT 12 B (2)동사원형-ing 만드는 방법
참조 Appendix p.158

2 의미

(1) 현재분사: ~하는(능동), ~하고 있는(진행)

d People *work.* → **working** people
e Children are *playing.* → **playing** children

(2) 과거분사: ~된(수동), ~해 있는(완료)

f The driver is *injured.* → the **injured** driver
g Leaves have *fallen.* → **fallen** leaves

2

(1) d 능동   e 진행

(2) f 수동   g 완료

---

d 사람들이 일한다. → 일하는 사람들 e 아이들이 놀고 있다. → 놀고 있는 아이들 f 운전자가 부상당했다. → 부상당한 운전자 g 나뭇잎이 떨어졌다. → 떨어진 나뭇잎

1 동사의 활용에 쓰이는 분사 (진행형, 수동태, 완료형)

a Julie *is* **taking** photos.

b This house *was* **built** in 2014.

c She *has* **gone** to Paris.

2 형용사처럼 쓰이는 분사

d I heard **shocking** news.

(뉴스가 충격을 주는)

e You shouldn't touch the **broken** glass.

(유리가 깨진)

f I met a boy **living** in a big city.

(소년이 큰 도시에 사는)

g George bought a book **written** in French.

(책이 프랑스어로 쓰여진)

1

a be동사 + 현재분사: 진행형

b be동사 + 과거분사: 수동태

c have동사 + 과거분사: 완료형

2 문장에서 형용사처럼 명사를 꾸며준다.

d-e 분사가 혼자서 명사를 꾸밀 때는 명사 앞에 온다.

f-g 분사에 다른 말이 붙어 길어지면 명사를 뒤에서 꾸며준다.

a 줄리는 사진을 찍고 있다. b 이 집은 2014년에 지어졌다. c 그녀는 파리로 가버렸다. d 나는 충격적인 소식을 들었다. e 너는 깨진 유리를 만져서는 안 된다. f 나는 대도시에 사는 소년을 만났다. g 조지는 프랑스어로 쓰인 책을 샀다.

UPGRADE YOUR GRAMMAR

현재분사 vs. 동명사

현재분사와 동명사는 둘 다 「동사원형-ing」의 형태이나 다른 개념이므로 구별해서 써야 한다.

	현재분사	동명사
be동사 뒤에서	진행형: ~하고 있다 They are **exploring** a cave. 그들은 동굴을 탐험하고 있다.	보어: ~하기, ~하는 것 My dream is **exploring** space. 나의 꿈은 우주를 탐험하는 것이다.
명사 앞에서	형용사처럼 명사를 꾸며줌: ~하는, ~하고 있는 There is a **sleeping** cat. 자고 있는 고양이가 있다. (= A cat is sleeping.)	주로 뒤에 있는 명사의 용도를 나타냄: ~을 위한 Did you bring a **sleeping** bag? 너 침낭 챙겨왔니? (= a bag for sleeping)

EXERCISE

A 예시와 같이 빈칸에 알맞은 말을 쓰세요.

> **0** The boys are playing basketball. → the boys <u>playing</u> basketball

1 My watch was stolen. → my _____ watch

2 The snow is melting. → the _____ snow

3 The secret is hidden. → the _____ secret

4 Prices are rising. → _____ prices

5 People want to become famous. → people _____

6 The photographs were taken in 2015. → the photographs _____

B 그림과 일치하도록 [보기]에 주어진 말을 알맞은 분사 형태로 바꾸어 빈칸을 완성하세요.

> [보기] lose   bake   leave

1

This is freshly
_____ bread.

2

We missed the train
_____ at 2 p.m.

3

He found the
_____ bag.

C 괄호 안에서 알맞은 것을 고르세요.

1 I saw (amazing, amazed) fireworks.

2 *Cinderella* is a story (telling, told) around the world.

3 I'm scared of (barking, barked) dogs.

4 You can read (interesting, interested) articles on this website.

5 The man (driving, driven) the car was taken to a hospital.

6 Do you see the (laughing, laughed) girl in the back?

WORDS A melt 녹다 secret 비밀 price 가격 photograph 사진 B freshly 갓 ~한 C amaze 놀라움을 느끼게 하다 firework 불꽃놀이
Cinderella 신데렐라 be scared of ~을 두려워하다 article 기사 laugh 웃다

128 G-ZONE

D 괄호 안의 단어를 알맞은 형태로 바꾸어 빈칸을 완성하세요.

1 Jim brought a _____ (break) umbrella.

2 He has just _____ (arrive) at the station.

3 Who is the man _____ (shout) at the kids?

4 The book was _____ (write) by a famous writer.

5 There is a girl _____ (dance) on the stage.

6 The people _____ (stand) in front of me were too tall.

7 Jerry is _____ (talk) to Sarah on the phone.

8 Have you ever _____ (see) one of Hitchcock's movies?

9 The uniform was _____ (sign) by the players.

E 우리말과 일치하도록 괄호 안의 말을 바르게 배열하여 문장을 완성하세요.

1 레베카는 스파키라고 이름 붙여진 개가 있다. (Sparky, named, a dog)

→ Rebecca has _____.

2 나는 무거운 가방을 가지고 가는 여자를 만났다. (a, carrying, bag, heavy)

→ I met a woman _____.

3 나는 흥미진진한 경기를 보는 것을 즐겼다. (game, watching, exciting, the)

→ I enjoyed _____.

F 밑줄 친 부분이 현재분사이면 '분', 동명사이면 '동'을 쓰세요.

1 Her task is <u>answering</u> the phone. _____

2 I am <u>sewing</u> a hole in my sock. _____

3 <u>Sleeping</u> babies are so cute! _____

4 The boy <u>wearing</u> the blue cap is my friend. _____

5 <u>Learning</u> a new skill is very difficult. _____

6 I love <u>playing</u> with my puppy. _____

D shout 소리치다 kid 어린이, 아이 stage 무대 Hitchcock 히치콕(미국의 영화감독) uniform 유니폼, 선수복 **E** name 이름을 지어주다 **F** task 업무, 일 sew 바느질하다, 꿰매다 skill 기술 puppy 강아지

1 다음 중 동사의 원형과 과거분사형이 잘못 연결된 것을 고르세요.

① come – come   ② fall – fallen

③ break – broken   ④ write – written

⑤ know – knew

[2-4] 다음 빈칸에 들어갈 알맞은 말을 고르세요.

2
> I enjoyed _____ this book.

① read   ② reads

③ reading   ④ to read

⑤ to reading

3
> We were surprised _____ you there.

① see   ② sees

③ seeing   ④ to see

⑤ to seeing

4
> They planned _____ to Rome.

① go   ② goes

③ going   ④ to go

⑤ to going

5 다음 우리말과 일치하도록 빈칸에 알맞은 말을 쓰세요.

> 나를 도와줘서 고마워.

→ _____ you for _____ me.

[6-7] 다음 밑줄 친 부분의 역할이 나머지와 다른 하나를 고르세요.

6 ① I like to watch movies.

② He wants to play the piano.

③ This exam is impossible to pass.

④ Maya decided to go to Japan.

⑤ I hope to hear from you as soon as possible.

7 ① It is hard to read French.

② Japanese is easy to learn.

③ I'm really glad to see you.

④ This machine is hard to use.

⑤ The question is difficult to answer.

8 다음 우리말을 영어로 바르게 옮긴 것을 고르세요.

> 그는 운전하기에 충분히 나이가 들었다.

① He is too old to drive a car.

② He is too old not to drive a car.

③ He is enough old to drive a car.

④ He is old enough to drive a car.

⑤ He is too old enough to drive a car.

9 다음 [보기]의 밑줄 친 부분과 역할이 같은 것을 고르세요.

[보기] I turned on the TV <u>to watch the news</u>.

① Jun likes <u>to go fishing</u>.
② I have a lot of work <u>to do</u>.
③ He studied hard <u>to be a doctor</u>.
④ We need some money <u>to spend</u>.
⑤ This book is easy <u>to understand</u>.

10 다음 중 어법상 옳은 것을 고르세요.

① Tom bought a book to read.
② He promised not be late.
③ He needs to knows the truth.
④ Is there to drink anything?
⑤ Kate to hope to study abroad.

[11-12] 다음 중 어법상 옳지 <u>않은</u> 것을 고르세요.

11
① He loves to drink coffee.
② I finished writing the letter.
③ I want saving a lot of money.
④ We hope to see you again.
⑤ Tina likes playing tennis.

12
① He didn't know what to do.
② I'm thinking about buy a new car.
③ Who's the man sitting next to you?
④ I like to have boiled eggs for breakfast.
⑤ It is hard to wake up early in the morning.

[13-16] 다음 빈칸에 들어갈 알맞은 말을 고르세요.

13 Do you know the man _____ at the door?

① stand   ② to stand
③ stands   ④ standing
⑤ to standing

14 This is a poem _____ in Chinese.

① write   ② writing
③ written   ④ to write
⑤ to writing

15 We heard some _____ news.

① amaze   ② amazing
③ amazes   ④ to amaze
⑤ amazed

16 He tried to open the _____ door.

① lock   ② locked
③ locks   ④ to lock
⑤ to locking

17

A: I heard the _____ news. Ms. Shelly will leave our school.

B: Oh, she is _____ by her students.

① surprise - loved

② surprising - loving

③ surprising - loved

④ surprised - loving

⑤ surprised - loved

18

A: Do you have homework _____?

B: No. I finished _____ it.

① do - to do   ② to do - done

③ to do - to do   ④ to do - doing

⑤ doing - doing

19

(At the door of the teacher's room)

Mr. White: Kai! Why are you here? Who are you waiting for?

Kai: Ms. Gray! She looks so busy. I am not sure _____ to ask her questions.

Mr. White: She might not have much time to help you. You can ask me _____ to solve those problems.

① where - how   ② where - what

③ when - how   ④ when - what

⑤ what - where

20

① My father quit <u>smoking</u>.

② She likes <u>listening to music</u>.

③ I enjoyed <u>watching the documentary</u>.

④ <u>Playing baseball</u> is fun.

⑤ We should avoid <u>sleeping late</u>.

21

① I'm <u>walking</u> to the supermarket.

② Jason is <u>talking</u> on the phone.

③ My hobby is <u>playing</u> basketball.

④ Lucy is <u>sleeping</u> in her room.

⑤ She is <u>reading</u> a newspaper.

22

① Max is looking after the <u>crying</u> babies.

② He is good at <u>making</u> Italian food.

③ Sandra was worried about <u>being</u> late.

④ What about <u>telling</u> the truth?

⑤ We can bring world peace by <u>loving</u> each other.

23 다음 밑줄 친 부분 중 어법상 옳은 것을 고르세요.

① I walked on the <u>fallen</u> leaves.

② We heard a <u>shocked</u> story.

③ Don't touch the <u>breaking</u> glass.

④ It was a very <u>excited</u> show.

⑤ Do you know the man <u>talked</u> to her?

[24-27] 다음 우리말과 일치하도록 괄호 안의 말을 바르게 배열하여 문장을 완성하세요.

24 이 휴대전화는 사용하기가 쉽지 않다.
(easy, not, use, is, to)

→ This cell phone _____
_____ .

25 영어를 매일 공부하는 것이 중요하다.
(it, to, English, important, study, is)

→ _____
_____ every day.

26 그 커피는 마시기에 너무 뜨겁다.
(too, drink, hot, to, is)

→ The coffee _____
_____ .

27 나는 기꺼이 너의 제안을 받아들이겠다.
(accept, to, am, your offer, willing)

→ I _____
_____ .

[28-29] 다음 우리말과 일치하도록 괄호 안의 동사를 알맞은 형태로 바꾸어 문장을 완성하세요.

28 이것은 나의 할아버지에 의해 지어진 집이다.
(build)

→ This is a house _____ by my
grandfather.

29 피아노를 치고 있는 그 소녀는 내 여동생이다.
(play)

→ The girl _____ the piano is my
sister.

30 다음 밑줄 친 부분 중 어법상 옳지 <u>않은</u> 것을 바르게 고쳐 쓰세요.

My sister Mia and I wanted ⓐ <u>staying up</u> late. We baked a ⓑ <u>frozen</u> pizza in the kitchen. We talked quietly ⓒ <u>not to wake up</u> my parents. Suddenly, the lights went out and someone came into the kitchen. My sister and I started ⓓ <u>to scream</u>. But it was my parents ⓔ <u>coming</u> to check on us.

_____ → _____

28 접속사

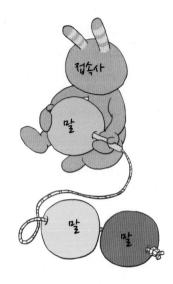

BUILD YOUR GRAMMAR

접속사(接續詞)는 말과 말을 서로 연결(接續)해주는 말입니다. 접속사는 다시 등위접속사와 종속접속사로 나뉩니다. 등위접속사는 서로 형태나 기능이 같은 말을 연결하고, 종속접속사는 하나의 절이 다른 절에 속하도록 연결하여 그 속에서 여러 가지 역할을 하게 합니다.

A and, but, or, so

and, but, or, so는 등위접속사로, 서로 형태나 기능이 같은 단어, 구, 절을 이어준다.

1 and	**1 A and B : A와 B, A 그리고 B**
a I bought *carrots* **and** *onions* at the market.	a-c 서로 비슷한 내용을 연결한다.
b There are *pencils, rulers,* **and** *crayons* on the desk.	b 셋 이상의 말을 연결할 때는 마지막 말 앞에만
c *I watched TV,* **and** *she read a book.*	접속사를 쓰고 나머지는 콤마로 구별한다.
2 but	**2 A but B : A 그러나 B**
d The man was *poor* **but** *happy*.	d-e 서로 반대되는 내용을 연결한다.
e *I like baseball,* **but** *she doesn't.*	
3 or	**3 A or B : A 또는 B**
f I'll go camping on *Friday* **or** *Saturday*.	f-g 선택을 나타낸다.
g *Am I wrong,* **or** *is my friend wrong?*	
4 so	**4 A, so B : A, 그래서 B**
h *It was too noisy,* **so** *I couldn't sleep.*	h so 앞은 원인, 그 뒤는 결과이다.

a 나는 그 시장에서 당근과 양파를 샀다. b 책상 위에는 연필, 자와 크레용이 있다. c 나는 TV를 보았고 그녀는 책을 읽었다. d 그 남자는 가난했지만 행복했다. e 나는 야구를 좋아하지만, 그녀는 그렇지 않다. f 나는 금요일이나 토요일에 캠핑을 갈 것이다. g 제가 틀렸나요, 아니면 제 친구가 틀렸나요? h 너무 시끄러워서 나는 잠을 잘 수 없었다.

B when, while, before, after, if, because

when, while, before, after, if, because는 종속접속사로, 절을 이끌어 절이 문장 안에서 부사 역할을 하도록 한다. 이때, 종속접속사가 이끄는 절을 부사절이라고 한다.

1 when, while, before, after

a **When** I'm tired, I go to bed early.

b I set the table **while** Mom cooks.

c I got to the shop **before** it opened.

d He arrived **after** you left.

cf₁ **When** I *finish* the book, I'll lend it to you.
[When I will finish ....]

2 if

e **If** you're busy now, I'll call you later.

f We'll be so glad **if** you can come.

cf₂ **If** it *is* sunny tomorrow, we'll go to the beach.
[If it will be sunny ....]

3 because

g **Because** he was sick, he stayed at home.

h I like Vincent van Gogh **because** his paintings are so beautiful.

1 때를 나타내는 종속접속사

a when: ~할 때

b while: ~하는 동안에

c before: ~하기 전에

d after: ~한 후에

cf₁ **NOTE** 때의 부사절에서는 현재형 동사로 미래의 일을 나타낸다.

2 조건을 나타내는 종속접속사

: ~하다면, ~하는 경우에는

cf₂ **NOTE** 조건의 부사절에서는 현재형 동사로 미래의 일을 나타낸다.

3 이유를 나타내는 종속접속사

: ~이기 때문에

a 나는 지쳤을 때 일찍 잠자리에 든다. b 엄마가 요리하시는 동안에 나는 상을 차린다. c 나는 가게가 문을 열기 전에 가게에 도착했다. d 그는 네가 떠난 후에 도착했다. *cf₁* 내가 그 책을 다 읽었을 때 네게 그것을 빌려줄게. e 지금 네가 바쁘면 나중에 전화할게. f 네가 올 수 있다면 우리는 매우 기쁠 거야. *cf₂* 내일 화창하다면 우리는 해변에 갈 것이다. g 아팠기 때문에 그는 집에 있었다. h 빈센트 반 고흐의 그림은 매우 아름답기 때문에 나는 그를 좋아한다.

C that

that은 종속접속사로, 절을 이끌어 절이 문장 안에서 명사 역할을 하도록 한다. 이때, 종속접속사가 이끄는 절(that절)을 명사절이라고 하며, '~라는 것'이라고 해석한다.

1 주어

a *It* is true **that** Julie is rich.
← **That** Julie is rich is true.

2 목적어

b I believe (**that**) he is honest.

3 보어

c The fact is **that** she knows nothing about it.

1

a that절이 주어일 때는 보통 주어 자리에 it을 쓰고 that절은 문장 뒤로 보낸다. 이때 it을 가주어, that절을 진주어라고 한다.

2

b that절이 목적어로 쓰일 때 that은 생략될 때가 많다.

a 줄리가 부유하다는 것은 사실이다. b 나는 그가 정직하다고 믿는다. c 사실은 그녀가 그것에 대해 아무것도 모른다는 것이다.

EXERCISE

A   괄호 안에서 알맞은 것을 고르세요.

1   Joe (and, but) Tony are twin brothers.

2   It was cold, (or, so) we turned on the heater.

3   Jane is good at math (or, but) I am not.

4   You can take a bus (or, so) a taxi to your hotel.

5   Kevin was ill last week, (so, but) he looks well now.

6   Which will you have, a steak (and, or) a cheeseburger?

7   The movie starts soon, (or, so) we have to hurry.

B   앞 문장에 이어질 말로 자연스러운 것을 고르세요.

1   I went to bed after ⓐ I brushed my teeth.
                        ⓑ I have a test tomorrow.

2   We will go on a picnic if ⓐ she will like it.
                              ⓑ it is sunny tomorrow.

3   The phone rang while ⓐ I was taking a shower.
                          ⓑ Jason likes to talk with me.

4   Because it rained a lot, ⓐ the game was cancelled.
                              ⓑ I didn't bring an umbrella.

5   I wanted to be a swimmer when ⓐ I was little.
                                  ⓑ I'll win a medal in the Olympics.

C   접속사 **that**이 들어갈 위치로 적절한 곳에 √ 표시하세요.

1   It is clear she came from England.

2   The fact is I've spent all the money.

3   Do you think he really loves her?

4   The problem is they are out of gas.

5   It's surprising you didn't know that.

WORDS   **A** turn on 켜다 heater 난방기 ill 아픈 **B** go on a picnic 소풍을 가다 Olympics 올림픽 **C** out of gas 연료가 떨어진

D [보기]에서 알맞은 접속사를 하나씩 골라 빈칸을 채우세요.

[보기] before   because   that   and   but   if

1 I ordered the pasta _____ the salad.

2 The band had a rehearsal _____ their concert started.

3 Mike studied hard _____ failed again.

4 You'll like her _____ you get to know her.

5 She didn't say a word _____ she was angry.

6 I believe _____ he will keep his promise.

E 예시와 같이 우리말과 일치하도록 적절한 접속사와 괄호 안의 말을 이용하여 문장을 완성하세요. (동사의 시제에 유의할 것)

0 네가 내게 전화했을 때, 나는 바빴어. (call me)

→ When you called me, I was busy.

1 체중을 줄이기를 원한다면, 더 적게 먹어야 한다. (want to lose weight)

→ _____, you should eat less.

2 내겐 충분한 돈이 없어서, 그 차를 살 수 없다. (buy the car)

→ I don't have enough money, _____.

3 그는 버스를 놓쳤기 때문에 학교에 늦었다. (miss the bus)

→ He was late for school _____.

4 나는 슈퍼마켓에 가서 달걀을 좀 샀다. (buy some eggs)

→ I went to the supermarket _____.

5 너는 학업을 마친 후에 뭘 할 거니? (finish school)

→ What will you do _____?

6 나는 점심을 먹는 동안에 음악을 들었다. (have lunch)

→ I listened to music _____.

7 나는 그가 진실을 말하지 않았다는 것을 알았다. (tell the truth)

→ I knew _____.

D rehearsal 리허설, 예행 연습 fail 떨어지다, 실패하다 get to know ~을 알게 되다 keep one's promise 약속을 지키다

29 관계대명사

BUILD YOUR GRAMMAR 관계대명사는 대명사처럼 명사를 대신하면서, 동시에 접속사처럼 절을 앞의 명사에 연결합니다. 관계대명사가 이끄는 절은 형용사처럼 앞의 명사를 꾸미며 의미를 더해줍니다.

A 관계대명사의 개념과 종류

1 관계대명사의 개념

a I like a girl. The girl has long hair.

→ I like a girl **who** has long hair.
　　　선행사　관계대명사절

cf. ~~I like a girl **who** *the girl* has long hair.~~

b I like a girl. I met the girl on the bus.

→ I like a girl **who(m)** I met on the bus.
　　　선행사　관계대명사절

c A girl likes me. I met the girl on the bus.

→ A girl **who(m)** I met on the bus likes me.
　　선행사　관계대명사절

2 관계대명사의 종류

격 ＼ 선행사	사람	사물·동물	공통
주격	who	which	that
목적격	who(m)	which	that

1 관계대명사절이 꾸며주는 명사를 선행사라고 하며, 관계대명사절은 '~한, ~인 (명사[선행사])'이라고 해석한다.

a-c 관계대명사가 선행사 a girl을 가리키는 대명사 역할과 두 절을 연결하는 접속사 역할을 동시에 한다.

cf. 관계대명사가 선행사를 대신하므로 관계대명사절 안에서 명사를 중복으로 쓰지 않는다.

2 관계대명사는 선행사의 종류와 관계대명사절 안에서의 역할에 따라 격이 달라진다.

---

a 나는 한 소녀를 좋아한다. 그 소녀는 머리가 길다. → 나는 머리가 긴 한 소녀를 좋아한다. b 나는 한 소녀를 좋아한다. 나는 그 소녀를 버스에서 만났다. → 나는 버스에서 만난 한 소녀를 좋아한다. c 한 소녀가 나를 좋아한다. 나는 그 소녀를 버스에서 만났다. → 내가 버스에서 만난 한 소녀가 나를 좋아한다.

B 주격 관계대명사

관계대명사가 관계대명사절 안에서 주어 역할을 하면, 주어의 자격이 있다는 뜻으로 주격 관계대명사라고 부른다.

a I have *a sister* **who** is a high school student.
   (← I have *a sister*. **She** is a high school student.)

b *People* **who** visited Korea were impressed by the food.

• 주격 관계대명사 뒤의 동사는 선행사의 수에 일치시킨다.

a-b 선행사가 사람일 때는 who를 쓴다.

c I like *movies* **which** have great music.

d *The cat* **which** is sleeping on the sofa is mine.

c-d 선행사가 사물·동물일 때는 which를 쓴다.

e I have *a friend* **that** speaks four languages.

f I want *a bag* **that** will hold my laptop.

e-f that은 선행사의 종류와 관계없이 쓸 수 있다.

a 나는 고등학생인 언니가 있다. b 한국을 방문했던 사람들은 음식에 감명받았다. c 나는 좋은 음악이 있는 영화를 좋아한다. d 소파 위에서 자고 있는 고양이는 내 것이다. e 나는 네 개의 언어를 구사하는 친구가 있다. f 나는 내 노트북 컴퓨터가 들어갈 가방을 원한다.

C 목적격 관계대명사

관계대명사가 관계대명사절 안에서 목적어 역할을 하면, 목적어의 자격이 있다는 뜻으로 목적격 관계대명사라고 부른다.

a That's *the actor* **who(m)** I saw in the magazine.
   (← That's *the actor*. I saw **him** in the magazine.)

b *The teacher* **who(m)** I like the most teaches math.

a-b 선행사가 사람일 때는 who 또는 whom을 쓴다.

c I still have *the letters* **which** you gave to me.

d *The dog* **which** she lost came back to her.

c-d 선행사가 사물·동물일 때는 which를 쓴다.

e This is *the man* **that** I love.

f Here is *the cake* **that** you ordered.

e-f that은 선행사의 종류와 관계없이 쓸 수 있다.

g *The shirt* (**which**) I bought yesterday had a hole in it.

   cf. *The shirt* **which[that]** has five buttons is mine.
   [~~The shirt has five buttons is mine.~~]

g 목적격 관계대명사는 생략할 수 있다.

cf. 주격 관계대명사는 생략할 수 없다.

a 저 사람이 내가 잡지에서 본 배우야. b 내가 가장 좋아하는 선생님은 수학을 가르치신다. c 나는 네가 내게 준 편지들을 아직도 가지고 있어. d 그녀가 잃어버린 개가 그녀에게 돌아왔다. e 이 사람이 제가 사랑하는 사람입니다. f 여기 주문하신 케이크가 있습니다. g 내가 어제 산 셔츠에 구멍이 있었다. *cf.* 다섯 개의 단추가 있는 그 셔츠는 나의 것이다.

EXERCISE

A   빈칸에 관계대명사 who 또는 which를 알맞게 쓰세요.

1   I forgot to bring the DVD _____ I borrowed.

2   This is a book _____ can change your life.

3   She uploaded a few photos _____ she took during the trip.

4   Ms. Brown is the old woman _____ played the violin last night.

5   There were two people _____ I knew in the classroom.

6   I solved a problem _____ nobody could solve before.

7   People _____ regularly exercise are healthy.

B   그림과 일치하도록 [보기]에 주어진 말과 관계대명사 who 또는 which를 써서 문장을 완성하세요.

> [보기]   can't fly   grow in a desert
>   wash dishes   help sick animals

1

A vet is a person _____

_____.

2

A penguin is a bird _____

_____.

3

A dishwasher is a machine

_____.

4

A cactus is a plant _____

_____.

C 예시와 같이 문장에서 관계대명사절을 찾아 괄호로 묶으세요.

0 I have a friend (who lives in France).

1 Most of the e-mails that I receive are spam.

2 The soccer match I watched last night was boring.

3 This is the movie which made him a star.

4 I drink yogurt that is made without sugar.

5 The cell phone I bought last month is out of order.

D 우리말과 일치하도록 괄호 안의 말을 바르게 배열하여 문장을 완성하세요.

1 파리는 내가 방문하고 싶은 도시이다. (want, which, I, to visit)

→ Paris is the city _____.

2 너 위층에서 난 소리 들었니? (that, upstairs, came, the sound, from)

→ Did you hear _____?

3 나의 언니는 내가 그녀의 생일에 준 청바지를 입었다. (on her birthday, gave, her, I, the jeans)

→ My sister wore _____.

E 어법상 틀린 부분을 고쳐 문장을 다시 쓰세요.

1 Have you read the book that I gave you the book?

→ _____

2 I like teachers which have a good sense of humor.

→ _____

3 I don't like people who talks too much.

→ _____

4 The man who is talking to the students are the principal.

→ _____

5 Chess is a game who many people play.

→ _____

C receive 받다 spam 스팸메일 boring 지루한 sugar 설탕 out of order 고장 난 **D** upstairs 위층, 위층에서 jeans 청바지
E sense of humor 유머 감각 principal 교장

30 기타 구문

A 부가의문문

- 평서문에 덧붙이는 의문문으로, 말한 내용을 확인하거나 동의를 구할 때 쓴다.
- 긍정문 뒤에는 부정의 부가의문문을, 부정문 뒤에는 긍정의 부가의문문을 쓴다.
- 부가의문문의 시제는 앞 문장에 쓰인 동사의 시제에 일치시킨다.

1 be동사가 쓰인 문장	**1** 「~, be동사 + 대명사?」
a You *are* from Korea, **aren't you**?	
b Brian *isn't* outgoing, **is he**?	
c She *was* a pianist, **wasn't she**?	
2 일반동사가 쓰인 문장	**2** 「~, do동사 + 대명사?」
d Emily *plays* tennis well, **doesn't she**?	
e You *don't like* mushrooms, **do you**?	
f He and his sister *went* to the movies last night, **didn't they**?	
3 조동사가 쓰인 문장	**3** 「~, 조동사 + 대명사?」
g You *can* drive, **can't you**?	
h You *won't* come back here, **will you**?	

a 너는 한국 출신이야, 그렇지 않니? b 브라이언은 외향적이지 않아, 그렇지? c 그녀는 피아니스트였어, 그렇지 않니? d 에밀리는 테니스를 잘 해, 그렇지 않니? e 너는 버섯을 좋아하지 않아, 그렇지? f 그와 그의 여동생은 어젯밤에 영화를 보러 갔어, 그렇지 않니? g 너는 운전할 수 있어, 그렇지 않니? h 넌 여기에 돌아오지 않을 거야, 그렇지?

B 명령문

'~해라, ~해주세요'라는 뜻의 명령문은 주어 없이 동사원형으로 시작한다. 의미상 명령을 받는 대상인 You가 감추어져 있는 것으로 볼 수 있다.

1 긍정 명령문	**1** 「동사원형 ~.」: ~해라.
a **Follow** me.	a 일반동사가 쓰인 문장의 긍정 명령문
b **Be** quiet.	b be동사가 쓰인 문장의 긍정 명령문
c **Close** the door, *please*. (= *Please* **close** the door.)	c please를 명령문의 앞이나 뒤에 붙이면 '~해주세요'라는 좀 더 공손한 표현이 된다.

2 부정 명령문

d **Don't[Never] say** anything.

e **Don't be** afraid.

2 「Don't[Never] + 동사원형 ~.」: ~하지 마라.

d 일반동사가 쓰인 문장의 부정 명령문
Never는 Don't보다 더욱 강한 금지를 나타낸다.

e be동사가 쓰인 문장의 부정 명령문

---

a 나를 따라와. b 조용히 해. c 문을 닫아주세요. d 아무 말도 하지 마. e 두려워하지 마.

C 제안문

제안이나 권유를 할 때 쓰는 문장이다.

---

a **Let's go** for a walk.

b **Let's not** get angry.

c **How[What] about having** pizza for lunch?
= **Why don't we have** pizza for lunch?

d **Shall we** dance?

a Let's + 동사원형 ~: ~하자.

b Let's not + 동사원형 ~: ~하지 말자.

c How[What] about + 동사원형-ing ~?: ~하는 게 어때? (= Why don't we + 동사원형 ~?)

d Shall we + 동사원형 ~?: 우리 ~할까?

---

a 산책하러 가자. b 화내지 말자. c 점심으로 피자 먹는 게 어때? d 우리 춤출까?

D 감탄문

• 기쁨, 놀라움, 안타까움 등의 감정을 강조해 표현하는 문장이다.

• 보통 What이나 How로 시작하며, '정말 ~하구나!'라고 해석한다.

• what은 주로 명사를 강조할 때, how는 형용사 또는 부사를 강조할 때 쓴다.

---

1 What으로 시작하는 감탄문

a **What** a nice day it is!

b **What** beautiful flowers (they are)!

c **What** a surprise!

1 What + (a[an]) + (형용사) + 명사 (+ 주어 + 동사)!

b 「주어 + 동사」는 생략할 수 있다.

c 형용사 없이 쓸 수도 있다.

2 How로 시작하는 감탄문

d **How** kind you are!

e **How** fast time flies!

f **How** cold (it is)!

2 How + 형용사[부사] (+ 주어 + 동사)!

f 「주어 + 동사」는 생략할 수 있다.

---

a 날씨가 정말 좋구나! b (그것들은) 정말 아름다운 꽃들이구나! c 정말 놀랍구나! d 너는 정말 친절하구나! e 시간이 정말 빨리 흐르는구나!
f 정말 춥구나!

EXERCISE

A   빈칸에 알맞은 부가 의문문을 쓰세요.

1 Laura is older than you, _____ _____?

2 You know her mother, _____ _____?

3 Paul can fix the computer, _____ _____?

4 You didn't take a shower yesterday, _____ _____?

5 Ryan's car wasn't parked behind the building, _____ _____?

6 The students wanted him to be their teacher, _____ _____?

B   괄호 안에서 알맞은 것을 고르세요.

1 (Don't, Doesn't) move.

2 (Do, Are) your best.

3 (Let, Let's) go to the zoo.

4 (Don't be, Be not) late again.

5 (Not, Never) forget me.

6 (Go, Goes) to bed right now.

C   우리말과 일치하도록 괄호 안의 말을 바르게 배열하여 문장을 완성하세요.

1 시간이 거의 없어. 지금 시작하자. (start, let's, now)

→ We have little time. _____.

2 그 책을 우편으로 보내는 게 어때? (how, the book, about, sending)

→ _____ by post?

3 엄마를 위해 쿠키를 좀 만들까? (make, we, some cookies, shall)

→ _____ for Mom?

4 이 색깔을 사지 말자. (not, buy, let's, this color)

→ _____.

5 이 스파게티를 오븐에 데우는 게 어때? (this spaghetti, about, what, heating)

→ _____ in an oven?

6 우리 과학 동아리에 들어가는 게 어때? (join, we, the science club, don't, why)

→ _____?

WORDS   **B** forget 잊다 right now 당장 **C** by post 우편으로 heat 데우다

D 그림과 일치하도록 [보기]에 주어진 말을 알맞은 형태로 바꾸어 감탄문을 완성하세요.

[보기]   a sad movie   a nice boy   this puzzle

1   **2**   **3**

1 How difficult _____ _____ _____!

2 _____ _____ _____ _____!

3 _____ _____ _____ _____ he is!

E 어법상 <u>틀린</u> 부분을 고쳐 문장을 다시 쓰세요.

1 You like coffee, do you?

→ _____

2 Don't angry.

→ _____

3 What gently the rain falls!

→ _____

4 Let's use not the escalator.

→ _____

5 How a sweet pie it is!

→ _____

6 She didn't come to the party, does she?

→ _____

7 How about open the door?

→ _____

E gently 부슬부슬하게, 부드럽게   escalator 에스컬레이터

REVIEW TEST 06 Unit 28-30

[1-5] 다음 빈칸에 들어갈 알맞은 말을 고르세요.

1

> I want to go with you, _____ I can't.

① and   ② when   ③ so
④ but   ⑤ that

2

> We'll be glad _____ you can help us.

① or   ② but   ③ if
④ and   ⑤ so

3

> The problem is _____ we don't have enough time.

① that   ② so   ③ after
④ and   ⑤ while

4

> I took a taxi _____ it was raining.

① and   ② so   ③ that
④ because   ⑤ if

5

> Her father died _____ she was young.

① if   ② when   ③ or
④ that   ⑤ because

[6-8] 다음 중 어법상 옳지 <u>않은</u> 것을 고르세요.

6 ① How lovely the baby is!
② What a fast skater he is!
③ How beautifully she dances!
④ How kind people they are!
⑤ What a strange tail the animal has!

7 ① I know that they don't like me.
② She wrote a letter and sent it.
③ He called her, but she didn't answer.
④ I drink tea because I don't like coffee.
⑤ We'll play soccer if it will be sunny tomorrow.

8 ① I have a friend who is a doctor.
② Jennifer is the girl that I like.
③ I'm reading the book whom I borrowed.
④ This is a car which was made in Japan.
⑤ The movie I saw yesterday was funny.

9 다음 문장에서 **not**이 들어갈 적절한 위치를 고르세요.

> Let's ① eat ② anything ③ when ④ we ⑤ take the bus.

10 다음 밑줄 친 부분 중 생략할 수 <u>없는</u> 것을 고르세요.

① Look at the girl <u>whom</u> you met today.

② A turtle is an animal <u>that</u> lives a long time.

③ I bought the cap <u>that</u> my boyfriend wanted.

④ My sister doesn't like the coat <u>which</u> I bought.

⑤ Jim has a neighbor <u>who</u> I see on the bus.

[11-12] 다음 빈칸에 들어갈 알맞은 말을 고르세요.

11 The people _____ are very diligent.

① work in my office

② whom work in my office

③ that works in my office

④ who work in my office

⑤ which work in my office

12 Have you found the keys _____?

① you lost

② whom you lost

③ who you lost

④ that you lost them

⑤ which you lost them

서술형

[13-15] 다음 우리말과 일치하도록 빈칸에 알맞은 말을 쓰세요.

13

> 나를 쳐다보지 마.

→ _____ _____ at me.

14

> 그곳에 다시는 가지 말자.

→ _____ _____ go there again.

15

> 저는 그 쇼를 볼 수 없어요, 그렇죠?

→ I can't watch the show, _____ _____?

16 다음 [보기]의 밑줄 친 부분과 쓰임이 같은 것을 고르세요.

> [보기] The picture <u>that</u> she painted is very beautiful.

① I really like the songs <u>that</u> he wrote.

② He has a car <u>that</u> is very expensive.

③ This is a ring <u>that</u> is made of gold.

④ The boy <u>that</u> knew the answer smiled.

⑤ Look at the man <u>that</u> is wearing sunglasses.

17 다음 우리말과 일치하도록 빈칸에 들어갈 알맞은 말을 고르세요.

> 내가 가방을 챙기는 동안 강아지가 집에서 달아났다.
> → My dog ran away from home
> _____ I packed my bag.

① if   ② after

③ before   ④ during

⑤ while

[18-20] 다음 빈칸에 공통으로 들어갈 알맞은 말을 쓰세요.

18
(1) _____ serious he is!

(2) _____ sensitive his sister is!

19
(1) _____ say a word, please.

(2) You _____ enjoy sports, do you?

20
(1) I wore the scarf _____ you gave me.

(2) He thinks _____ I like him.

[21-22] 다음 밑줄 친 부분 중 어법상 옳은 것을 고르세요.

21 ① You know his address, <u>didn't you</u>?

② He likes to play golf, <u>does he</u>?

③ You will call me back, <u>will you</u>?

④ Fred is older than you, <u>wasn't he</u>?

⑤ They are your friends, <u>aren't they</u>?

22 ① Sarah has <u>a cat is very clever</u>.

② Mike has <u>a brother who is very tall</u>.

③ This is <u>the watch I bought it last week</u>.

④ He's <u>the man that I met him yesterday</u>.

⑤ There are <u>many students who they don't study hard</u>.

[23-25] 다음 우리말과 일치하도록 괄호 안의 말을 바르게 배열하여 문장을 완성하세요.

23
> 정말 아름다운 곳이구나!
> (place, a, what, beautiful)

→ _____ !

24
> 그 동물들은 정말 작구나!
> (are, how, the animals, small)

→ _____ !

25
> 네 옆에 앉은 남자는 아일랜드인이다.
> (who, you, the man, next to, sits)

→ _____

is Irish.

26 다음 우리말을 영어로 바르게 옮긴 것을 고르세요.

> 만약 눈이 온다면, 너에게 저녁을 살게.

① If it snows, I'll buy you dinner.
② I'll buy you dinner if it'll snow.
③ I'll buy you dinner while it snows.
④ It is snowing and I'll buy you dinner.
⑤ Because it is snowing, I'll buy you dinner.

27 다음 중 우리말 해석이 <u>어색한</u> 것을 고르세요.

① Stop calling me.
나한테 전화하는 걸 그만둬.
② Shall we go shopping?
우리 쇼핑 갈까?
③ Let's go to a museum.
우리 박물관에 가자.
④ Why do we park here?
차를 여기 주차하는 게 어때?
⑤ Never tell this story to anyone.
절대 이 이야기를 누구에게도 말하지 마.

28 다음 중 밑줄 친 that의 쓰임이 나머지와 <u>다른</u> 하나를 고르세요.

① I think <u>that</u> we must obey the rules.
② He doesn't know <u>that</u> you are here.
③ Do you believe <u>that</u> he can do this?
④ I remember <u>that</u> there was an accident.
⑤ It was surprising <u>that</u> she was an author.

29 다음 관계대명사로 연결된 문장 중 어법상 옳지 <u>않은</u> 것을 고르세요.

① Mr. Han is a Korean. He moved to the U.S.
→ Mr. Han is a Korean who moved to the U.S.
② The game was exciting. I watched it.
→ The game was exciting that I watched.
③ This is the CD. I want to buy it.
→ This is the CD that I want to buy.
④ Show me the picture. You took it.
→ Show me the picture that you took.
⑤ This is the road. It leads to the hotel.
→ This is the road which leads to the hotel.

서술형

30 다음 대화의 밑줄 친 부분 중 어법상 옳지 <u>않은</u> 것을 바르게 고쳐 쓰세요. (3개)

> A: ⓐ <u>Why we don't</u> join the fencing club?
> B: I heard ⓑ <u>which</u> it's an expensive sport.
> A: Hmm... You can decide ⓒ <u>after</u> we check the fee. Fencing is a sport ⓓ <u>which</u> I really want to learn.
> B: ⓔ <u>What energetic a boy you are!</u>

(1) _____ → _____
(2) _____ → _____
(3) _____ → _____

총괄 TEST 01

1 다음 중 품사가 같은 것끼리 짝지어지지 <u>않은</u> 것을 고르세요.

① meet – listen ② computer – water

③ she – them ④ interesting – full

⑤ from – because

2 다음 중 동사의 현재형과 과거형이 <u>잘못</u> 연결된 것을 고르세요.

① open – opened ② try – tried

③ sleep – sleeped ④ eat – ate

⑤ see – saw

3 다음 밑줄 친 it의 역할이 나머지와 <u>다른</u> 하나를 고르세요.

① What time is <u>it</u> now?

② <u>It</u> is cold and windy today.

③ What day is <u>it</u> today?

④ Lauren bought <u>it</u> yesterday.

⑤ <u>It</u> is five o'clock.

서술형

[4-5] 다음 대화의 빈칸에 알맞은 말을 쓰세요.

4
> A: _____ _____ waiting for someone?
> B: Yes, I am waiting for Helen.

5
> A: Are there any plans to change this?
> B: No, _____ _____.

6 다음 중 빈칸에 들어갈 의문사가 나머지와 <u>다른</u> 하나를 고르세요.

① _____ old are you?

② _____ many pencils do you have?

③ _____ is your mother's birthday?

④ _____ tall is your brother?

⑤ _____ much is this strawberry jam?

서술형

7 다음 우리말과 일치하도록 괄호 안의 말을 바르게 배열하여 문장을 완성하세요.

> A: 너는 점심으로 보통 뭘 먹니?
> (usually, do, what, have, you, for lunch)
> B: I usually have a sandwich.

→ _____

_____ ?

[8-9] 다음 빈칸에 들어갈 수 <u>없는</u> 말을 고르세요.

8 I drank _____ milk this morning.

① some ② a few ③ a lot of

④ a little ⑤ much

9 I _____ a letter this morning.

① wrote ② got ③ remained

④ sent ⑤ read

10 다음 예시와 같이 주어진 동사의 현재-과거-과거분사 형태로 알맞은 것을 [보기]에서 고르세요.

> [보기] ⓐ A-A-A   ⓑ A-B-A
>   ⓒ A-B-B   ⓓ A-B-C

(0) run ___ⓑ___ (run - ran - run)

(1) put _____   (2) go _____

(3) buy _____   (4) come _____

[11-12] 다음 중 어법상 옳지 <u>않은</u> 것을 고르세요.

11 ① I take a shower every day.

② He teaches math in a school in Osaka.

③ The children loves to sing songs.

④ Cindy and I study and work together.

⑤ They don't know about us.

12 ① He was very small when he was a child.

② She has gone home an hour ago.

③ Leaves turn red and yellow in autumn.

④ The movie starts at 10:00 tonight.

⑤ I'm leaving for New York next week.

13 다음 우리말과 일치하도록 빈칸에 알맞은 말을 쓰세요.

> (1) 그녀는 여동생보다 더 열심히 공부한다.
>   → She studies _____ than her younger sister.
> (2) 나는 세계에서 가장 운 좋은 사람이다.
>   → I'm the _____ person in the world.

14 다음 중 어법상 옳은 것을 고르세요.

① The baby has five tooths.

② Can you give me ten papers?

③ I drank a bottle of water during the trip.

④ He has two slices of breads for breakfast.

⑤ She studies English for a hour every day.

15 다음 빈칸에 알맞은 말을 써서 수동태 문장을 완성하세요.

> Dana made a beautiful dress for her baby.

→ A beautiful dress _____ _____ for her baby _____ Dana.

16 다음 짝지어진 두 문장의 뜻이 일치하지 <u>않는</u> 것을 고르세요.

① I can speak Japanese.
  - I am able to speak Japanese.

② May I talk to Mr. Brown?
  - Can I talk to Mr. Brown?

③ You must not go near the river.
  - You don't have to go near the river.

④ Must I wear the suit?
  - Do I have to wear the suit?

⑤ Brian may be right.
  - Brian might be right.

17 다음 빈칸에 공통으로 들어갈 알맞은 말을 고르세요.

> • The film will be over _____ 10:30.
> • You have to do it _____ tomorrow.
> • Henry goes to work _____ bike.

① until ② on ③ at
④ by ⑤ with

18 다음 대화의 빈칸에 들어갈 수 <u>없는</u> 말을 고르세요.

> A: May I close the window?
> B: _____

① Sure. ② Of course.
③ Certainly. ④ Yes, you must.
⑤ I'm sorry, but you may not.

19 다음 우리말과 일치하도록 빈칸에 들어갈 전치사가 바르게 짝지어진 것을 고르세요.

> • 그가 일자리를 찾고 있다고 들었어.
> I heard he's looking _____ a job.
> • 저기 저 사랑스러운 새들 좀 봐!
> Look _____ those lovely birds over there!
> • 그녀는 일요일마다 그 아이들을 돌본다.
> She looks _____ the kids every Sunday.

① for - at - after ② for - at - on
③ for - up - at ④ at - for - after
⑤ at - for - in

20 다음 밑줄 친 부분이 꾸며주는 단어의 품사가 [보기] 와 같은 것을 고르세요.

> [보기] Miranda drives <u>carefully</u>.

① Jim finished his homework <u>quickly</u>.
② Sojin is a <u>very</u> kind girl.
③ This bread tastes <u>really</u> good.
④ Ben can play the guitar <u>quite</u> well.
⑤ <u>Luckily</u>, we passed the test.

21 다음 중 밑줄 친 부분의 문장 성분이 나머지와 <u>다른</u> 하나를 고르세요.

① Lisa bought <u>movie tickets</u>.
② Max really enjoys <u>traveling</u>.
③ Alex and Henry are <u>best friends</u>.
④ I eat <u>cereal</u> for breakfast.
⑤ Mandy loves <u>her friends</u>.

22 다음 빈칸에 들어갈 관계대명사가 나머지와 <u>다른</u> 하나를 고르세요. (that은 제외)

① I know a woman _____ is a fashion model.
② The woman _____ is talking on the phone is my sister.
③ He is the writer _____ I saw on TV.
④ The actor _____ I like the most is Hugh Jackman.
⑤ An orange is a fruit _____ has a lot of vitamin C.

23 다음 우리말을 영어로 바르게 옮긴 것을 고르세요.

> 그는 여기서 얼마나 오래 머물러 왔니?

① How long has he stayed here?
② How long will he stay here?
③ Has he stayed here how long?
④ How long does he stay here?
⑤ How long did he stayed here?

서술형

[24-27] 다음 우리말과 일치하도록 빈칸에 알맞은 말을 쓰세요.

24 | 점심으로 햄버거 먹는 게 어때?

→ _____ _____ _____

have hamburgers for lunch?

25 | 아빠, 저에게 화내지 마세요.

→ Daddy, _____ _____ angry
with me.

26 | 이 문제는 정말 쉽구나!

→ _____ _____ this problem
is!

27 | 로이와 노엘은 쌍둥이지, 그렇지 않니?

→ Roy and Noel are twins, _____
_____ ?

[28-29] 다음 밑줄 친 부분 중 어법상 옳지 <u>않은</u> 것을 고르세요.

28 ① Gold is <u>found</u> in mines.
② It was a <u>tired</u> day.
③ What a <u>disappointing</u> show!
④ James bought a book <u>written</u> in Spanish.
⑤ Don't turn on the TV! The baby is <u>sleeping</u>.

29 ① She loves <u>to travel to strange places</u>.
② My dream is <u>to become a famous singer</u>.
③ They planned <u>going to Indonesia</u>.
④ His hobby is <u>playing computer games</u>.
⑤ The class was about <u>making homemade pasta</u>.

30 다음 밑줄 친 부분의 역할이 나머지와 <u>다른</u> 하나를 고르세요.

① My dream is <u>to be a figure skater</u>.
② <u>To sleep well</u> is important for your health.
③ It is interesting <u>to take photos</u>.
④ I want <u>to eat something sweet</u>.
⑤ Is there anyone <u>to help me</u>?

총괄 TEST 02

1 다음 중 품사가 나머지와 <u>다른</u> 하나를 고르세요.

① silly   ② friendly

③ lucky   ④ quickly

⑤ lovely

2 다음 중 명사의 복수형이 바르게 연결된 것을 고르세요.

① box – boxs   ② lady – ladies

③ belief – believes   ④ photo – photoes

⑤ potato – potatos

3 다음 우리말을 영어로 바르게 옮긴 것을 고르세요.

> 메리는 나에게 영어를 가르쳐 준다.

① Mary teaches English.

② Mary teaches English me.

③ Mary teaches me English.

④ Mary teaches me to English.

⑤ Mary teaches to me English.

4 다음 [보기]의 밑줄 친 it과 쓰임이 다른 것을 고르세요.

> [보기]   Wow, <u>it</u>'s Friday!

① <u>It</u> is windy today.

② <u>It</u> is 3 km from here to my school.

③ <u>It</u> is very dark in this room.

④ <u>It</u> is ten o'clock.

⑤ <u>It</u> is my school bag.

5 다음 [보기]에서 알맞은 말을 골라 빈칸을 채우세요.

> [보기]   a slice of   a glass of
>   a cup of   a piece of

(1) Can you give me _____ paper?

(2) Lauren likes to have _____ coffee after lunch.

6 다음 중 동사의 과거형과 과거분사형이 <u>잘못</u> 연결된 것을 고르세요.

① come – came – come

② go – went – gone

③ have – had – had

④ cut – cut – cut

⑤ read – readed – readed

7 다음 대답이 나올 수 있는 질문으로 알맞은 것을 고르세요.

> It starts at 11:00 a.m.

① What time is it now?

② How do you start your day?

③ Which color is your favorite?

④ When does the game start?

⑤ Why did you start taking golf lessons?

8 다음 빈칸에 들어갈 알맞은 말을 고르세요.

> A: Where _____ you yesterday?
> B: I was at home.

① was ② were ③ do

④ did ⑤ are

9 다음 중 [보기]의 밑줄 친 부분과 문장 성분이 다른 것을 고르세요.

> [보기] I'm sorry, but I'm a stranger here.

① Linda is very tall like a model.

② I usually study science after school.

③ They are my parents. They're teachers.

④ Hugh is a comedian. He's very funny.

⑤ Her dream is to become a lawyer.

서술형

[10-11] 다음 우리말과 일치하도록 빈칸에 알맞은 말을 쓰세요.

10
> 주디는 2010년 이래로 그를 알고 지내왔다.

→ Judy _____ _____ him _____ 2010.

11
> A: Doesn't Jessy like to exercise?
> B: 응, 그녀는 좋아하지 않아.

→ B: _____ , she _____ .

12 다음 [보기]의 밑줄 친 부분과 뜻이 같은 것을 고르세요.

> [보기] I can ride a bicycle very well.

① You can smoke here.

② Can I come in?

③ I can play the violin.

④ Can you help me?

⑤ Can you do me a favor?

[13-14] 다음 우리말과 일치하도록 문장에서 not이 들어갈 적절한 위치를 고르세요.

13
> 우리는 지금 당장 그 차를 살 수 없다.
> → We ① are ② able ③ to ④ buy the car ⑤ right now.

14
> 오늘은 몹시 추워. 산책하러 밖에 나가지 말자.
> → It's very cold today. ① Let's ② go ③ outside ④ to take ⑤ a walk.

15 다음 중 어법상 옳은 것을 고르세요.

① I brought these book to show you.

② She lost hers wallet.

③ Their love her very much.

④ This bag is not my. It is his.

⑤ He knows all the students' names.

16 Jenny has lived in Seoul _____.

① since 2012   ② since college

③ for five years   ④ ten years ago

⑤ since August

17 She didn't _____ to cook.

① like   ② enjoy   ③ love

④ begin   ⑤ hate

18 Mary looks _____.

① great   ② old   ③ happily

④ thirsty   ⑤ very busy

[19-20] 다음 중 어법상 옳지 <u>않은</u> 것을 고르세요.

19 ① I've seen him before.

② Cathy has never been to Berlin.

③ Have you finish your homework?

④ Susan moved to Busan three years ago.

⑤ We won't go to the party tonight.

20 ① She's not in the living room.

② My father doesn't works at a hospital.

③ There aren't many people at the beach.

④ They don't do the dishes together.

⑤ I'm not going to go to bed early tonight.

[21-22] 다음 빈칸에 공통으로 들어갈 알맞은 말을 고르세요.

21
- _____ I ask you a question?
- _____ you speak a little bit louder?

① Will   ② Must   ③ Could

④ May   ⑤ Have to

22
- She cooked dinner _____ us.
- Thank you _____ your help.
- We'll stay here _____ two days.

① with   ② from   ③ in

④ of   ⑤ for

서술형

23 다음 우리말과 일치하도록 괄호 안의 말을 바르게 배열하여 문장을 완성하세요.

> 그녀의 남자친구는 그녀만큼 키가 크지 않다.
> (as, not, is, as, tall)

→ Her boyfriend _____ her.

24 다음 빈칸에 들어갈 전치사가 나머지와 <u>다른</u> 하나를 고르세요.

① Her son goes to school _____ bus.

② I booked the tickets _____ phone.

③ You have to do it _____ tomorrow.

④ They explored the cities _____ foot.

⑤ He purchased the book _____ credit card.

25 다음 [보기]의 밑줄 친 부분과 쓰임이 같은 것을 고르세요.

> [보기] The girl <u>dancing</u> on the stage is Sophia.

① The stars are <u>shining</u> brightly.
② She has a <u>broken</u> leg.
③ We are <u>making</u> something new.
④ The kitchen was <u>cleaned</u> by my wife.
⑤ They have <u>been</u> to Tokyo.

26 다음 빈칸에 들어갈 말이 바르게 짝지어진 것을 고르세요.

> • I'm going to be _____ minutes late.
> • I don't have _____ money with me.

① a few - much   ② a little - many
③ a few - many   ④ a little - a lot of
⑤ much - lots of

서술형

27 다음 [보기]에서 필요한 단어만을 써서 바르게 배열하세요.

> [보기]   very, than, much, more, faster

→ Generally, trains are _____

_____ cars or buses.

28 다음 빈칸에 들어갈 말이 바르게 짝지어진 것을 고르세요.

> • A huge shopping center will be _____ here.
> • When is she _____ to get up?

① built - go   ② built - going
③ build - going   ④ building - go
⑤ building - going

29 다음 밑줄 친 부분 중 생략할 수 <u>없는</u> 것을 고르세요.

① People <u>that</u> drink a lot of water are healthy.
② The team <u>that</u> I support won the game.
③ I think <u>that</u> you can do it better.
④ I believe <u>that</u> he told me the truth.
⑤ I remember the first film <u>that</u> we saw together.

서술형

30 다음 대화의 밑줄 친 부분 중 어법상 옳지 <u>않은</u> 것을 바르게 고쳐 쓰세요. (2개)

> A: What ⓐ <u>nice day</u> it is! Let's ⓑ <u>go</u> on a picnic.
> B: You don't work today, ⓒ <u>do you</u>?
> A: No, I don't. Today is a national holiday.
> B: How about ⓓ <u>go</u> to the park near my house?
> A: That sounds ⓔ <u>great</u>!

(1) _____ → _____
(2) _____ → _____

APPENDIX

불규칙 변화 동사표

현재	과거	과거분사
be (~이다, 있다)	was/were	been
beat (치다)	beat	beaten
become (되다)	became	become
begin (시작하다)	began	begun
bite (물다)	bit	bitten
blow (불다)	blew	blown
break (깨다)	broke	broken
bring (가져오다)	brought	brought
build (짓다)	built	built
burn (타다)	burnt/burned	burnt/burned
buy (사다)	bought	bought
catch (잡다)	caught	caught
choose (선택하다)	chose	chosen
come (오다)	came	come
cost (비용이 들다)	cost	cost
cut (자르다)	cut	cut
deal (다루다)	dealt	dealt
dive (뛰어들다)	dove/dived	dived
do (하다)	did	done
draw (그리다; 끌다)	drew	drawn
drink (마시다)	drank	drunk
drive (운전하다)	drove	driven
eat (먹다)	ate	eaten
fall (떨어지다)	fell	fallen

현재	과거	과거분사
feed (먹이다)	fed	fed
feel (느끼다)	felt	felt
fight (싸우다)	fought	fought
find (발견하다)	found	found
fit (꼭 맞다)	fit	fit
fly (날다)	flew	flown
forget (잊다)	forgot	forgotten
forgive (용서하다)	forgave	forgiven
freeze (얼다)	froze	frozen
get (얻다)	got	got/gotten
give (주다)	gave	given
go (가다)	went	gone
grow (자라다)	grew	grown
hang (걸다)	hung	hung
have (가지다)	had	had
hear (듣다)	heard	heard
hide (숨기다)	hid	hidden
hit (치다)	hit	hit
hold (잡다)	held	held
hurt (다치게 하다)	hurt	hurt
keep (유지하다)	kept	kept
know (알다)	knew	known
lay (놓다)	laid	laid
lead (이끌다)	led	led

현재	과거	과거분사
leave (떠나다)	left	left
lend (빌려주다)	lent	lent
let (시키다)	let	let
lie (눕다)	lay	lain
lose (잃다; 지다)	lost	lost
make (만들다)	made	made
mean (의미하다)	meant	meant
meet (만나다)	met	met
pay (지불하다)	paid	paid
put (놓다, 두다)	put	put
quit (그만두다)	quit/quitted	quit/quitted
read[riːd] (읽다)	read[red]	read[red]
ride (올라타다)	rode	ridden
ring (소리가 울리다)	rang	rung
rise (일어나다)	rose	risen
run (달리다)	ran	run
say (말하다)	said	said
see (보다)	saw	seen
sell (팔다)	sold	sold
send (보내다)	sent	sent
set (놓다)	set	set
shake (흔들다)	shook	shaken
shine (빛나다)	shone	shone
shoot (쏘다)	shot	shot

현재	과거	과거분사
show (보여주다)	showed	shown
shut (닫다)	shut	shut
sing (노래하다)	sang	sung
sink (가라앉다)	sank	sunk
sit (앉다)	sat	sat
sleep (자다)	slept	slept
slide (미끄러지다)	slid	slid
speak (말하다)	spoke	spoken
spend (소비하다)	spent	spent
spill (엎지르다)	spilt/spilled	spilt/spilled
spread (펴다)	spread	spread
stand (서 있다)	stood	stood
steal (훔치다)	stole	stolen
swim (수영하다)	swam	swum
swing (흔들다)	swung	swung
take (잡다)	took	taken
teach (가르치다)	taught	taught
tear (찢다)	tore	torn
tell (말하다)	told	told
think (생각하다)	thought	thought
throw (던지다)	threw	thrown
wear (입다)	wore	worn
weep (울다)	wept	wept
win (이기다)	won	won

지은이

NE능률 영어교육연구소

NE능률 영어교육연구소는 혁신적이며 효율적인 영어 교재를 개발하고
영어 학습의 질을 한 단계 높이고자 노력하는 NE능률의 연구조직입니다.

GRAMMAR ZONE 〈입문편〉

펴 낸 이	주민홍
펴 낸 곳	서울특별시 마포구 월드컵북로 396(상암동) 누리꿈스퀘어 비즈니스타워 10층 (주)NE능률 (우편번호 03925)
펴 낸 날	2017년 1월 5일 개정판 제1쇄 2024년 2월 15일 제21쇄
전 화	02 2014 7114
팩 스	02 3142 0356
홈페이지	www.neungyule.com
등록번호	제 1-68호
I S B N	979-11-253-1230-7 53740
정 가	11,000원

NE 능률

고객센터

교재 내용 문의 : contact.nebooks.co.kr (별도의 가입 절차 없이 작성 가능)
제품 구매, 교환, 불량, 반품 문의 : 02-2014-7114
☎ 전화문의는 본사 업무시간 중에만 가능합니다.

NE능률 교재 MAP

아래 교재 MAP을 참고하여 본인의 현재 혹은 목표 수준에 따라 교재를 선택하세요.
NE능률 교재들과 함께 영어실력을 쑥쑥~ 올려보세요!
MP3 등 교재 부가 학습 서비스 및 자세한 교재 정보는 www.nebooks.co.kr 에서 확인하세요.

초1-2	초3	초3-4	초4-5	초5-6
	그래머버디 1	그래머버디 2	그래머버디 3	Grammar Bean 3
	초등영어 문법이 된다 Starter 1	초등영어 문법이 된다 Starter 2	Grammar Bean 1	Grammar Bean 4
		초등 Grammar Inside 1	Grammar Bean 2	초등영어 문법이 된다 2
		초등 Grammar Inside 2	초등영어 문법이 된다 1	초등 Grammar Inside 5
			초등 Grammar Inside 3	초등 Grammar Inside 6
			초등 Grammar Inside 4	

초6-예비중	중1	중1-2	중2-3	중3
능률중학영어 예비중	능률중학영어 중1	능률중학영어 중2	Grammar Zone 기초편	능률중학영어 중3
Grammar Inside Starter	Grammar Zone 입문편	1316 Grammar 2	Grammar Zone 워크북 기초편	문제로 마스터하는 중학영문법 3
원리를 더한 영문법 STARTER	Grammar Zone 워크북 입문편	문제로 마스터하는 중학영문법 2	1316 Grammar 3	Grammar Inside 3
	1316 Grammar 1	Grammar Inside 2	원리를 더한 영문법 2	열중 16강 문법 3
	문제로 마스터하는 중학영문법 1	열중 16강 문법 2	중학영문법 총정리 모의고사 2	중학영문법 총정리 모의고사 3
	Grammar Inside 1	원리를 더한 영문법 1	쓰기로 마스터하는 중학서술형 2학년	쓰기로 마스터하는 중학서술형 3학년
	열중 16강 문법 1	중학영문법 총정리 모의고사 1	중학 천문장 3	
	쓰기로 마스터하는 중학서술형 1학년	중학 천문장 2		
	중학 천문장 1			

예비고-고1	고1	고1-2	고2-3	고3
문제로 마스터하는 고등영문법	Grammar Zone 기본편 1	필히 통하는 고등 영문법 실력편	Grammar Zone 종합편	
올클 수능 어법 start	Grammar Zone 워크북 기본편 1	필히 통하는 고등 서술형 실전편	Grammar Zone 워크북 종합편	
천문장 입문	Grammar Zone 기본편 2	TEPS BY STEP G+R Basic	올클 수능 어법 완성	
	Grammar Zone 워크북 기본편 2		천문장 완성	
	필히 통하는 고등 영문법 기본편			
	필히 통하는 고등 서술형 기본편			
	천문장 기본			

수능 이상/ 토플 80-89 · 텝스 600-699점	수능 이상/ 토플 90-99 · 텝스 700-799점	수능 이상/ 토플 100 · 텝스 800점 이상		
TEPS BY STEP G+R 1	TEPS BY STEP G+R 2	TEPS BY STEP G+R 3		

GRAMMAR ZONE

입문편

The Standard for English Grammar Books

NE능률 영어교육연구소
김진홍 한정은 박진향
정희은 이은비

총괄 TEST 2회 수록
www.nebooks.co.kr

ZONE

정답 및 해설

NE 능률

ZONE

입문편 | 정답 및 해설

01 문장 성분

EXERCISE

A

1 Jack(주어), works(동사) 2 Jenny(주어), is(동사) 3 People(주어), study(동사) 4 Dogs(주어), like(동사) 5 She(주어), lives(동사) 6 I(주어), play(동사) 7 Ms. Kim(주어), teaches(동사)

0 우리는 축구를 좋아한다.

1 잭은 박물관에서 일한다.

2 제니는 나의 가장 친한 친구이다.

3 사람들이 중국어를 공부한다.

4 개는 공을 좋아한다.

5 그녀는 뉴욕에 산다.

6 나는 매주 주말마다 컴퓨터 게임을 한다.

7 김 선생님은 학교에서 테니스를 가르치신다.

0~7 ▶ 문장에서 행동의 주체가 주어, 주어의 동작이나 상태를 나타내는 것이 동사이다. 주어는 주로 문장 맨 앞에 오며, 동사는 주어 뒤에 온다.

B

1 목적어 2 보어 3 목적어 4 보어 5 목적어 6 보어 7 보어

1 그는 누나들을 가지고 있다. (그는 누나들이 있다.)
  ▶ 동사 has의 목적어이다.

2 브라운 부인은 나이가 많다.
  ▶ 주어 Ms. Brown을 보충 설명하는 보어이다.

3 나는 우리 어머니를 사랑한다.
  ▶ 동사 love의 목적어이다.

4 우리는 학생이다.
  ▶ 주어 We를 보충 설명하는 보어이다.

5 아이들은 초콜릿을 좋아한다.
  ▶ 동사 like의 목적어이다.

6 그 컴퓨터는 비싸다.
  ▶ 주어 The computer를 보충 설명하는 보어이다.

7 너는 오늘 행복해 보인다.
  ▶ 주어 You를 보충 설명하는 보어이다.

C

1 new 2 well 3 together 4 big 5 at the park 6 loudly

1 나는 새 카메라가 필요하다.
  ▶ new는 명사 camera를 꾸며주는 수식어이다.

2 그는 바이올린을 잘 연주한다.
  ▶ well은 동사 plays를 꾸며주는 수식어이다.

3 그들은 함께 운동한다.
  ▶ together는 동사 exercise를 꾸며주는 수식어이다.

4 큰 눈사람을 만들자.
  ▶ big은 명사 snowman을 꾸며주는 수식어이다.

5 그녀는 그를 공원에서 만난다.
  ▶ at the park는 동사 meets를 꾸며주는 수식어이다.

6 그 선생님께서는 큰 소리로 말씀하신다.
  ▶ loudly는 동사 speaks를 꾸며주는 수식어이다.

D

1 수식어 2 보어, 수식어 3 동사, 목적어 4 목적어 5 보어 6 수식어, 수식어 7 주어, 동사

1 나는 오후 11시에 잠자리에 든다.
  ▶ at 11 p.m.은 동사 go를 꾸며주는 수식어이다.

2 나뭇잎들은 가을에 붉게 변한다.
  ▶ red는 주어 Leaves를 보충 설명하는 보어, in autumn은 동사 turn을 꾸며주는 수식어이다.

3 나의 부모님께서는 음악을 좋아하신다.
  ▶ like는 문장의 동사, music은 동사 like의 목적어이다.

4 나는 매일 아침을 먹는다.
  ▶ breakfast는 동사 have의 목적어이다.

5 그 영화는 흥미롭다.
  ▶ interesting은 주어 The movie를 보충 설명하는 보어이다.

6 그녀는 아침에 일찍 일어난다.
  ▶ early와 in the morning은 동사 gets up을 꾸며주는 수식어이다.

7 그는 화창한 날에 모자를 쓴다.
  ▶ He는 주어, wears는 동사이다.

E

1 kind 2 short 3 well 4 dark

1 그는 친절한 소년이다.
  ▶ kind는 명사 boy를 꾸며주는 수식어이다.

2 그 개는 짧은 다리를 가졌다.
  ▶ short는 명사 legs를 꾸며주는 수식어이다.

3 그녀는 영어를 잘 말한다.

▸ well은 동사 speaks를 꾸며주는 수식어이다.
4 이 방은 어둡다.
  ▸ dark는 주어 This room을 보충 설명하는 보어이다.

UNIT
02 품사, 구와 절

EXERCISE

A

1 동사	2 형용사	3 대명사	4 동사	5 명사	6 전치사
7 형용사	8 접속사	9 부사	10 동사

1 팔다   2 키가 큰
3 너   4 ~이 되다
5 펜   6 ~ 위에
7 아름다운   8 그러나
9 지금   10 자라다

B

1 good 2 about 3 because 4 cute 5 listen

1 주, 할머니, 좋은, 밤, 그림
  ▸ good은 형용사, 나머지는 명사이다.
2 ~에 관해, 보다, 잡다, 가르치다, 가다, 발견하다
  ▸ about은 전치사, 나머지는 동사이다.
3 ~하기 때문에, 따뜻한, 훌륭한, 특별한, 쉬운
  ▸ because는 접속사, 나머지는 형용사이다.
4 잘, 매우, 정말로, 귀여운, 영원히, 항상
  ▸ cute는 형용사, 나머지는 부사이다.
5 취미, 비행기, 산, 듣다, 집
  ▸ listen은 동사, 나머지는 명사이다.

C

1 smart 2 difficult 3 useful 4 old, new

1 민우는 아주 영리하다.
  ▸ smart는 보어로 쓰인 형용사이다.
2 수학은 어려운 과목이다.

▸ difficult는 명사 subject를 꾸며주는 형용사이다.
3 그 웹사이트는 학생들에게 유용하다.
  ▸ useful은 보어로 쓰인 형용사이다.
4 스티브는 낡은 차 한 대를 갖고 있다. 그는 새 차를 원한다.
  ▸ old와 new는 각각 바로 뒤의 명사 car를 꾸며주는
    형용사이다.

D

1 Actually, now 2 too, today 3 loudly 4 very, fast

1 사실, 나는 지금 바빠.
  ▸ Actually는 문장 전체를, now는 동사 am을 꾸며주는
    부사이다.
2 나는 오늘 너무 피곤하다.
  ▸ too는 형용사 tired를 꾸며주는 부사, today는 동사 am을
    꾸며주는 부사이다.
3 그 아기는 큰 소리로 운다.
  ▸ loudly는 동사 cries를 꾸며주는 부사이다.
4 그 말은 매우 빠르게 달린다.
  ▸ very는 부사 fast를, fast는 동사 runs를 꾸며주는 부사이다.

E

1 gift 2 sleep 3 about 4 favorite 5 and 6 He
7 quickly

1 이것은 라이언이 준 선물이다.
  ▸ 주어를 보충 설명하는 명사가 적절하다.
2 나는 토요일마다 늦잠을 잔다.
  ▸ 주어 바로 뒤이고 주어의 동작이나 상태를 설명하는 말이
    필요하므로 동사가 적절하다.
3 나는 항상 너에 대해 생각해.
  ▸ 명사나 대명사 앞에 붙어 여러 가지 뜻을 나타내는 전치사가
    적절하다.
4 내가 가장 좋아하는 음식은 피자이다.
  ▸ 명사 food를 꾸며주는 형용사가 적절하다.
5 나는 오빠들과 언니들이 있다.
  ▸ 명사 brothers와 sisters를 이어주는 접속사가 적절하다.
6 필은 나의 친구이다. 그는 기타 연주자이다.
  ▸ 앞 문장의 Phil을 대신하는 대명사가 적절하다.
7 그 강아지는 꼬리를 빠르게 흔든다.
  ▸ 동사 wags를 꾸며주는 부사가 적절하다.

F

1 그들은 이탈리아에 산다.
▶ 전치사와 명사로 이루어져 「주어 + 동사」가 없으므로 구이다.

2 나는 그 책이 재미있다고 생각한다.
▶ 「주어(the book) + 동사(is)」가 있으므로 절이다.

3 나는 내 노트북을 침대 밑에 둔다.
▶ 전치사와 명사로 이루어져 「주어 + 동사」가 없으므로 구이다.

4 길을 건너기 전에 양쪽을 보아라.
▶ 「주어(you) + 동사(cross)」가 있으므로 절이다.

5 그녀는 너무 어려서 우리와 함께 갈 수 없다.
▶ 「주어(she) + 동사(is)」가 있으므로 절이다.

G

1 (b) 2 (c) 3 (a)

1 그는 아프기 때문에 학교에 갈 수 없다.
▶ because he is sick은 앞 문장의 이유를 나타내는 부사절이다.

2 내 친구는 반짝이는 반지를 가지고 있다.
▶ that sparkles는 앞의 명사 a ring을 꾸며주는 형용사절이다.

3 나는 그 우유가 차갑다는 것을 안다.
▶ that the milk is cold는 앞의 동사 know의 목적어로 쓰인 명사절이다.

UNIT

03 명사

EXERCISE

A

1 trees 2 countries 3 deer 4 knives 5 roofs 6 teeth
7 heroes 8 addresses 9 boxes 10 wives 11 children
12 potatoes

1	나무	2	국가
3	사슴	4	칼
5	지붕	6	이, 치아
7	영웅	8	주소
9	상자	10	아내
11	아이	12	감자

1 ▶ 대부분 명사는 뒤에 -s를 붙여 복수형을 만든다.

2 ▶ 「자음 + y」로 끝나는 명사는 y를 i로 바꾸고 -es를 붙인다.

3 ▶ 단수형과 복수형의 형태가 같은 명사이다.

4, 5, 10 ▶ 「-f, -fe」로 끝나는 명사는 -f(e)를 -ves로 바꾸거나 예외적으로 -s를 붙인다.

6, 11 ▶ 불규칙 변화하는 명사이다.

7, 12 ▶ 「자음 + o」로 끝나는 명사는 -es를 붙인다.

8, 9 ▶ 「-s, -sh, -ch, -x」로 끝나는 명사는 -es를 붙인다.

B

1 ① 2 ④ 3 ④ 4 ③

1 ① 책상들 ② 꽃들 ③ 교사들 ④ 영화들
▶ ①은 [k]가 무성음이므로 [s], 나머지는 유성음 뒤의 -s이므로 [z]로 발음한다.

2 ① 다리들 ② 교회들 ③ 붓들 ④ 생명들
▶ ④는 [v]가 유성음이므로 [z], 나머지 [ʤ], [ʧ], [ʃ]로 끝나는 단어의 -es는 [iz]로 발음한다.

3 ① 피아노들 ② 컴퓨터들 ③ 연필들 ④ 상점들
▶ ④는 [p]가 무성음이므로 [s], 나머지는 유성음 뒤의 -s이므로 [z]로 발음한다.

4 ① 표들 ② 모자들 ③ 상들 ④ 바위들
▶ ③은 [d]가 유성음이므로 [z], 나머지는 무성음 뒤의 -s이므로 [s]로 발음한다.

C

1 U 2 C 3 C 4 C 5 C 6 U 7 C 8 U 9 U 10 U

1	물	2	자전거
3	건물	4	공책
5	카메라	6	행복
7	친구	8	우정
9	소금	10	눈

1, 9, 10 ▶ 정해진 모양이 없는 물질이므로 셀 수 없는 명사이다.

2, 3, 4, 5, 7 ▶ 셀 수 있는 명사이다.

6, 8 ▶ 추상적인 개념을 나타내므로 셀 수 없는 명사이다.

D

1 a student 2 books 3 a son 4 an orange, a piece of

1 수잔은 학생이다.
▶ student가 단수형이므로 앞에 a를 쓴다.

2 나는 가방에 두 권의 책이 있다.
- ▶ book 앞에 two가 있으므로 book의 복수형 books가 적절하다.

3 김 선생님은 아들 하나와 딸 둘이 있다.
- ▶ son이 단수형이므로 앞에 a를 쓴다.

4 나는 보통 점심으로 오렌지 하나와 빵 한 조각을 먹는다.
- ▶ orange는 단수형이고 발음이 모음으로 시작하므로 앞에 an을 쓴다. bread는 물질명사이며, 「단위 + of + 물질명사」의 형태로 양을 나타내므로 a piece of가 적절하다.

E

1 a cup of coffee	**2** a piece of paper
3 two glasses of milk	**4** three slices[pieces] of cheese

1 커피 한 잔
2 종이 한 장
3 우유 두 잔
4 치즈 세 조각

1~4 ▶ 물질명사는 단위를 써서 「단위 + of + 물질명사」의 형태로 양을 나타낸다. 복수를 나타낼 때는 단위 앞에 숫자를 쓰고 단위를 복수형으로 쓴다.

F

1 Korea	**2** two babies	**3** five tomatoes
4 three eggs	**5** two cups of tea	**6** an hour

1 나는 한국 출신이다.
- ▶ Korea는 고유한 이름을 나타내는 명사로 셀 수 없으므로 앞에 a를 붙이지 않는다.

2 그녀는 두 명의 아기가 있다.
- ▶ 「자음 + y」로 끝나는 명사의 복수형은 y를 i로 바꾸고 -es를 붙여서 만든다.

3 나는 다섯 개의 토마토를 가지고 있다.
- ▶ tomato의 복수형은 -es를 붙여서 만든다.

4 바구니에는 세 개의 달걀이 있다.
- ▶ egg 앞에 three가 있으므로 egg의 복수형 eggs를 쓴다.

5 제인은 저녁 식사 후에 두 잔의 차를 마신다.
- ▶ tea는 셀 수 없는 명사이므로 단위를 써서 양을 나타낸다. 복수를 나타낼 때는 단위를 복수형으로 쓰되, 물질명사는 복수형으로 쓰지 않는다.

6 그는 매일 한 시간 동안 춤을 춘다.
- ▶ hour는 발음이 모음으로 시작하므로 앞에 an을 쓴다.

EXERCISE

A

1 His **2** It **3** her **4** He **5** She **6** him **7** it **8** hers

1 테리는 차를 한 대 가지고 있다. 그의 차는 새것이다.
- ▶ 뒤에 명사가 나오므로 소유격 His를 쓴다.

2 나는 라디오 한 대가 있다. 그것은 내 방에 있다.
- ▶ a radio를 대신하는 대명사가 와야 하며, 주어 자리이므로 주격 It을 쓴다.

3 케이트는 내 여자친구다. 나는 그녀를 매일 본다.
- ▶ Kate를 대신하는 대명사가 와야 하며, 목적어 자리이므로 목적격 her를 쓴다.

4 그린 씨는 나의 영어 선생님이다. 그는 캐나다 출신이다.
- ▶ Mr. Green을 대신하는 대명사가 와야 하며, 주어 자리이므로 주격 He를 쓴다.

5 제니퍼는 나의 언니이다. 그녀는 매우 아름답다.
- ▶ Jennifer를 대신하는 대명사가 와야 하며, 주어 자리이므로 주격 She를 쓴다.

6 그는 내 친구이다. 나는 그와 모든 것을 공유한다.
- ▶ 전치사 with의 목적어 자리이므로 3인칭 단수 he의 목적격 him을 쓴다.

7 유진이와 나는 야구를 좋아한다. 우리는 공원에서 그것을 한다.
- ▶ baseball을 대신하는 대명사가 와야 하며, 목적어 자리이므로 목적격 it을 쓴다.

8 새라는 나의 전화번호를 안다. 하지만 나는 그녀의 것을 모른다. (나는 그녀의 전화번호를 모른다.)
- ▶ 뒤에 명사가 없으므로 「소유격 + 명사」의 역할을 하는 소유대명사 hers를 쓴다. (hers = Sarah's phone number)

B

1 Their **2** That **3** mine **4** These **5** Its **6** yours **7** This **8** It **9** They

1 그들의 모자는 검은색이다.
- ▶ 뒤에 명사 caps가 나오므로 소유격 Their가 적절하다.

2 저것은 나의 스쿨버스이다.
- ▶ 가리키는 대상(my school bus)이 단수이므로 That이 적절하다.

3 이 가방은 나의 것이 아니다. 나의 가방은 파란색이다.
- ▶ 뒤에 명사가 없으므로 「소유격 + 명사」의 역할을 하는

소유대명사 mine이 적절하다. (mine = my bag)

4 이 토끼들은 하얗다. 그들은 눈처럼 보인다.
   ▶ 뒤에 오는 명사 rabbits가 복수이므로 These가 적절하다.

5 나는 개가 한 마리 있다. 그것의 귀는 아주 크다.
   ▶ 뒤에 명사 ears가 나오므로 소유격 Its가 적절하다.

6 이것은 나의 책이다. 저 책은 너의 것이다.
   ▶ 뒤에 명사가 없으므로 「소유격 + 명사」의 역할을 하는
     소유대명사 yours가 적절하다. (yours = your book)

7 이 분은 나의 과학 선생님이다. 그는 친절하다.
   ▶ 가리키는 대상(my science teacher)이 단수이므로 This가
     적절하다.

8 그 아이들은 그 고양이를 좋아한다. 그것도 그들을 좋아한다.
   ▶ the cat을 대신하는 대명사가 와야 하며, 주어 자리이므로
     주격 It이 적절하다.

9 제이슨과 크리스는 나의 학급 친구들이다. 그들은 축구 팬이다.
   ▶ Jason and Chris를 대신하는 대명사가 와야 하며, 주어
     자리이므로 주격 They가 적절하다.

C

1 (c) 2 (d) 3 (b) 4 (a)

1 오늘은 무슨 요일이니? – (c) 토요일이야.
2 오늘은 며칠이니? – (d) 11월 16일이야.
3 몇 시니? – (b) 8시야.
4 날씨가 어떠니? – (a) 춥고 비가 와.
1~4 ▶ 요일, 날짜, 시간, 날씨 등을 나타낼 때 비인칭 주어 it을 쓴다.

D

| 1 These, books 2 This, a cat 3 These, pencils
4 That, a doll 5 Those, boxes |
| --- |

0 저것은 건물이다.
1 이것들은 책이다.
   ▶ 가까운 곳에 있는 대상이고 복수이므로 These를 쓴다.
2 이것은 고양이다.
   ▶ 가까운 곳에 있는 대상이고 단수이므로 This를 쓴다.
3 이것들은 연필이다.
   ▶ 가까운 곳에 있는 대상이고 복수이므로 These를 쓴다.
4 저것은 인형이다.
   ▶ 멀리 떨어진 곳에 있는 대상이고 단수이므로 That을 쓴다.
5 저것들은 상자이다.
   ▶ 멀리 떨어진 곳에 있는 대상이고 복수이므로 Those를 쓴다.

REVIEW TEST 01

| 1 ⑤ 2 ③ 3 ② 4 ③ 5 ② 6 ③ 7 ⑤ 8 ② 9 ④ 10 ④
11 ⑤ 12 ③ 13 ① 14 ② 15 ③ 16 ② 17 ② 18 ③ 19 ①
20 ⓒ photoes → photos 21 ⓓ She's → Her 22 ④
23 ② 24 ③ 25 ⑤ 26 ① 27 ③ 28 mouses → mice
29 (1) mine (2) my 30 (1) He (2) They |
| --- |

1 ① 큰 ② 어두운 ③ 인기 있는 ④ 나쁜 ⑤ 느리게
   ▶ ⑤는 부사이고, 나머지는 형용사이다.

2 ① ~이다 – 듣다   ② 개미 – 가방
   ③ 너무 – 좋은   ④ 그리고 – 또는
   ⑤ ~에(서) – ~에 관해
   ▶ ① 동사 ② 명사 ③ 부사 – 형용사 ④ 접속사 ⑤ 전치사

3 ① 난 괜찮아.
   ② 아침에
   ③ 그는 택시를 탄다.
   ④ 그녀가 바쁘기 때문에
   ⑤ 내가 숙제를 한 후에
   ▶ ②는 주어와 동사가 없으므로 구, ①과 ③은 문장, ④와 ⑤는
     절이다.

4 ① 바다 밑에
   ② 학교에 가는 것
   ③ 내가 내 방에 있을 때
   ④ 저녁을 먹은 후에
   ⑤ 아침에 일찍 일어나는 것
   ▶ ③은 주어(I)와 동사(am)가 있는 절, 나머지는 구이다.

5 [보기] 그들은 중학생들이다. (보어)
   ① 나의 여동생은 12살이다. (주어)
   ② 그녀는 매우 친절하다. (보어)
   ③ 나는 4층에서 일한다. (수식어)
   ④ 그녀는 커피를 즐긴다. (목적어)
   ⑤ 나는 새 휴대전화를 원한다. (목적어)

6 • 5시 30분이다.
   • 매우 춥다.
   ▶ 시간, 요일, 날씨, 명암, 거리 등을 나타낼 때 주어 자리에
     비인칭 주어 it을 쓴다.

7 A : 이것은 그의 공책이니?
   B : 응. 그것은 그의 것이야.
   ▶ 소유격과 소유대명사의 형태가 같은 것은 his이다.

8 ▶ ① citys → cities ③ sheeps → sheep
　　④ pianoes → pianos ⑤ foots → feet

9 ① 그녀는 결코 나를 보고 웃지 않는다.
　▶ 전치사 뒤에는 목적격을 쓴다. (my → me)
　② 너는 그를 몰라.
　▶ 동사 know의 목적어 자리이므로 목적격을 쓴다.
　　(he → him)
　③ 나는 그녀와 함께 쇼핑을 간다.
　▶ 전치사 뒤에는 목적격을 쓴다. (she → her)
　④ 그것은 그녀의 생각이다.
　⑤ 그는 영리하다.
　어휘 clever 영리한
　▶ 문장의 주어이므로 주격을 쓴다. (Him → He)

10 ① 나는 세 조각의 빵을 먹는다.
　▶ 빵은 물질명사이므로 piece, slice 등의 단위를 써서 양을
　　나타낸다. (three breads → three pieces[slices] of
　　bread)
　② 저것은 나의 책이다. / 또는 저것들은 나의 책들이다.
　▶ book이 단수이므로 This를 쓰거나, These에 맞추어 동사와
　　명사를 복수형으로 써야 한다. (These → This 또는 문장
　　전체를 These are my books.로 고침)
　③ 이것은 무겁다.
　▶ heavy는 형용사이므로 앞에 a(n)를 쓰지 않는다.
　　(a heavy → heavy)
　④ 나는 너의 헤어스타일이 싫다.
　⑤ 나는 두 자루의 연필이 있다.
　▶ 앞에 개수를 나타내는 숫자 two가 있으므로 명사를
　　복수형으로 써야 한다. (pencil → pencils)

11 ① 그는 매번 우리를 놀라게 한다.
　어휘 surprise 놀라게 하다
　▶ 동사 surprises의 목적어 자리이므로 목적격을 쓴다.
　　(our → us)
　② 그들은 잘생겼다.
　▶ 문장의 주어이므로 주격을 쓴다. (Their → They)
　③ 우리는 우리의 학교를 좋아한다.
　▶ 명사 school을 꾸며주므로 소유격을 쓴다. (ours → our)
　④ 우리와 그들은 회의가 있다.
　▶ 문장의 주어이므로 주격을 쓴다.
　　(Us and they → We and they)
　⑤ 우리는 그들의 노래를 좋아하지 않는다.

12 ① 지갑 ② 자동차 ③ 이, 치아 ④ 펜 ⑤ 토마토
　▶ ③ tooth의 복수형은 teeth이다.

13 루시와 나는 함께 배구를 한다.
　어휘 volleyball 배구
　▶ 1인칭 복수의 주격 대명사는 We이다.

14 너와 아이반은 좋은 친구이다.
　▶ 2인칭 복수의 주격 대명사는 You이다.

15 댄은 버스에서 음악을 듣는다.
　▶ Dan, music, bus가 명사이다. listen은 동사, to와 on은
　　전치사, the는 관사이다.

16 ▶ a는 셀 수 있는 명사 앞에 붙는다. money는 셀 수 없는
　　명사이므로 빈칸에 들어갈 수 없다.

17 ▶ 뒤에 나오는 be동사가 are이므로 복수명사가 들어가야 한다.
　　The book은 단수이므로 빈칸에 들어갈 수 없다.

18 ▶ 앞에 개수를 나타내는 숫자 five가 나오므로 셀 수 있는 명사
　　또는 「단위 + of + 물질명사」의 형태가 들어가야 한다. ice는
　　셀 수 없는 명사이므로 빈칸에 들어갈 수 없다.

19 ① 그것은 둥글다.
　② 월요일이다.
　③ 밝다.
　어휘 bright 밝은
　④ 바람이 분다.
　어휘 windy 바람 부는
　⑤ 8시이다.
　▶ ①의 It은 '그것'이라는 뜻의 인칭대명사이며, 나머지는 요일,
　　명암, 날씨, 시간 등을 나타낼 때 쓰는 비인칭 주어 It으로 따로
　　해석하지 않는다.

20 저것은 피터의 자전거이다. 그는 그것을 일주일에 한 번 탄다.
　그는 자기 휴대전화로 사진을 찍는다. 그리고 그는 그것들을 그의
　블로그에 올린다. 그것이 그가 가장 좋아하는 취미이다.
　어휘 upload 업로드하다
　▶ ⓒ photo의 복수형은 photos이다.
　　ⓑ it은 Peter's bike를, ⓓ them은 photos를 가리킨다.

21 이 사람은 나의 친구 제니이다. 우리는 같은 학교에 다닌다.
　그녀는 나에게 잘해 준다. 그녀의 미소 역시 멋지다. 나는 그녀를
　매우 좋아한다.
　▶ ⓓ 명사 smile을 꾸며주므로 3인칭 단수 소유격 Her가
　　적절하다.

22 ① 나는 뜨거운 물이 필요하다.
　② 이 이야기는 나를 행복하게 한다.

③ 나는 그것을 잘 알지 못한다.
④ 그녀는 예술가이다.
여휘 artist 예술가
⑤ 그는 여자친구를 가지고 있다. (그는 여자친구가 있다.)
▶ ④는 보어이고, 나머지는 목적어이다.

23 ① 나는 시간이 많다.
② 나는 두 그루의 나무를 심는다.
③ 나는 고양이 세 마리를 가지고 있다. (나는 고양이 세 마리가 있다.)
④ 나는 따뜻한 모자를 원한다.
여휘 warm 따뜻한
⑤ 나는 매일 두 조각의 빵을 먹는다.
▶ ② 앞에 개수를 나타내는 숫자 two가 나오므로 명사를 복수형으로 써야 한다. (tree → trees)

24 ① 나는 매일 여덟 잔의 물을 마신다.
② 나는 종이 한 장이 필요하다.
③ 테이블 위에 두 캔의 맥주가 있다.
④ 나는 치즈 한 조각을 원한다.
⑤ 그는 아침에 커피 두 잔을 마신다.
▶ ③ 물질명사는 「단위 + of + 물질명사」를 써서 양을 나타내는데, 복수를 나타낼 때는 단위를 복수형으로 쓰고 물질명사는 단수형으로 쓴다. (two can of beers → two cans of beer)

25 그는 학교에서 그의 친구들을 만난다.
▶ 수식어가 들어갈 자리이므로 ⑤ at school(학교에서)이 적절하다.

26 나는 크리스마스를 위해 양초를 만든다.
▶ 동사 make의 목적어가 필요한 자리이므로 명사인 ① candles(양초)가 적절하다.

27 ① 나는 귀여운 인형을 가지고 있다.
② 너는 사랑스러운 소녀이다.
여휘 lovely 사랑스러운
③ 나는 네 목소리가 아주 잘 들려.
④ 레오는 매우 강한 소년이다.
⑤ 데이비드는 유명한 운동선수이다.
여휘 famous 유명한
▶ ③ well은 동사를 꾸며주는 부사, 나머지는 명사를 꾸며주는 형용사이다.

28 빨간 상자에 한 마리의 쥐가 있다. 그리고 파란 상자에는 세 마리의 쥐들이 있다.
▶ 쥐가 세 마리이므로 복수형을 써야 하며, mouse의 복수형은 mice이다.

29 A : 미셸, 이것은 너의 펜이니?
B : 아니, 그것은 나의 것이 아니야.
A : 저것이 너의 것이니?
B : 응. 저것이 나의 펜이야.
▶ (1)은 뒤에 명사가 없으므로 소유대명사, (2)는 뒤에 명사가 있으므로 소유격이 적절하다. 1인칭 단수(I)의 소유대명사는 mine, 소유격은 my이다.

30 (1) 이 사람은 내 친구 톰이야. 그는 매우 친절해.
(2) 그 사진들 좀 봐. 그것들은 멋져 보여.
▶ 3인칭 단수의 주격 대명사(남성)는 He, 3인칭 복수의 주격 대명사는 They이다.

05 be동사 I

EXERCISE

A

1 is, It's, 그것은 재미있다.
2 are, They're, 그것들은 내 인형들이다.
3 are, You're, 너는 나의 영웅이다.
4 am, I'm, 나는 정말 슬프다.
5 are, We're, 우리는 공원에 있다.
6 is, She's, 그녀는 현명한 소녀이다.

B

1 is 2 am 3 are 4 is 5 is 6 is 7 are 8 is 9 are
10 are

1 토니는 열세 살이다.
▶ Tony는 3인칭 단수이므로 is가 적절하다.
2 나는 토니의 친구이다.
▶ I는 1인칭 단수이므로 am이 적절하다.
3 토니와 나는 아주 친하다.
▶ Tony and I는 1인칭 복수이므로 are가 적절하다.
4 벽에 세계지도가 있다.
▶ 주어가 a world map으로 단수이므로 is가 적절하다.
5 이 책은 정말 재미있다.

▶ This book은 3인칭 단수이므로 is가 적절하다.

6 그것은 내가 매우 좋아하는 TV 프로그램이다.
　▶ It은 3인칭 단수이므로 is가 적절하다.

7 침대 밑에 두 마리의 강아지가 있다.
　▶ 주어가 two dogs로 복수이므로 are가 적절하다.

8 그레이스는 전임 회장이다.
　▶ Grace는 3인칭 단수이므로 is가 적절하다.

9 그들은 새로운 극장에 있다.
　▶ They는 3인칭 복수이므로 are가 적절하다.

10 너(희)는 매우 똑똑하다.
　▶ You는 2인칭이므로 are가 적절하다.

C

1 is　2 I'm[I am]　3 (1) are (2) They're[They are]
4 (1) You're[You are] (2) There's[There is]

1 ▶ Seoul이 3인칭 단수이므로 동사 is를 쓴다.
2 ▶ 주어와 동사가 필요하므로 I와 1인칭 단수 동사인 am을 쓴다.
3 ▶ (1) These watches가 3인칭 복수이므로 동사 are를 쓴다.
　 (2) 주어와 동사가 필요하므로 3인칭 복수 They와 복수 동사 are를 쓴다.
4 ▶ (1) 주어와 동사가 필요하므로 2인칭 복수 You(너희들)와 복수 동사 are를 쓴다.
　 (2) '~이 있다'라는 뜻이고, 주어인 a baby가 단수이므로 There's[There is]를 쓴다.

D

1 ⓔ are　2 ⓑ Its

1 화분에 꽃 한 송이가 있다. 그 꽃은 제비꽃이다. 두 마리의 나비가 그 위에 있다. 그들의 날개는 노랗고 까맣다.
　▶ ⓔ 주어 Their wings가 복수이므로 are를 쓴다.
2 탁자 위에 책 한 권이 있다. 그것의 제목은 〈백설공주〉다. 백설공주는 한 공주의 이름이다. 그녀의 머리는 까맣다.
　▶ ⓑ '그것의'라는 뜻이므로 대명사 It의 소유격 Its를 써야 한다. 주어는 Its title, 동사는 is이다.

06 be동사 II

EXERCISE

A

1 (1) Emma isn't[is not] kind. (2) Is Emma kind?
2 (1) There aren't[are not] a lot of tourists in Seoul.
　(2) Are there a lot of tourists in Seoul?
3 (1) I'm[I am] not good at sports.
　(2) Am I good at sports?
4 (1) There isn't[is not] a glass of juice on the desk.
　(2) Is there a glass of juice on the desk?
5 (1) George and Jessica aren't[are not] friends.
　(2) Are George and Jessica friends?

1 엠마는 친절하다.
　(1) 엠마는 친절하지 않다.
　(2) 엠마는 친절하니?
2 서울에는 관광객이 많다.
　(1) 서울에는 관광객이 많지 않다.
　(2) 서울에는 관광객이 많니?
3 나는 스포츠를 잘한다.
　(1) 나는 스포츠를 잘하지 못한다.
　(2) 나는 스포츠를 잘하니?
4 책상 위에 주스 한 잔이 있다.
　(1) 책상 위에는 주스 한 잔이 없다.
　(2) 책상 위에 주스 한 잔이 있니?
5 조지와 제시카는 친구이다.
　(1) 조지와 제시카는 친구가 아니다.
　(2) 조지와 제시카는 친구니?
1, 3, 5 ▶ be동사가 있는 문장의 부정문은 be동사 뒤에 not을 써서 만들고, 의문문은 주어와 be동사의 자리를 바꿔서 만든다.
2, 4 ▶ 「There is[are] ~」의 부정문은 is[are] 뒤에 not을 써서 만들고, 의문문은 There와 is[are]의 자리를 바꿔서 만든다.

B

1 (d), am not　2 (f), are　3 (c), is　4 (b), aren't
5 (e), isn't　6 (a), are

1 너는 그의 여자친구이니? – (d) 아니, 난 아니야.
　▶ 상대방이 나에 관해 물어보고 있으므로, 대답의 주어는 I가 된다.
2 내 말이 맞지? – (f) 응, 맞아.
　▶ 상대방에게 자신에 관해 확인하고 있으므로, 대답의 주어는

you가 된다.

3 샘은 스미스 씨의 아들이니? - (c) 응, 맞아.
  ▸ Sam은 남자를 가리키는 3인칭 단수이므로, 대답의 주어는
    he가 된다.

4 그 책들은 너의 것이니? - (b) 아니, 그렇지 않아.
  ▸ the books는 3인칭 복수이므로, 대답의 주어는 they가 된다.

5 그것이 너의 전화번호이니? - (e) 아니, 그렇지 않아.
  ▸ it은 3인칭 단수이므로, 대답의 주어도 it이 된다.

6 너와 내가 주연 배우이니? - (a) 응, 맞아.
  ▸ you and I는 1인칭 복수이므로, 대답의 주어는 we가 된다.

1~6 ▸ 대답이 Yes일 경우 「Yes, 주어(대명사) + be동사.」로, No일
     경우 「No, 주어(대명사) + be동사 + not.」으로 답한다.

C

1 No, there aren't[are not]. 2 Yes, she is.
3 Yes, they are. 4 Yes, there are.
5 No, they aren't[are not]. 6 No, I'm[I am] not.

1 A: 하늘에 구름이 있니? B: 아니, 없어.
2 A: 메이링은 중국에서 왔니? B: 응, 맞아.
3 A: 그들은 쌍둥이니? B: 응, 맞아.
4 A: 바닥에 장난감들이 있니? B: 응, 있어.
5 A: 그 어린이들은 배고파하니? B: 아니, 그렇지 않아.
6 A: 너 오늘 괜찮니? B: 아니, 괜찮지 않아.

D

1 Is it a true story
2 Jin-woo isn't at school
3 Is she afraid of snakes
4 There are not any windows in this room

1, 3 ▸ 의문문이므로 「be동사 + 주어 ~?」의 형태가 되어야 한다.
2   ▸ 부정문이므로 「주어 + be동사 + not ~」의 형태가 되어야
      한다.
4   ▸ 「There is[are] ~」의 부정문은 be동사 뒤에 not을 써서
      만든다. 주어 any windows 뒤에 수식어 in this room을
      붙인다.

EXERCISE

A

1 is 2 likes 3 need 4 wears
5 are 6 swim 7 go 8 watch

1 그녀는 나에게 친절하다.
  ▸ 형용사 nice 앞에는 be동사를 쓴다.

2 나의 토끼는 당근을 좋아한다.
  ▸ 주어 My rabbit이 3인칭 단수이므로 동사 뒤에 -(e)s를
    붙인다.

3 나는 새로운 펜이 필요하다.
  ▸ 주어 I가 1인칭이므로 동사원형을 쓴다.

4 브라운 씨는 직장에서 넥타이를 맨다.
  ▸ 주어 Mr. Brown이 3인칭 단수이므로 동사 뒤에 -(e)s를
    붙인다.

5 바구니에는 복숭아들이 있다.
  ▸ '~이 있다'라는 뜻의 「There is[are] ~」 구문은 be동사를 쓴다.

6 네이트와 나는 수영을 잘한다.
  ▸ 주어 Nate and I가 복수이므로 동사원형을 쓴다.

7 테드와 그의 형은 버스로 학교에 간다.
  ▸ 주어 Ted and his brother가 복수이므로 동사원형을 쓴다.

8 우리는 매일 TV를 본다.
  ▸ 주어 We가 복수이므로 동사원형을 쓴다.

B

1 gets 2 makes 3 helps 4 wake 5 have 6 brush

1 우리 엄마는 아침에 일찍 일어나신다.
  ▸ 주어 My mom이 3인칭 단수이므로 동사 뒤에 -(e)s를
    붙인다.

2 그녀는 매일 아침에 아침 식사를 만드신다.
  ▸ 주어 She가 3인칭 단수이므로 동사 뒤에 -(e)s를 붙인다.

3 우리 아빠는 엄마를 도우신다.
  ▸ 주어 My dad가 3인칭 단수이므로 동사 뒤에 -(e)s를 붙인다.

4 그리고 나서 엄마와 아빠는 나를 깨우신다.
  ▸ 주어 my mom and dad가 복수이므로 동사원형을 쓴다.

5 우리는 함께 아침을 먹는다.
  ▸ 주어 We가 복수이므로 동사원형을 쓴다.

6 식사 후에 나는 항상 이를 닦는다.
  ▸ 주어 I가 1인칭이므로 동사원형을 쓴다.

C

1 am **2** sleep **3** hates **4** follows **5** learns

1 나는 배가 고프다.
  ▶ 형용사 hungry 앞에 올 수 있는 것은 be동사이며, I와 함께
    쓰이는 be동사는 am이다.
2 개구리들은 겨울 동안 잠을 잔다.
  ▶ 주어 Frogs는 복수이므로 동사원형을 쓴다.
3 그는 벌레를 매우 싫어한다.
  ▶ 주어 He는 3인칭 단수이므로 -(e)s를 붙인다.
4 내 강아지는 어디든지 나를 따라다닌다.
  ▶ 주어 My dog는 3인칭 단수이므로 -(e)s를 붙인다.
5 에밀리는 학교에서 중국어를 배운다.
  ▶ 주어 Emily는 3인칭 단수이므로 -(e)s를 붙인다.

D

1 are, design **2** are, bake **3** is, reports

0 나는 버스 운전기사이다. 나는 버스를 운전한다.
  ▶ 주어 I가 1인칭 단수이므로 be동사는 am을 쓰고 일반동사는
    동사원형을 쓴다.
1 그들은 디자이너이다. 그들은 옷을 디자인한다.
  ▶ 주어 They는 3인칭 복수이므로 be동사는 are를 쓰고
    일반동사는 동사원형을 쓴다.
2 우리는 제빵사이다. 우리는 케이크와 쿠키를 굽는다.
  ▶ 주어 We는 복수이므로 be동사는 are를 쓰고 일반동사는
    동사원형을 쓴다.
3 그녀는 뉴스 기자이다. 그녀는 뉴스를 보도한다.
  ▶ 주어 She는 3인칭 단수이므로 be동사는 is를 쓰고 일반동사
    뒤에는 -(e)s를 붙인다.

E

ⓐ is ⓑ lives ⓒ is ⓓ enjoys
ⓔ love ⓕ practice ⓖ are

안녕. 만나서 반가워. 내 이름은 루시야. 이 사람은 내 친구 크리스야.
그는 우리 집 옆에 살아. 크리스는 나의 가장 친한 친구야. 그는
축구를 즐겨. 나도 축구를 아주 좋아해. 우리는 방과 후에 축구를
연습해. 크리스와 나는 정말 좋은 친구야.

ⓐ, ⓒ ▶ 주어 This와 Chris가 3인칭 단수이므로 be동사는 is를
    쓴다.
ⓑ, ⓓ ▶ 주어 He가 3인칭 단수이므로 일반동사 뒤에 -(e)s를 붙인다.
ⓔ, ⓕ ▶ 주어 I와 We가 1인칭이므로 일반동사는 동사원형을 쓴다.
ⓖ ▶ 주어 Chris and I가 복수이므로 be동사는 are를 쓴다.

UNIT
08 일반동사 II

EXERCISE

A

1 doesn't **2** isn't **3** don't **4** isn't **5** don't

1 빌은 TV를 보지 않는다.
  ▶ 주어 Bill이 3인칭 단수이므로 부정문은 「주어 + doesn't
    [does not] + 동사원형 ~.」이다.
2 그녀는 나의 여자친구가 아니다.
  ▶ 문맥상 '~이다'라는 뜻의 be동사가 적절하다. 일반동사의
    부정문의 경우 doesn't 뒤에 동사원형이 온다.
3 나는 온라인으로 책을 사지 않는다.
  ▶ 뒤에 일반동사가 있으므로 부정문은 「주어 + don't[do not]
    + 동사원형 ~.」이다.
4 너의 지갑은 책상 위에 있지 않다.
  ▶ be동사의 부정형은 be동사 바로 뒤에 not을 붙인 형태이다.
5 그 아이들은 부모의 말을 듣지 않는다.
  ▶ 주어 The children이 3인칭 복수이므로 부정문은 「주어 +
    don't[do not] + 동사원형 ~.」이다.

B

1 Does **2** Do **3** Does **4** Do

1 그녀는 저 집에 사니?
2 그들은 불쌍한 사람들을 돕니?
3 톰은 첼로 레슨을 받니?
4 너는 내 전화번호를 아니?
1, 3 ▶ 주어가 3인칭 단수일 때 일반동사의 의문문은 「Does + 주어
    + 동사원형 ~?」이다.
2, 4 ▶ 주어가 3인칭 단수가 아닐 때 일반동사의 의문문은 「Do +
    주어 + 동사원형 ~?」이다.

C

1 Do you have a new cell phone?
2 The river doesn't[does not] flow through the city.
3 Mike and I don't[do not] play basketball.
4 Does the dress look beautiful?
5 Mary doesn't[does not] keep a diary.

6 He and his son don't[do not] look alike.
7 Do bats hunt for food at night?

1 너는 새로운 휴대전화가 있다.
→ 너는 새로운 휴대전화가 있니?
2 그 강은 그 도시를 통해 흐른다.
→ 그 강은 그 도시를 통해 흐르지 않는다.
3 마이크와 나는 농구를 한다.
→ 마이크와 나는 농구를 하지 않는다.
4 그 드레스는 아름다워 보인다.
→ 그 드레스는 아름다워 보이니?
5 메리는 일기를 쓴다.
→ 메리는 일기를 쓰지 않는다.
6 그와 그의 아들은 비슷해 보인다. (그와 그의 아들은 닮았다.)
→ 그와 그의 아들은 비슷해 보이지 않는다. (그와 그의 아들은 닮지 않았다.)
7 박쥐들은 밤에 식량을 사냥한다.
→ 박쥐들은 밤에 식량을 사냥하니?

1, 7 ▶ 주어가 3인칭 단수가 아닐 때 일반동사의 의문문은 「Do + 주어 + 동사원형 ~?」이다.
2, 5 ▶ 주어가 3인칭 단수일 때 일반동사의 부정문은 「주어 + doesn't[does not] + 동사원형 ~.」이다.
3, 6 ▶ 주어가 3인칭 단수가 아닐 때 일반동사의 부정문은 「주어 + don't[do not] + 동사원형 ~.」이다.
4 ▶ 주어가 3인칭 단수일 때 일반동사의 의문문은 「Does + 주어 + 동사원형 ~?」이다.

D

1 No, they aren't[are not]. **2** Yes, it does.
3 Yes, it does. **4** No, I don't[do not].

1 A : 그 책들은 가방 속에 있니?
B : 아니, 그렇지 않아.
▶ be동사의 의문문에 대한 부정의 대답은 「No, 주어(대명사) + be동사 + not.」인데, the books를 가리키는 주어 they가 3인칭 복수이므로 aren't[are not]를 쓴다.
2 A : 그것은 바나나를 좋아하니?
B : 응, 좋아해.
▶ 일반동사 의문문에 대한 긍정의 대답은 「Yes, 주어(대명사) + do[does].」인데, 주어 it이 3인칭 단수이므로 does를 쓴다.
3 A : 그 집에는 수영장이 있니?
B : 응, 있어.
▶ 일반동사 의문문에 대한 긍정의 대답은 「Yes, 주어(대명사) + do[does].」인데, the house를 가리키는 주어 it이 3인칭 단수이므로 does를 쓴다.
4 A : 너는 공포 영화를 안 즐기니?

B : 응, 즐기지 않아.
▶ 일반동사 의문문에 대한 부정의 대답은 「No, 주어(대명사) + don't[doesn't].」인데, 주어 I가 1인칭 단수이므로 don't[do not]를 쓴다. 부정의문문은 대답의 내용이 긍정이면 Yes, 부정이면 No로 답한다.

E

1 I don't[do not] have a cat.
2 Does it have strong legs?
3 He doesn't[does not] believe it.
4 Do you do your homework alone?
5 Doesn't she live with her parents?

1 나는 고양이가 없다.
▶ have가 일반동사이고 주어 I가 1인칭이므로 부정문은 「주어 + don't[do not] + 동사원형 ~.」의 형태가 되어야 한다. (not have → don't[do not] have)
2 그것은 튼튼한 다리를 갖고 있니?
▶ has가 일반동사이고 주어 it이 3인칭 단수이므로 의문문은 「Does + 주어 + 동사원형 ~?」의 형태가 되어야 한다. (Do it has → Does it have)
3 그는 그것을 믿지 않는다.
▶ believe가 일반동사이고 주어 He가 3인칭 단수이므로 부정문은 「주어 + doesn't[does not] + 동사원형 ~.」의 형태가 되어야 한다. (don't believe → doesn't[does not] believe)
4 너는 혼자서 숙제를 하니?
▶ do one's homework는 '숙제를 하다'라는 뜻으로 여기서 do는 일반동사로 쓰였다. 주어 you가 2인칭이므로 의문문은 「Do + 주어 + 동사원형 ~?」의 형태가 되어야 한다. (Do you your → Do you do your)
5 그녀는 부모님과 살지 않니?
▶ lives가 일반동사이고 주어 she가 3인칭 단수이므로 부정의문문은 「Doesn't + 주어 + 동사원형 ~?」의 형태가 되어야 한다. (Does she not lives → Doesn't she live)

09 의문사가 있는 의문문

EXERCISE

A

> 1 (d) 2 (a) 3 (e) 4 (b) 5 (g) 6 (f) 7 (c)

1 너는 규칙적으로 운동을 하니? – (d) 응, 해.
2 너는 어떤 운동을 하니? – (a) 나는 줄넘기를 해.
3 너는 어디서 운동을 하니? – (e) 집 근처 공원에서.
4 너는 언제 운동을 하니? – (b) 매일 아침에.
5 너는 하루에 얼마나 오래 운동을 하니? – (g) 30분 동안.
6 누가 너와 함께 운동을 하니? – (f) 나의 아버지가 하셔.
7 너는 왜 운동을 하니? – (c) 왜냐하면 건강에 좋기 때문이야.

B

> 1 Whose 2 Why 3 When 4 Where 5 How

1 A: 이것은 <u>누구의</u> 가방이니? B: 그것은 그녀의 것이야.
   ▶ hers라는 소유대명사로 대답하고 있으므로, '누구의(소유격)' 라는 뜻의 의문사 Whose가 적절하다.
2 A: 줄리는 왜 그렇게 슬프니?
   B: 그녀의 고양이가 아프기 때문이야.
   ▶ 이유를 묻는 의문문이므로 의문사 Why가 적절하다.
3 A: 너의 생일은 언제니? B: 10월 4일이야.
   ▶ 날짜를 묻는 의문문이므로 의문사 When이 적절하다.
4 A: 박 씨는 <u>어디에서</u> 일하니? B: 그는 은행에서 일해.
   ▶ 장소를 묻는 의문문이므로 의문사 Where가 적절하다.
5 A: 이 목걸이는 <u>얼마</u>입니까? B: 50달러입니다.
   ▶ 가격을 물어보고 있으므로, 「how + 형용사」를 써야 한다.

C

> 1 Why do they need
> 2 When does he take
> 3 Who cleans
> 4 many computers do you have
> 5 Where does she borrow

1 ▶ 이유를 물어보는 것이므로 의문사 Why를 쓰며, 주어 they가 3인칭 복수이므로 「Why + do + 주어 + 동사원형 ~?」의 형태로 쓴다.
2 ▶ 시간을 물어보는 것이므로 의문사 When을 쓰며, 주어 he가

3인칭 단수이므로 「When + does + 주어 + 동사원형 ~?」의 형태로 쓴다.
3 ▶ 행동을 한 사람을 물어보는 것이므로 의문사 Who를 쓰며, Who가 주어이므로 「Who + 동사 ~?」의 형태로 쓴다. 주어로 쓰인 의문사는 3인칭 단수 취급한다.
4 ▶ 셀 수 있는 명사의 수를 물어보는 것이므로 How many를 쓰며, 주어가 2인칭 단수 you이므로 「How many + 셀 수 있는 명사의 복수형 + do + 주어 + 동사원형 ~?」의 형태로 쓴다.
5 ▶ 장소를 물어보는 것이므로 의문사 Where를 쓰며, 주어 she가 3인칭 단수이므로 「Where + does + 주어 + 동사원형 ~?」의 형태로 쓴다.

D

> 1 He works at a[the] supermarket.
> 2 Eva works with Tim[him]. 또는 Eva does.
> 3 No, he doesn't.
> 4 It's[It is] green.
> 5 There are ten apples.

1 팀은 어디에서 일하니? → 그는 슈퍼마켓에서 일해.
2 누가 팀과 함께 일하니? → 에바가 (팀과[그와] 함께) 일해.
3 팀은 모자를 쓰지 않니? → 응, 쓰지 않아.
4 팀의 셔츠는 무슨 색이니? → 초록색이야.
   ▶ what + 명사: 무슨 ~
5 몇 개의 사과가 있니? → 10개의 사과가 있어.
   ▶ how many + 셀 수 있는 명사의 복수형: 몇 개(의) ~
1, 2, 4, 5 ▶ 의문사가 있는 의문문에는 물어본 내용에 대해 구체적으로 답해야 한다.
3 ▶ 의문사가 없는 의문문에는 Yes 또는 No를 써서 답한다. 부정의문문이고 대답의 내용이 부정이므로 No로 대답한다.

E

> 1 Why do you hate math?
> 2 Where does he practice the piano?
> 3 Which size do you wear, two or three?
> 4 Where is your umbrella?
> 5 Who visits your blog?

1 너는 왜 수학을 싫어하니?
   ▶ 주어가 you이고, 의미상 일반동사 hate가 문장의 동사이므로 「의문사 + do + 주어 + 동사원형 ~?」의 형태가 되어야 한다. (are you → do you)
2 그는 어디에서 피아노를 연습하니?
   ▶ 일반동사의 의문문에 의문사가 있으면 의문사를 문장 맨 앞에

쓴다. (Does ... where? → Where does ...?)

3 당신은 2와 3 중에 어느 사이즈를 입습니까?
▶ 정해진 범위 안에서 선택할 때는 '어느 ~'라는 뜻의 「which +
명사」를 쓴다. (How size → Which size)

4 너의 우산은 어디에 있니?
▶ be동사의 의문문에 의문사가 있을 경우 「의문사 + be동사 +
주어 ~?」의 형태가 되어야 한다. (Where your umbrella
is? → Where is your umbrella?)

5 누가 너의 블로그를 방문하니?
▶ 의문사가 문장의 주어일 때는 「의문사 + 동사 ~?」 형태로
쓰며, 이때 주어는 3인칭 단수 취급한다. (Who does visit →
Who visits)

EXERCISE

A

1 I(주어), go(동사) 2 Babies(주어), sleep(동사) 3 The
movie(주어), starts(동사) 4 This plant(주어), grows(동사)
5 He(주어), plays(동사) 6 This train(주어), doesn't stop(동사)

0 그 책은 슬프게 끝난다.
1 나는 버스로 학교에 간다.
2 아기들은 종일 잔다.
3 그 영화는 7시에 시작한다.
4 이 식물은 아주 빨리 자란다.
5 그는 일이 끝난 후에 자기 아들과 논다.
6 이 열차는 다음 역에서 멈추지 않는다.
0~6 ▶ 보통 주어가 문장의 제일 앞에, 동사가 그다음에 온다.

B

1 buy(동사), books(목적어) 2 keeps(동사), a diary(목적어)
3 makes(동사), a strange noise(목적어) 4 meet(동사),
them(목적어) 5 drink(동사), three cups of coffee(목적어)
6 play(동사), soccer(목적어)

0 나는 새 휴대전화가 필요하다.
1 많은 사람들이 온라인으로 책을 산다.

▶ online은 수식어이다.
2 리지는 일기를 쓴다.
3 그 차는 이상한 소리를 낸다.
4 나는 그들을 일요일마다 만난다.
▶ on Sundays는 수식어이다.
5 나는 매일 커피 세 잔을 마신다.
▶ every day는 수식어이다.
6 내 형과 나는 함께 축구를 한다.
▶ together는 수식어이다.
0~6 ▶ 보통 동사는 주어 뒤에, 목적어는 동사 바로 뒤에 온다.

C

1 brings(동사), me(간접목적어), good luck(직접목적어)
2 teach(동사), my sister(간접목적어), math and science
(직접목적어) 3 don't buy(동사), my son(간접목적어),
expensive shoes(직접목적어) 4 lends(동사), me(간접목적어),
his comic books(직접목적어) 5 makes(동사), me(간접목적어),
coffee(직접목적어) 6 give(동사), me(간접목적어), ten dollars
(직접목적어)

0 수는 항상 나에게 거짓말을 한다.
▶ always는 수식어이다.
1 이 목걸이는 나에게 행운을 가져다준다.
2 나는 내 여동생에게 수학과 과학을 가르친다.
3 나는 나의 아들에게 값비싼 신발을 사 주지 않는다.
4 팀은 때때로 나에게 자신의 만화책을 빌려준다.
▶ sometimes는 수식어이다.
5 나의 남편은 점심 식사 후에 나에게 커피를 만들어 준다.
▶ after lunch는 수식어이다.
6 나의 부모님은 매주 나에게 10달러를 주신다.
▶ every week는 수식어이다.
0~6 ▶ '주다'라는 뜻이 있는 수여동사 뒤에는 '누구에게'에 해당하는
간접목적어와 '무엇을'에 해당하는 직접목적어가 순서대로
이어진다.

D

1 exercises 2 reads 3 brings her cat milk 4 eats an
apple

1 수아는 매일 아침 운동한다.
2 그녀는 책을 읽는다.
3 그녀는 고양이에게 우유를 가져다준다.
4 그녀는 아침 식사로 사과 한 개와 토스트를 먹는다.
1 ▶ 「주어 + 동사」의 형태가 되어야 한다.
2, 4 ▶ 「주어 + 동사 + 목적어」의 형태가 되어야 한다.

3 ▶ 「주어 + 동사 + 간접목적어(~에게) + 직접목적어(~을)」의 형태가 되어야 한다.

E

1 You sing very well 2 He doesn't believe the truth
3 carries books in her bag
4 Chris asks his brother many questions

1 ▶ 「주어 + 동사」의 형태가 되어야 한다. very well은 수식어로 그 뒤에 온다.
2 ▶ 「주어 + 동사 + 목적어」의 형태가 되어야 한다.
3 ▶ 「주어 + 동사 + 목적어」의 형태가 되어야 한다. in her bag은 수식어로 그 뒤에 온다.
4 ▶ 「주어 + 동사 + 간접목적어(~에게) + 직접목적어(~을)」의 형태가 되어야 한다.

UNIT

11 동사와 목적어·보어 Ⅱ

EXERCISE

A

1 my sister 2 great 3 false 4 best friends 5 angry

0 나는 오늘 피곤하다.
1 그녀는 나의 여동생이 아니다.
2 이 음식은 맛이 좋다.
3 그의 변명은 거짓처럼 들린다.
4 그들은 여전히 좋은 친구이다.
5 어떤 사람들은 쉽게 화가 난다.
  ▶ easily는 수식어이다.
0-5 ▶ be동사와 feel, taste, sound, remain, get 등의 동사들은 명사, 형용사 등의 보어와 함께 쓴다.

B

1 him(목적어), to get up early(목적격 보어) 2 me(목적어), tired(목적격 보어) 3 me(목적어), to lose weight(목적격 보어) 4 the windows(목적어), open(목적격 보어) 5 her dog(목적어), to sit(목적격 보어)

0 사람들은 그를 천재라고 부른다.
  ▶ 동사 call 뒤에는 목적격 보어로 명사가 올 수 있다.
1 나는 그가 일찍 일어나기를 원한다.
  ▶ 동사 want 뒤에는 목적격 보어로 「to + 동사원형」이 온다.
2 하이킹은 나를 피곤하게 한다.
  ▶ 동사 make 뒤에는 목적격 보어로 형용사가 올 수 있다.
3 나의 코치님은 나에게 체중을 줄이라고 말씀하신다.
  ▶ 동사 tell 뒤에는 목적격 보어로 「to + 동사원형」이 온다.
4 나는 신선한 공기를 위해 창문을 열어둔다.
  ▶ 동사 keep 뒤에는 목적격 보어로 형용사가 올 수 있다. for fresh air는 수식어이다.
5 그녀는 자주 자기 개에게 앉으라고 명령한다.
  ▶ 동사 order 뒤에는 목적격 보어로 「to + 동사원형」이 온다. often은 수식어이다.

C

1 to join a book club
2 to throw out the trash
3 to fix the computer

1 엄마는 나에게 독서 모임에 참여하라고 말씀하신다.
2 아빠는 나에게 쓰레기를 버리라고 부탁하신다.
3 남동생은 내가 컴퓨터를 고치기를 원한다.
1-3 ▶ 모두 「주어 + 동사 + 목적어 + 목적격 보어」로 이루어진 문장이며, 동사 tell, ask, want 뒤에는 목적격 보어로 「to + 동사원형」이 온다.

D

1 beautiful 2 well 3 great 4 to help 5 rude

1 이 노래는 아름답다.
  ▶ be동사는 보어와 함께 쓰는 동사로, 보어로는 형용사가 올 수 있다.
2 나의 아버지는 춤을 잘 추신다.
  ▶ 동사 dance는 보어와 함께 쓰지 않는 동사이며 뒤에는 수식어인 부사가 올 수 있다.
3 이 셔츠는 멋져 보인다.
  ▶ 동사 look은 보어와 함께 쓰는 동사로, 보어로는 형용사가 올 수 있다.

4 나는 네가 나를 도와주기를 원한다.
   ▶ 동사 want 뒤에는 목적격 보어로 「to + 동사원형」이 온다.
5 나는 그 웨이터가 매우 무례하다고 생각한다.
   ▶ 동사 find 뒤에는 목적격 보어로 형용사가 올 수 있다.

E

1 ① 2 ③ 3 ② 4 ④ 5 ⑤ 6 ③ 7 ⑤

0 나는 4명의 가족이 있다.
   ▶ I가 주어, have가 동사, four family members가
     목적어이다.
1 나는 때때로 그들을 위해 요리한다.
   ▶ I가 주어, cook이 동사, sometimes와 for them은
     수식어이다.
2 나는 보통 겨울에 닭고기 수프를 만든다.
   ▶ I가 주어, make가 동사, chicken soup가 목적어이며,
     usually와 in winter는 수식어이다.
3 그 수프는 아주 좋은 냄새가 난다.
   ▶ The soup가 주어, smells가 동사, very good이 보어이다.
4 나는 나의 가족에게 그 수프를 준다.
   ▶ I가 주어, give가 동사, my family가 간접목적어, the
     soup가 직접목적어이다.
5 그들은 그것이 맛있다고 생각한다.
   ▶ They가 주어, find가 동사, it이 목적어, delicious가 목적격
     보어이다.
6 그들은 그것을 매우 좋아한다.
   ▶ They가 주어, like가 동사, it이 목적어, very much는
     수식어이다.
7 나의 여동생은 나에게 그것을 매일 만들어 달라고 부탁한다!
   ▶ My sister가 주어, asks가 동사, me가 목적어, to make it
     every day가 목적격 보어이다.

F

1 (b) 2 (c) 3 (a) 4 (e) 5 (d)

1 말과 토끼는 당근을 좋아한다.
   ▶ 「주어 + 동사 + 목적어」의 순서로, 목적어가 이어져야 한다.
2 그는 사람들이 실내에서 담배 피우는 것을 허락하지 않는다.
   ▶ 「주어 + 동사 + 목적어 + 목적격 보어」의 순서이며, 동사
     allow 뒤에는 목적격 보어로 「to + 동사원형」이 온다.
3 물은 섭씨 100도에서 끓는다.
   ▶ 동사 boil은 목적어나 보어 없이 쓰는 동사이며 수식어가 올 수
     있다.
4 린다는 인터뷰 전에 긴장한다.
   ▶ 「주어 + 동사 + 보어」의 순서로, 동사 become의 보어로는

형용사가 올 수 있다.
5 우리 삼촌께서는 LA에서 나에게 선물을 보내주신다.
   ▶ 「주어 + 동사 + 간접목적어 + 직접목적어」의 순서로,
     '누구에게'와 '무엇을'에 해당하는 간접목적어(me)와
     직접목적어(gifts)가 이어져야 한다.

REVIEW TEST 02

1 ③ 2 ① 3 Do you 4 Which 5 Who 6 ④ 7 ③ 8 ④
9 Why does Kevin study in the library 10 ④ 11 ⑤
12 ③ 13 ① 14 ③ 15 ⑤ 16 (1) Its (2) It's (3) it's (4) It's
17 ② 18 ⑤ 19 ② 20 ⑤ 21 ④ 22 ③ 23 ③ 24 ①
25 ② 26 ④ 27 ② 28 ④ 29 (1) are (2) How
30 (1) doesn't allow me to drive (2) my sister lends me
her car

1 ▶ listen의 3인칭 단수형은 -s를 붙인 listens이다.

2 A : 너는 지금 준비가 되었니?
   B : 아니, 그렇지 않아. 나는 시간이 더 필요해.
   ▶ 「Are you ~?」에 대한 대답은 'Yes, I am.' 또는 'No, I'm
     not.'인데, 문맥상 부정의 대답이 되어야 하므로 'No, I'm
     not.'이 적절하다.

3 A : 너는 벤을 아니? B : 응, 알아. 그는 내 사촌이야.
   어휘 cousin 사촌
   ▶ 일반동사의 의문문은 「Do[Does] + 주어 + 동사원형
     ~?」으로 쓴다. 대답에서 주어가 I이므로 의문문의 주어는
     you가 되어야 한다.

4 A : 너는 빨간색과 파란색 중에서 어느 것을 더 좋아하니?
   B : 나는 파란색을 좋아해.
   ▶ 정해진 범위 안에서 선택하는 경우 '어느 것, 어느'라는 뜻의
     의문사 which를 쓴다.

5 A : 반에서 누가 수영을 제일 잘하니?
   B : 나연이야. 그녀는 금메달을 가지고 있어.
   ▶ 행동을 한 사람을 물어보는 것이므로 의문사 who를 쓰며,
     who가 문장의 주어이므로 「Who + 동사 ~?」의 형태가 된다.

6 우리 부모님은 키가 아주 크지 않다.
   ▶ be동사의 부정형은 be동사 바로 뒤에 not을 써서 만든다.

7 그들은 내가 정크 푸드를 먹는 걸 원하지 않는다.
   ▶ 일반동사의 부정형은 do[does] 바로 뒤에 not을 써서
     만든다.

8 ① 너는 이 모자가 마음에 드니?
② 그들은 문제를 가지고 있니? (그들에게 문제가 있니?)
③ 너는 설거지를 하니?
[어휘] do the dishes 설거지하다
④ 너는 중국에서 왔니?
⑤ 너는 친구가 많니?
▶ ④ 주어 뒤에 동사가 없고 장소를 나타내는 표현이 나오므로 be동사가 있는 의문문이다. 주어가 you이므로 Are가 들어가야 한다. 나머지는 일반동사가 있고 주어가 you 또는 they이므로 「Do + 주어 + 동사원형 ~?」 형태의 의문문이다.

9 B: 왜냐하면 그는 조용한 장소를 좋아하거든.
▶ 의문사가 있는 일반동사의 의문문은 「의문사 + do[does] + 주어 + 동사원형 (+ 수식어) ~?」로 쓴다.

10 ① A: 메리는 춤을 잘 추지 않지?
B: 응, 그렇지 않아.
② A: 너의 남동생은 영화를 좋아하니?
B: 아니, 그렇지 않아.
③ A: 그는 우유를 마시니?
B: 응, 마셔.
④ A: 너는 블로그가 없니?
B: 응, 없어.
⑤ A: 너희 누나는 운전하니?
B: 응, 운전해.
▶ ④ 일반동사가 있는 의문문으로 'Yes, I do.' 또는 'No, I don't.'로 대답해야 한다.

11 ① A: 어떻게 지내?
B: 잘 지내, 고마워.
② A: 너 지금 바쁘니?
B: 아니, 안 바빠.
③ A: 힙합 음악을 좋아하니?
B: 응, 좋아해.
④ A: 너의 생일은 언제니?
B: 4월 1일이야.
⑤ A: 너는 어디에서 친구를 만나니?
B: 나는 밤에 그들을 만나.
▶ ⑤ Where는 장소를 묻는 의문사인데 시간에 대해 대답하고 있으므로 자연스럽지 않다.

12 ① 가다 ② 떨어지다 ③ 사랑하다 ④ 울다 ⑤ 오다

13 ① 나의 친구들은 점심 식사를 함께 한다.
② 알렉스는 컴퓨터 게임을 한다.
③ 에이미는 매우 열심히 일한다.
④ 나는 영어와 일본어를 말한다.
⑤ 그녀는 수학을 공부하지 않는다.

▶ ① 주어(My friends)가 복수이므로 동사원형을 써야 한다. (has → have)

14 ① 너는 얼마나 많은 돈이 필요하니?
② 너는 어디에서 왔니? (너는 어디 출신이니?)
③ 누가 너의 선생님이니?
④ 너는 왜 화가 났니?
⑤ 너는 언제 자니?
▶ ③ 의문사는 문장 맨 앞에 와야 한다. (Is who → Who is)

15 ① 나는 배가 고프다.
② 그들은 초콜릿을 좋아한다.
③ 나는 멋진 신발을 원한다.
④ 그녀는 조지에게 많은 질문을 한다.
⑤ 그녀는 더 많은 물을 원한다.
▶ ⑤ 일반동사가 나오는 현재시제 문장에서 일반동사와 be동사를 함께 쓰지 않는다. 뒤에 목적어(more water)가 나오므로 일반동사를 쓴다. (is wants → wants)

16 그것은 하늘에 걸려 있습니다. 그것은 비 오는 날에 나타나죠.
(1) 그것의 색깔은 밝습니다. (2) 그것은 때로는 거대해요. 그러나
(3) 그것은 항상 아름답습니다. 맞아요! (4) 그것은 무지개입니다.
[어휘] appear 나타나다 / bright 밝은 / huge 거대한
▶ (1)의 its는 대명사 it의 소유격이고, (2)~(4)의 it's는 it is의 줄임말이다.

17 강당에 빈자리가 많이 있다.
[어휘] empty (자리가) 비어 있는 / hall 강당, 홀
▶ 「There is[are] ~」에서 주어 many empty seats가 복수이므로 be동사의 복수형 are를 쓴다.

18 찰리는 저녁에 샤워한다. 그는 아침에 샤워하지 않는다.
[어휘] take showers 샤워하다
▶ 일반동사의 부정문은 「주어 + do[does] not + 동사원형 ~.」이다. 주어 He가 3인칭 단수이므로 doesn't[does not]를 쓴다.

19 ① 팀은 지금 자기 방에 있다.
→ 팀은 지금 자기 방에 있지 않다.
② 그 집은 정원이 있다.
→ 그 집은 정원이 없다.
③ 나는 바나나를 좋아한다.
→ 나는 바나나를 좋아하지 않는다.
④ 그들의 의견은 좋다.
→ 그들의 의견은 좋지 않다.
⑤ 그녀는 소를 기른다.
→ 그녀는 소를 기르지 않는다.

어휘 raise 들어 올리다; *(동물을) 기르다
> ② 일반동사의 부정문은 「주어 + don't[doesn't] + 동사원형 ~.」의 형태로 쓴다. (hasn't → doesn't have)

20 왜냐하면 나는 웃긴 것을 좋아하기 때문이다.
　① 너는 무엇을 좋아하니?
　② 너는 웃긴 것을 좋아하니?
　③ 너는 언제 코미디 쇼를 보니?
　④ 너는 어디서 코미디 쇼를 보니?
　⑤ 너는 왜 코미디 쇼를 보니?
> Because로 답한 것으로 보아 이유를 묻고 있으므로 이유를 묻는 의문사 why를 사용한 질문이 적절하다.

21 그는 볼링을 _____ 않는다.
> 부정문에서 doesn't 뒤에는 동사원형이 와야 하므로 ④는 적절하지 않다.

22 이것은 좋게[좋은] _____.
> 주어 This와 보어 good 사이의 빈칸에는 보어와 함께 쓰는 동사가 와야 한다. like는 보어가 아니라 목적어와 함께 쓰는 동사이므로 적절하지 않다.

23 너는 나를 _____ 만든다.
　① 기쁜 (형용사)　② 행복한 (형용사)　③ 슬프게 (부사)
　④ 바쁜 (형용사)　⑤ 화난 (형용사)
> make는 목적어와 목적격 보어와 함께 쓰는 동사로 목적격 보어 자리에는 명사 또는 형용사를 써야 한다. 부사는 보어로 쓸 수 없다.

24 ① 책장에 책들이 있다.
　어휘 shelf 선반, 책장
　② 세상에 평화가 있다.
　③ 컵 속에 뜨거운 물이 있다.
　④ 모퉁이에 집이 한 채 있다.
　⑤ 필통 안에 지우개가 하나 있다.
> 「There is[are] ~」에서 be동사는 뒤에 나오는 주어의 수에 따라 결정된다. ①은 복수명사가 나오므로 are, ②, ③은 셀 수 없는 명사가 나오므로 is, ④, ⑤는 단수명사가 나오므로 is가 적절하다.

25 > '주다'라는 뜻이 있는 수여동사 뒤에는 '누구에게'에 해당하는 간접목적어와 '무엇을'에 해당하는 직접목적어가 순서대로 이어진다. 간접목적어는 me, 직접목적어는 cookies가 된다.

26 우리 언니는 나에게 환하게 웃으라고 말한다.
　어휘 brightly 밝게
> 「주어(My sister) + 동사(tells) + 목적어(me) + 목적격

보어(to smile brightly)」의 구조이다.
　① 나는 지금 기분이 좋다.
> 「주어 + 동사 + 보어」의 구조이다. now는 수식어이다.
　② 베티와 도나는 친구이다.
> 「주어 + 동사 + 보어」의 구조이다.
　③ 오늘 좋은 소식이 있어.
> 「주어 + 동사 + 목적어」의 구조이다. today는 수식어이다.
　④ 선생님은 우리에게 조용히 하라고 하신다.
> 「주어 + 동사 + 목적어 + 목적격 보어」의 구조이다.
　⑤ 나는 애나에게 매일 이메일을 보낸다.
> 「주어 + 동사 + 간접목적어 + 직접목적어」의 구조이다. every day는 수식어이다.

27 ① 그는 운동을 많이 한다.
> 주어와 동사로 이루어진 문장으로, a lot은 수식어이다.
　② 에릭은 우리에게 수학을 가르친다.
> us는 간접목적어, math는 직접목적어이다.
　③ 나는 치즈버거를 좋아한다.
> 목적어는 cheeseburgers 하나이다.
　④ 그녀는 유명한 가수이다.
> a famous singer는 보어이다.
　⑤ 나는 그것에 대해 모른다.
> 목적어는 no idea about that 하나이다.

28 ① 나는 피아노를 가지고 있다.
　② 나는 그것을 잘 친다.
　③ 나는 내 피아노를 좋아한다.
　④ 하지만 그것은 매우 오래되었다.
　⑤ 나는 이제 새 피아노를 원한다.
> ④는 「주어 + 동사 + 보어」, 나머지는 「주어 + 동사 + 목적어」의 형태이다.

29 A: 방에 너무 많은 사람들이 (1) 있어.
　B: (2) 얼마나 많은 사람들이 있는데?
　A: 20명이 있어.
> (1) 「There is[are] ~」는 '~가 있다'라는 뜻으로, 주어 too many people이 복수이므로 be동사의 복수형 are를 쓴다.
(2) '몇 개[명]의'라는 뜻으로 수에 대해 질문할 때는 「How many + 셀 수 있는 명사의 복수형 ~?」을 쓴다.

30 우리 아빠는 그의 차를 (1) 내가 운전하는 것을 허락하지 않으신다. 그러나 (2) 우리 누나는 나에게 자신의 차를 빌려준다.
> (1) 동사 allow는 목적어와 목적격 보어와 함께 쓰는 동사로, 목적격 보어로는 「to + 동사원형」을 쓴다.
(2) 동사 lend는 간접목적어와 직접목적어와 함께 쓰는 동사로, me가 간접목적어, her car가 직접목적어가 된다.

12 현재시제, 현재진행형

EXERCISE

A

1 I'm[I am] swimming in the pool.
2 The flags are waving in the wind.
3 Scott is cooking dinner for me.
4 Is the man lying about his age?
5 I'm[I am] not drawing my brother.

1 나는 수영장에서 수영한다.
　→ 나는 수영장에서 수영하고 있다.
　▶ 현재진행형은 「be동사 + 동사원형-ing」로 나타낸다. 주어 I가 1인칭 단수이므로 be동사는 am을 쓰고, swim은 「단모음 + 단자음」으로 끝나므로 마지막 자음을 한 번 더 쓰고 -ing를 붙인다.
2 깃발들이 바람 속에서 흔들린다.
　→ 깃발들이 바람 속에서 흔들리고 있다.
　▶ 주어 The flags가 3인칭 복수이므로 be동사는 are를 쓰고 wave는 -e로 끝나므로 e를 빼고 -ing를 붙인다.
3 스콧은 나를 위해 저녁을 요리한다.
　→ 스콧은 나를 위해 저녁을 요리하고 있다.
　▶ 주어 Scott이 3인칭 단수이므로 be동사는 is를 쓰고, cook에 -ing를 붙인다.
4 그 남자는 자신의 나이에 대해 거짓말을 하니?
　→ 그 남자는 자신의 나이에 대해 거짓말을 하고 있니?
　▶ 주어 the man이 3인칭 단수이므로 be동사는 is를 쓰고, lie는 -ie로 끝나므로 ie를 y로 바꾸고 -ing를 붙인다. 의문문이므로 주어 the man과 be동사 is의 자리를 바꾼다.
5 나는 내 남동생을 그리지 않는다.
　→ 나는 내 남동생을 그리고 있지 않다.
　▶ 주어 I가 1인칭 단수이므로 be동사는 am을 쓰고, draw에 -ing를 붙인다. 부정문이므로 be동사 am 뒤에 not을 쓴다.

B

1 is snowing 2 wears 3 is brushing 4 take 5 has
6 is dancing

1 지금 눈이 내리고 있다.
2 지홍이는 매일 안경을 쓴다.
3 샐리는 지금 이를 닦고 있다.
4 우리는 매일 아침 산책한다.

5 그는 집에 세 대의 컴퓨터를 가지고 있다.
6 A : 폴은 어디에 있니?
　B : 그는 자기 방에서 춤을 추고 있어.
1, 3, 6 ▶ 지금 진행 중인 일을 나타내므로 현재진행형이 적절하다.
2, 4 ▶ 습관이나 반복되는 일을 나타내므로 현재시제가 적절하다.
5 ▶ 상태를 나타내는 동사(have)는 진행형으로 쓰지 않으므로 현재시제가 적절하다.

C

1 get 2 is 3 drinks 4 rises 5 begins 6 freezes

1 나는 아침 6시에 일어난다.
2 파리는 프랑스에 있는 도시이다.
3 신디는 커피를 자주 마신다.
4 태양은 동쪽에서 뜬다.
5 우리 학교는 매일 오전 9시에 시작한다.
6 물은 0℃에서 언다.
1, 3, 5 ▶ 습관이나 반복되는 일을 말하는 것이므로 현재시제를 쓴다.
2, 4, 6 ▶ 변하지 않는 사실을 말하는 것이므로 현재시제를 쓴다.

D

1 Is, riding, he is 2 is, going, is going 3 Are, watching, I'm not, I'm changing 4 are, doing, are tying

1 A : 그는 자전거를 타고 있니? B : 응, 타고 있어.
2 A : 그녀는 어디에 가고 있니?
　B : 그녀는 병원에 가고 있어.
3 A : 너는 TV를 보고 있니?
　B : 아니, 그렇지 않아. 나는 지금 옷을 갈아입고 있어.
4 A : 그들은 무엇을 하고 있니?
　B : 그들은 리본을 묶고 있어.
1~4 ▶ 현재진행형의 의문문은 「(의문사) + be동사 + 주어 + 동사원형-ing ~?」의 형태로 쓴다. 의문사가 없는 의문문에 대한 대답은 긍정일 때 「Yes, 주어(대명사) + be동사.」를, 부정일 때 「No, 주어(대명사) + be동사 + not.」을 쓴다. 의문사가 있는 의문문에는 보통 현재진행형으로 답한다.

E

1 Why are they crying loudly?
2 I'm[I am] not looking at you.
3 Is the baby sleeping?

1 ▶ 의문사가 있는 현재진행형의 의문문은 「의문사 + be동사

+ 주어 + 동사원형-ing ~?」의 형태이다. 이유를 물을 때는
의문사 why를 쓴다.

2 ▶ 현재진행형의 부정문을 만들 때는 be동사 바로 뒤에 not을
쓴다.

3 ▶ 의문사가 없는 현재진행형의 의문문은 「be동사 + 주어 +
동사원형-ing ~?」의 형태이다. 주어 the baby가 3인칭
단수이므로 be동사는 Is를 써야 한다.

1~3 ▶ 지금 진행 중인 일을 나타내므로 모두 현재진행형을 쓴다.

13 과거시제

EXERCISE

A

1 went 2 opened 3 studied 4 had 5 played 6 hit

1 케이트는 지난 주말에 영화를 보러 갔다.
▶ 동사 go는 불규칙적으로 변화하며, 과거형은 went이다.

2 그 카페는 어제 오전 7시에 문을 열었다.
▶ 동사 open의 과거형은 opened이다.

3 나는 오늘 아침에 수학을 공부했다.
▶ 동사 study의 과거형은 studied이다.

4 그녀는 지난 금요일에 그녀의 가족과 함께 저녁을 먹었다.
▶ 동사 have는 불규칙적으로 변화하며, 과거형은 had이다.

5 콜린과 나는 이틀 전에 체스를 했다.
▶ 동사 play의 과거형은 played이다.

6 1992년에 허리케인이 플로리다주를 강타했다.
▶ 동사 hit은 불규칙적으로 변화하며, 과거형은 hit이다.

B

1 She didn't[did not] live in Japan three years ago.
2 Were they home last weekend?
3 He didn't[did not] cut the pie with a knife.
4 Did Mr. Lee give Maria a birthday present?

1 그녀는 3년 전에 일본에 살았다.
→ 그녀는 3년 전에 일본에 살지 않았다.
▶ 일반동사가 있는 과거시제 문장의 부정문은 「주어 + didn't
[did not] + 동사원형 ~.」으로 쓴다.

2 그들은 지난 주말에 집에 있었다.
→ 그들은 지난 주말에 집에 있었니?
▶ be동사가 있는 과거시제 문장의 의문문은 주어와 be동사의
자리를 바꾼다.

3 그는 그 파이를 칼로 잘랐다.
→ 그는 그 파이를 칼로 자르지 않았다.
▶ 일반동사가 있는 과거시제 문장의 부정문은 「주어 + didn't
[did not] + 동사원형 ~.」으로 쓴다.

4 이 씨는 마리아에게 생일선물을 주었다.
→ 이 씨가 마리아에게 생일선물을 주었니?
▶ 일반동사가 있는 과거시제 문장의 의문문은 「Did + 주어 +
동사원형 ~?」으로 쓴다.

C

1 am 2 worked 3 find 4 made 5 reads 6 were

1 나는 지금 10살이다.
▶ 현재(now)의 상태를 나타내는 내용이므로 현재시제를 써야
한다.

2 나는 2년 전에 그 동물원에서 일했다.
▶ 과거의 일(two years ago)이므로 과거시제를 써야 한다.

3 너는 어떻게 너의 새로운 집을 찾았니?
▶ 과거의 일에 대해 묻는 일반동사의 의문문으로, 주어 뒤에 오는
동사를 동사원형으로 써야 한다.

4 그는 실수를 했고, 나는 그에게 화가 났다.
▶ 다음에 이어지는 내용이 과거시제이므로, 원인이 되는 앞
문장도 과거시제를 써야 자연스럽다.

5 크리스는 요즘 잡지를 읽는다.
▶ 현재(these days)의 습관이나 반복되는 일을 나타내므로
현재시제를 써야 하며, 주어(Chris)가 3인칭 단수이므로
reads를 써야 한다.

6 이든과 베티는 작년에 나의 가장 친한 친구들이었다.
▶ 과거의 일(last year)이므로 과거시제를 써야 하며,
주어(Ethan and Betty)가 복수이므로 were를 써야 한다.

D

1 Did, sell, did 2 did, do, slept 3 Did, see, didn't, read
4 were, was

1 A: 너는 자전거를 팔았니? B: 응, 팔았어.
2 A: 너는 어제 무엇을 했니? B: 나는 온종일 잤어.
3 A: 너는 남자친구를 만났니?
B: 아니, 만나지 않았어. 나는 책을 읽었어.
4 A: 너는 어제 저녁에 어디에 있었니?
B: 나는 놀이공원에 있었어.

1-3 ▶ 일반동사가 있는 과거시제 문장의 의문문은 「(의문사) + did + 주어 + 동사원형 ~?」의 형태로 쓴다. 의문사가 없는 의문문에 대한 대답은 긍정일 때 「Yes, 주어(대명사) + did.」를, 부정일 때 「No, 주어(대명사) + didn't[did not].」를 쓴다.

4 ▶ be동사가 있는 과거시제 문장의 의문문은 「(의문사) + be동사 + 주어 ~?」의 형태로 쓴다.

E

> **1** is **2** was **3** lost **4** make **5** invited **6** drinks
> **7** rained

1 나의 아버지는 지금 캐나다에 계신다.
2 예전에 모퉁이에 빌딩이 하나 있었다.
3 루시는 일주일 전에 그녀의 직장을 잃었다.
4 벌들은 꽃에서 꿀을 만든다.
5 데이브는 어제 그의 집으로 오랜 친구들 몇 명을 초대했다.
6 요즘 그녀는 매일 아침 우유를 마신다.
7 어제 아침에 비가 많이 왔다.
1 ▶ 현재의 상태를 나타내므로 현재시제를 쓴다.
2, 3, 5, 7 ▶ 과거의 일을 나타내므로 과거시제를 쓴다.
4 ▶ 변하지 않는 사실을 말하는 것이므로 현재시제를 쓴다.
6 ▶ 현재의 습관이나 반복되는 일을 나타내므로 현재시제를 쓴다.

UNIT

14 미래시제

EXERCISE

A

> **1** will paint **2** did **3** did **4** will be **5** Will

1 우리는 다음 달에 우리 집을 페인트칠할 것이다.
 ▶ 미래의 일(next month)을 나타내므로 「will + 동사원형」이 적절하다.
2 너는 어젯밤에 언제 잠자리에 들었니?
 ▶ 과거의 일(last night)을 나타내므로 did가 적절하다.
3 너는 어제 왜 나에게 전화했니?
 ▶ 과거의 일(yesterday)을 나타내므로 did가 적절하다.
4 제시카가 우리 반의 다음 반장이 될 것이다.

 ▶ 미래에 대한 예측(the next president)을 나타내므로 「will + 동사원형」이 적절하다.
5 그가 내일 파티에 참석할까?
 ▶ 미래에 대한 예측(tomorrow's party)을 나타내므로 will이 적절하다.

B

> **1** John will be 11 years old
> **2** It'll[It will] snow a lot
> **3** I'm[I am] going to buy a new bicycle
> **4** Billy is going to do the dishes

1 존은 11살이다.
 → 존은 내년에 11살일 것이다.
2 어젯밤에 눈이 많이 왔다.
 → 내일 눈이 많이 올 것이다.
3 나는 어제 새 자전거를 샀다.
 → 나는 다음 주에 새 자전거를 살 것이다.
4 빌리는 매일 설거지를 한다.
 → 빌리는 오늘 밤에 설거지할 것이다.
1, 2 ▶ 주어의 수와 인칭에 관계없이 「will + 동사원형」으로 미래시제를 나타낸다.
3, 4 ▶ 「be going to + 동사원형」으로 미래시제를 나타낼 때, be동사는 주어의 수와 인칭에 따라 변한다.

C

> **1** The weather won't[will not] be nice.
> **2** I'm[I am] not going to meet her tomorrow.
> **3** Will Sarah join the football team?
> **4** Are you going to take a nap?
> **5** They aren't[are not] going to win the prize.
> 또는 They're not going to win the prize.

1 날씨가 좋을 것이다.
 → 날씨가 좋지 않을 것이다.
 ▶ will의 부정문은 will 바로 뒤에 not을 써서 만든다. will not은 won't로 줄여 쓸 수 있다.
2 나는 내일 그녀를 만날 것이다.
 → 나는 내일 그녀를 만나지 않을 것이다.
 ▶ be going to의 부정문은 be동사 바로 뒤에 not을 써서 만든다.
3 새라가 축구팀에 합류할 것이다.
 → 새라가 축구팀에 합류할까?
 ▶ will이 있는 문장의 의문문은 주어와 will의 자리를 바꾸어 만든다.

4 너는 낮잠을 잘 것이다.

→ 너는 낮잠을 잘 거니?

▶ be going to가 있는 문장의 의문문은 주어와 be동사의 자리를 바꾸어 만든다.

5 그들은 상을 받을 것이다.

→ 그들은 상을 받지 않을 것이다.

▶ be going to의 부정은 be동사 바로 뒤에 not을 붙여서 나타낸다. 「주어 + be동사」 또는 「be동사 + not」을 줄여 쓸 수 있다.

D

1 going to sell 2 tell 3 Is he 4 will come
5 isn't[is not] going to 6 going to leave

1 크리스는 자신의 자동차를 팔 것이다.

▶ be going to 다음에는 동사원형을 써야 한다.

2 너는 그녀에게 진실을 말할 거니?

▶ will이 있는 문장의 의문문은 주어와 will의 자리를 바꾸어 만들며, 주어 뒤에 오는 동사는 동사원형으로 써야 한다.

3 그는 내일 자동차를 닦을까? (세차할까?)

▶ be going to가 있는 문장의 의문문은 주어와 be동사의 자리를 바꾸어 만든다.

4 새로운 학생이 내일 우리 반에 올 것이다.

▶ will 다음에는 동사원형을 써야 한다.

5 그는 전화를 받지 않을 것이다.

▶ be going to의 부정문은 be동사 뒤에 not을 붙여 만든다.

6 그들은 오늘 밤에 그 도시를 떠날 것이다.

▶ 미래시제는 「be going to + 동사원형」으로 나타낸다.

E

1 I will have 2 are going to visit him
3 I won't, will 4 I am

1 A: 너는 오늘 밤에 저녁으로 무엇을 먹을 거니?

B: 나는 피자를 먹을 거야.

2 A: 너는 언제 그를 방문할 거니?

B: 우리는 이번 주 일요일에 그를 방문할 거야.

3 A: 너는 오늘 집에 있을 거니?

B: 아니, 그렇지 않아. 나는 낚시하러 갈 거야.

4 A: 너는 거기에 비행기로 갈 거니?

B: 응, 그럴 거야.

1~4 ▶ 미래의 일은 「will + 동사원형」이나 「be going to + 동사원형」을 써서 나타낸다.

EXERCISE

A

1 has gone 2 have worked 3 have been 4 has seen
5 have lived 6 have left 7 has, told

1 제리는 호주로 돌아갔다.

▶ Jerry는 3인칭 단수이므로 has를 쓰며, go는 불규칙 동사로 과거분사는 gone이다.

2 그들은 여러 해 동안 열심히 일해왔다.

▶ They는 3인칭 복수이므로 have를 쓰며, work는 규칙 동사로 과거분사는 worked이다.

3 나는 3시간 동안 여기에 있었다.

▶ I는 1인칭이므로 have를 쓰며, be는 불규칙 동사로 과거분사는 been이다.

4 그는 그 영화를 네 번 보았다.

▶ He는 3인칭 단수이므로 has를 쓰며, see는 불규칙 동사로 과거분사는 seen이다.

5 우리는 2012년 이래로 서울에서 살고 있다.

▶ We는 1인칭이므로 have를 쓰며, live는 규칙 동사로 과거분사는 lived이다.

6 나는 시계를 사무실에 두고 왔다.

▶ I는 1인칭이므로 have를 쓰며, leave는 불규칙 동사로 과거분사는 left이다.

7 그녀는 나에게 그것에 대해 이미 말했다.

▶ She는 3인칭 단수이므로 has를 쓰며, tell은 불규칙 동사로 과거분사는 told이다.

1~7 ▶ 현재완료형은 「have[has] + 과거분사」로 쓴다.

B

1 He hasn't[has not] been to Italy.
2 Has Emma bought a new camera?
3 Have you visited the museum before?
4 Has Jack studied English for five years?
5 I haven't[have not] forgotten his e-mail address.

1 그는 이탈리아에 가 본 적이 있다.

→ 그는 이탈리아에 가 본 적이 없다.

2 엠마는 새 카메라를 샀다.

→ 엠마가 새 카메라를 샀니?

3 너는 그 박물관을 전에 방문한 적이 있다.

→ 너는 그 박물관을 전에 방문한 적이 있니?

4 책은 5년 동안 영어를 공부해 왔다.

　　→ 잭은 5년 동안 영어를 공부해 왔니?

5 나는 그의 이메일 주소를 잊어버렸다.

　　→ 나는 그의 이메일 주소를 잊어버리지 않았다.

1, 5 ▶ 현재완료형 문장의 부정문은 have[has] 바로 뒤에 not을
붙여서 만든다.

2~4 ▶ 현재완료형 문장의 의문문은 의문사가 없을 경우 주어와
have[has]의 자리를 바꾸어 만든다.

C

1 Did you see　2 has written　3 broke
4 met, have been

1 너는 어제 학교에서 조를 보았니?

　　▶ 구체적인 과거를 나타내는 yesterday가 있으므로 과거시제가
　　　적절하다.

2 수잔은 작가이다. 그녀는 지금까지 다섯 권의 책을 썼다.

　　▶ 과거부터 현재까지의 일을 나타내므로 현재완료형이 적절하다.

3 앤드류는 지난주에 팔이 부러졌다. 그는 지금 입원해 있다.

　　▶ 구체적인 과거를 나타내는 last week가 있으므로 과거시제가
　　　적절하다.

4 나는 팀을 2014년에 만났다. 우리는 그때 이후로 좋은 친구다.

　　▶ 구체적인 과거의 일(in 2014)을 나타낼 때는 과거시제를,
　　　과거부터 현재까지의 상태를 나타낼 때는 현재완료형을 쓴다.

D

1 has lost　2 has had　3 have read　4 has gone

1 메리는 자신의 열쇠를 잃어버렸다. 그녀는 지금 그것을 가지고
있지 않다.

　　→ 메리는 자신의 열쇠를 잃어버렸다.

　　▶ 과거의 일로 인한 현재의 상태를 강조할 때 현재완료형을 쓴다.

2 그는 2주 전에 감기에 걸렸다. 지금도 여전히 걸려 있다.

　　→ 그는 2주 동안 감기에 걸려 있다.

　　▶ 과거부터 현재까지 계속된 일을 나타낼 때 현재완료형을 쓴다.

3 나는 작년에 그 책을 읽었다. 나는 올해에 그 책을 또 읽었다.

　　→ 나는 그 책을 (지금까지) 두 번 읽었다.

　　▶ 현재까지의 경험을 나타낼 때 현재완료형을 쓴다.

4 제이슨은 일주일 전에 멕시코로 갔다. 그는 여전히 그곳에 있다.

　　→ 제이슨은 멕시코에 갔다.

　　▶ 과거의 일로 인한 현재의 상태를 강조할 때 현재완료형을 쓴다.

1~4 ▶ 현재완료형은 「have[has] + 과거분사」로 쓴다.

E

1 Has, done, has　2 Has, found, hasn't
3 Have, eaten, have　4 have, taught, have taught

1 A : 그녀는 숙제를 다 했니?

　　B : 응, 다 했어.

　　▶ do는 불규칙 동사로 과거분사는 done이다.

2 A : 그는 자기 지갑을 찾았니?

　　B : 아니, 못 찾았어.

　　▶ find는 불규칙 동사로 과거분사는 found이다.

3 A : 너는 초밥을 먹어 본 적 있니?

　　B : 응, 있어.

　　▶ eat은 불규칙 동사로 과거분사는 eaten이다.

4 A : 너는 얼마나 오래 프랑스에서 한국어를 가르쳤니?

　　B : 나는 작년부터 한국어를 가르쳐오고 있어.

　　▶ teach는 불규칙 동사로 과거분사는 taught이다.

1~4 ▶ 현재완료형 문장의 의문문은 「(의문사) + have[has] + 주어
+ 과거분사 ~?」이다. 대답은 긍정일 때 「Yes, 주어(대명사)
+ have[has].」이며 부정일 때 「No, 주어(대명사) + haven't
[hasn't].」이다.

UNIT

16 조동사 I

EXERCISE

A

1 repair　2 can't[cannot]　3 will　4 will be able to 또는
will이나 can 중 하나 삭제　5 play　6 can't remember

1 우리 아버지는 자동차를 고칠 수 있다.

　　▶ 조동사 뒤에는 동사원형이 온다.

2 그들은 시험에 통과할 수 없다.

　　▶ can의 부정형은 can't 또는 cannot이다.

3 그는 나에게 진실을 말할 것이다.

　　▶ 조동사는 주어의 수와 인칭에 따라 형태가 변하지 않는다.

4 우리는 그녀를 다시 볼 수 있을 것이다[볼 수 있다 / 볼 것이다].

　　▶ 조동사를 연달아 쓸 수 없으므로 will be able to로 바꿔
　　　쓰거나, will 또는 can 중 하나만 쓴다.

5 그녀는 바이올린을 연주할 수 없다.

　　▶ 조동사 뒤에는 동사원형이 온다.

6 나는 그의 이름을 기억할 수 없다.
  ▶ 조동사는 be동사 또는 일반동사 앞에 온다.

B

1 나는 그 문제를 풀 수 있다.
  → 나는 그 문제를 풀 수 없다.
  ▶ can의 부정형은 can't 또는 cannot이다.
2 그는 영어책을 읽을 수 있다.
  → 그는 영어책을 읽을 수 있니?
  ▶ 조동사가 있는 문장의 의문문을 만들 때는 주어와 조동사의
    자리를 바꾼다.
3 나는 내 노트북을 고칠 수 없다.
  → 나는 내 노트북을 고칠 수 없었다.
  ▶ 과거의 능력을 나타낼 때는 could 또는 was[were] able
    to를 쓴다. 부정문이므로 조동사 또는 be동사 바로 뒤에
    not을 붙인다.
4 그 소녀는 기타를 아주 잘 칠 수 있다.
  → 그 소녀는 기타를 아주 잘 칠 수 있게 될 것이다.
  ▶ 미래의 능력을 나타낼 때는 will be able to를 쓴다.

C

1 내 가방이 어디 있지? 나는 그걸 찾을 수가 없어.
  ▶ 문맥상 '~할 수 없다'라는 뜻이 자연스러우므로 can't가
    적절하다.
2 내게 너의 전화번호를 주겠니?
  ▶ 「Can you ~?」로 요청을 나타낼 수 있다.
3 밖이 너무 어둡다. 나는 아무것도 볼 수 없다.
  ▶ 문맥상 '~할 수 없다'라는 뜻의 능력을 나타내는 can't가
    적절하다.
4 그녀는 내일 도착할 수 있을 것이다.
  ▶ 미래의 일(tomorrow)을 나타내므로 will be가 적절하다.
5 A : 나는 연필이 없어.
  B : 내 것을 써도 돼.
  ▶ 문맥상 '~해도 된다'라는 뜻의 허가를 나타내는 can이 적절하다.

D

1 나는 그 질문을 이해할 수 없다.
  ▶ 능력을 나타내는 can은 be able to로 바꿔 쓸 수 있다.
    부정문이므로 be동사 바로 뒤에 not을 붙인다.
2 그는 5년 전에 그 산을 오를 수 있었다.
  ▶ 과거의 능력을 나타낼 때는 could 또는 was[were] able
    to를 쓴다.
3 소금을 건네주시겠어요?
  ▶ 요청을 나타내는 will은 can[could / would]으로 바꿔 쓸
    수 있다. 과거형 조동사 could 또는 would를 쓰면 더 공손한
    표현이 된다.

E

1 지금 시작해도 되나요? – (a) 너는 교실을 떠나도 된다.
  ▶ '~해도 된다'라는 뜻의 허가를 나타낸다.
2 그는 요리할 수 있니? – (c) 그녀는 영어로 이메일을 쓸 수 있다.
  ▶ '~할 수 있다'라는 뜻의 능력을 나타낸다.
3 나를 도와줄 수 있니? – (b) 나에게 물을 좀 가져다주겠니?
  ▶ '~해줄 수 있니?'라는 뜻의 요청을 나타낸다.

F

1 아기 사자들은 지금 사냥을 할 수 없다. 그러나 그들은 언젠가
    사냥을 할 수 있을 것이다.
2 나는 2년 전에 스케이트를 잘 탈 수 없었다. 그러나 지금은
    스케이트를 잘 탈 수 있다.
1, 2 ▶ 능력을 나타낼 때는 can 또는 be able to를 쓴다. 미래의
    능력을 나타낼 때는 will be able to를, 과거의 능력을
    나타낼 때는 could 또는 was[were] able to를 쓴다.
3 A : 너의 우산을 빌릴 수 있을까?
  B : 물론이지. 여기 있어.
  ▶ 허가를 구할 때는 can을 쓴다. 과거형 조동사 could를 쓰면
    더 공손한 표현이 된다.

17 조동사 II

EXERCISE

A

> **1** have to **2** had to **3** have to **4** must not **5** should **6** must **7** May

1 너는 이를 닦아야 한다.
  ▸ have to에서 have는 주어의 수와 인칭, 시제에 따라 형태가 변한다. 주어 You는 2인칭이므로 have가 적절하다.
2 앨리스는 현금이 없었고, 그래서 집까지 걸어가야만 했다.
  ▸ 과거의 의무를 나타낼 때는 had to를 쓴다.
3 너는 그를 기다려야 할 것이다.
  ▸ 조동사를 연달아 쓸 수 없으므로 미래의 의무를 나타낼 때는 will have to를 쓴다.
4 죄송하지만 여기에 주차하시면 안 됩니다.
  ▸ '~해서는 안 된다'라는 금지를 나타내는 must not이 적절하다. don't have to는 '~할 필요가 없다'라는 뜻이다.
5 왜 우리는 영어를 공부해야 할까?
  ▸ '~해야 한다'라는 의무를 나타내는 should가 적절하다.
6 그는 굉장히 비싼 차를 샀어! 그는 부유한 게 틀림없어.
  ▸ '~인 게 틀림없다'라는 강한 확신이 담긴 추측을 나타내는 must가 적절하다.
7 A : 내가 이 잡지를 읽어도 될까?
  B : 물론이지, 그렇게 해.
  ▸ 허가를 구할 때는 may 또는 can[could]을 쓴다.

B

> **1** have to **2** May[Could]

1 너는 너의 비밀번호를 기억해야 한다.
  ▸ 의무를 나타내는 must는 have to로 바꿔 쓸 수 있다.
2 당신의 여권을 봐도 되겠습니까?
  ▸ 허가를 구할 때는 can 또는 may를 쓴다. 과거형 조동사 could를 쓰면 더 공손한 표현이 된다.

C

> **1** may[might] **2** don't have to **3** had to **4** May[Can / Could] **5** will have to

1 ▸ '~일지도 모른다'라는 확신이 없는 추측을 나타낼 때는 may를 쓴다. 과거형 조동사 might는 may와 거의 비슷한 뜻으로 쓰인다.
2 ▸ '~할 필요가 없다'라는 뜻을 나타낼 때는 don't have to를 쓴다.
3 ▸ 과거의 의무를 나타낼 때는 had to를 쓴다.
4 ▸ 허가를 구할 때는 may 또는 can을 쓴다. 과거형 조동사 could를 쓰면 더 공손한 표현이 된다.
5 ▸ 미래의 의무를 나타낼 때는 will have to를 쓴다.

D

> **1** must **2** must not **3** should

1 A : 루크의 개가 어제 죽었어.
  B : 정말? 그는 분명 매우 슬프겠구나.
  ▸ '~인 게 틀림없다'라는 뜻의 강한 확신이 담긴 추측을 나타내는 조동사 must가 적절하다.
2 A : 도서관 안에서는 뛰면 안 됩니다.
  B : 죄송합니다. 다시는 그러지 않겠습니다.
  ▸ '~해서는 안 된다'라는 뜻의 금지를 나타내는 must not이 적절하다.
3 A : 나는 오늘 몸이 좋지 않아.
  B : 아마도 너는 잠을 좀 자는 것이 좋겠어.
  ▸ '~해야 한다, ~하는 것이 좋다'라는 뜻의 충고를 나타내는 조동사 should가 적절하다.

E

> **1** Yes, you must **2** Sure **3** No, you don't have to **4** Yes, you should

1 A : 제가 안전벨트를 매야 하나요?
  B : 네, 그래야 합니다. 그것은 당신의 생명을 구할 수 있습니다.
  ▸ 의무를 묻는 말에 대한 긍정의 대답에는 must를 쓴다.
2 A : 너의 펜을 빌려도 될까?
  B : 물론이지. 여기 있어.
  ▸ 허가를 구하는 말에 대한 긍정의 대답으로 'Sure.'나 'Certainly.', 'Of course.' 등을 쓸 수 있다.
3 A : 제가 오늘 그 일을 끝내야 하나요?
  B : 아니요, 그럴 필요 없습니다. 그것을 내일 끝내도 됩니다.
  ▸ '~해야 하나요?'라는 질문에 대한 부정의 대답에는 '~할 필요가 없다'라는 뜻인 don't have to를 쓴다.
4 A : 내가 머리를 잘라야 할까?
  B : 응, 그러는 게 좋겠어. 네 머리는 너무 길어.
  ▸ 충고를 나타내는 대답에는 '~해야 한다, ~하는 것이 좋다'라는 뜻인 should를 쓴다.

18 수동태

EXERCISE

A

> 1 bought 2 were written 3 be changed
> 4 was cancelled 5 be invited 6 broke 7 be played
> 8 was not repaired

1 빌리는 새 바지를 샀다.
   ▶ 주어(Billy)가 행동(buy)의 주체이므로 능동태가 적절하다.
2 그 책들은 톨킨에 의해 쓰였다.
   ▶ by 뒤의 Tolkien이 행위자이고, 주어(The books)가
      행동(write)의 대상이므로 수동태가 적절하다.
3 일정이 변경될 수 있다.
   ▶ 조동사가 포함된 수동태는 「조동사 + be + 과거분사」의
      형태이다.
4 그 농구 경기는 취소되었다.
   ▶ 주어(The basketball game)가 행동(cancel)의 대상이므로
      수동태가 적절하다.
5 톰은 이 파티에 초대될 것이다.
   ▶ 주어(Tom)가 행동(invite)의 대상이므로 수동태가 적절하다.
6 크리스가 창문을 깼다.
   ▶ 주어(Chris)가 행동(break)의 주체이므로 능동태가 적절하다.
7 이 노래는 그녀를 위해 연주될 것이다.
   ▶ 주어(This song)가 행동(play)의 대상이므로 수동태가
      적절하다.
8 그 텔레비전은 켄에 의해 고쳐진 것이 아니다.
   ▶ 수동태의 부정문은 be동사 바로 뒤에 not을 쓴다.

B

> 1 The key couldn't be found (by me).
> 2 This car was designed by the girl.
> 3 Was the *Mona Lisa* painted by da Vinci?
> 4 This project will be finished (by me) today.
> 5 My computer wasn't fixed by my brother.
> 6 The 2022 World Cup is going to be held (by them) in Qatar.
> 7 The rules must be obeyed by students.
> 8 This library was built (by someone) 10 years ago.

1 나는 그 열쇠를 찾을 수 없었다.
   → 그 열쇠는 (나에 의해) 찾아지지 못했다.

▶ 조동사가 포함된 수동태는 「조동사 + be + 과거분사」의
   형태이다.
2 그 소녀가 이 자동차를 설계했다.
   → 이 자동차는 그 소녀에 의해 설계되었다.
   ▶ 과거시제의 수동태는 「was[were] + 과거분사」의 형태이다.
3 다빈치가 〈모나리자〉를 그렸니?
   → 〈모나리자〉는 다빈치에 의해 그려졌니?
   ▶ 수동태의 의문문은 「be동사 + 주어 + 과거분사 ~?」의
      형태이며 원래 문장이 과거형이므로 be동사는 과거시제를
      쓴다.
4 나는 오늘 이 프로젝트를 끝낼 것이다.
   → 이 프로젝트는 오늘 (나에 의해) 끝나게 될 것이다.
   ▶ will이 사용된 미래시제의 수동태는 「will + be + 과거분사」의
      형태이다.
5 우리 오빠가 내 컴퓨터를 고치지 않았다.
   → 내 컴퓨터는 우리 오빠에 의해 고쳐지지 않았다.
   ▶ 과거시제의 수동태는 「was[were] + 과거분사」의 형태이다.
6 그들은 2022 월드컵을 카타르에서 개최할 것이다.
   → 2022 월드컵은 카타르에서 (그들에 의해) 개최될 것이다.
   ▶ be going to가 사용된 미래시제의 수동태는 「be going to
      + be + 과거분사」의 형태이다.
7 학생들은 그 규칙들을 준수해야 한다.
   → 그 규칙들은 학생들에 의해 준수되어야 한다.
   ▶ 조동사가 포함된 수동태는 「조동사 + be + 과거분사」의
      형태이다.
8 누군가가 이 도서관을 10년 전에 지었다.
   → 이 도서관은 (누군가에 의해) 10년 전에 지어졌다.
   ▶ 과거시제의 수동태는 「was[were] + 과거분사」의 형태이다.
1, 4, 6, 8 ▶ 행위자가 중요하지 않을 때 「by + 목적격」을
               생략하기도 한다.

C

> 1 was caught 2 invented 3 were born 4 was bitten

1 그 도둑은 경찰에 의해 잡혔다.
2 칼 벤츠는 자동차를 발명했다.
3 그 쌍둥이 아기들은 크리스마스에 태어났다.
4 지혜는 지난밤에 모기에게 물렸다.
1, 3, 4 ▶ 과거시제의 수동태는 「was[were] + 과거분사」이다.
2 ▶ 주어(Karl Benz)가 행동(invent)의 주체이므로 능동태를
      쓴다.

D

1 was **2** Were, sold **3** was discovered **4** be written **5** by **6** were killed **7** can use **8** be delivered

1 이 사진은 언제 찍혔니?
  ▶ 의문사가 있는 수동태의 의문문은 「의문사 + be동사 + 주어 + 과거분사 ~?」이다. 주어(this picture)가 3인칭 단수이고 과거시제이므로 be동사는 was를 쓴다.

2 모든 표가 팔렸니?
  ▶ 수동태의 의문문은 「be동사 + 주어 + 과거분사 ~?」이다. 주어(all the tickets)가 복수이므로 be동사는 were를 쓴다.

3 화성에서 물이 발견되었다.
  ▶ 주어(Water)가 행동(discover)의 대상이므로 수동태를 쓴다. 주어가 3인칭 단수이며 과거시제이므로 「was + 과거분사」를 쓴다.

4 그 편지는 메리에 의해 쓰일 것이다.
  ▶ be going to가 있는 문장의 수동태는 「be going to + be + 과거분사」의 형태이다.

5 케이크가 우리 엄마에 의해 만들어졌다.
  ▶ 수동태 문장에서 행위자가 누구인지 밝힐 때는 「by + 목적격」을 쓴다.

6 다섯 명의 사람이 술 취한 운전자에 의해 죽임을 당했다.
  ▶ 주어(Five people)가 행동(kill)의 대상이므로 수동태를 쓴다. 주어가 3인칭 복수이며 과거시제이므로 「were + 과거분사」를 쓴다.

7 많은 아이들이 인터넷을 사용할 수 있다.
  ▶ 주어(Many children)가 행동(use)의 주체이므로 능동태를 쓴다.

8 그 신문은 매일 아침에 배달되어야 한다.
  ▶ 조동사가 포함된 수동태는 「조동사 + be + 과거분사」의 형태이다.

REVIEW TEST 03

1 ④ **2** did **3** is **4** ④ **5** ①, ⑤ **6** Are we going to
7 Was the novel read **8** ④ **9** ④ **10** ⑤ **11** ④ **12** ②
13 ② **14** ① **15** ③ **16** ④ **17** have seen[watched]
18 ③ **19** ③ **20** was broken **21** going to be cancelled
22 ④ **23** ④ **24** ⑤ **25** ① **26** ⑤ **27** ② **28** ②
29 (1) must finish (2) can be seen (3) will be washed
30 (1) ⓑ you are going → are you going (2) ⓓ hasn't read → haven't read

1 ▶ ④ stop의 과거형은 stopped이다. 「단모음 + 단자음」으로 끝나는 동사는 자음을 한 번 더 쓰고 -ed를 붙인다.

2 A : 너는 어젯밤에 무엇을 했니?
  B : 나는 영화를 보러 갔어.
  ▶ 과거의 일에 대해 묻는, 의문사가 있는 의문문이므로 「의문사 + did + 주어 + 동사원형 ~?」의 형태가 되어야 한다.

3 A : 그는 지금 무엇을 하고 있니?
  B : 그는 그의 친구와 조깅하고 있어.
  ▶ 지금 진행 중인 일에 대해 묻는, 의문사가 있는 의문문이므로 「의문사 + be동사 + 주어 + 동사원형-ing ~?」의 형태가 되어야 한다. 주어가 3인칭 단수 he이므로 be동사는 is가 적절하다.

4 ① A : 지난밤에 나한테 전화했었니?
    B : 아니, 안 했어.
  ② A : 어제 어디에 있었니?
    B : 도서관에 있었어.
  [어휘] library 도서관
  ③ A : 제주도에 가 본 적 있니?
    B : 아니, 가 본 적 없어.
  ④ A : 수진이는 거기에 어떻게 갈 거니?
    B : 그녀는 지하철로 갔어. (→ 그녀는 지하철로 갈 거야.)
  [어휘] subway 지하철
  ⑤ A : 이번 주말에 무엇을 할 거니?
    B : 나는 숙제를 할 거야.
  ▶ ④ 미래의 일은 묻는 질문에 과거형으로 답하는 것은 어색하다. (went → will get 또는 is going to get)

5 [어휘] how long 얼마나 오래
  ▶ 미래의 일을 묻고 있으므로 will 또는 be going to를 쓴다. 의문사가 있는 미래시제의 의문문은 「의문사 + will + 주어 + 동사원형 ~?」 또는 「의문사 + be동사 + 주어 + going to + 동사원형 ~?」이다.

6 우리는 엄마를 위해 저녁을 만들 것이다.

→ 우리는 엄마를 위해 저녁을 만들 거니?
▸ be going to가 있는 문장의 의문문은 주어와 be동사의 자리를 바꿔서 만든다.

7 그 소설은 대부분 사람들에 의해 읽혔다.
→ 그 소설은 대부분 사람들에 의해 읽혔니?
▸ 의문사가 없는 수동태의 의문문은 주어와 be동사의 자리를 바꿔서 만든다.

8 A: 이 책을 가져가야 하나요?
B: 아니요. 당신은 가져갈 필요 없습니다.
▸ '~해야 하나요?'라는 질문에 대한 부정의 대답은 don't have to(~할 필요가 없다)이다.

9 ▸ ④ ride는 불규칙으로 변하는 동사이다. (ride-rode-ridden)

10 ① 그 벽은 칠해졌다.
② 그들은 함께 공부하고 있다.
③ 나는 강을 따라 달렸다.
어휘 along ~을 따라서
④ 그 소년은 만화책을 읽고 있다.
어휘 comic book 만화책
⑤ 나는 지금 내 남자친구에게 편지를 쓰고 있다.
▸ ⑤ 현재진행형은 「be동사 + 동사원형-ing」 형태로 쓴다. (am write → am writing)

11 ① 그는 우리를 도운 적이 없다.
② 나는 그것을 혼자 하지 않을 것이다.
어휘 alone 혼자
③ 나는 아직 그 일을 끝내지 못했다.
④ 그녀는 나에게 그녀의 사전을 빌려주지 않을 것이다.
⑤ 우리는 어젯밤에 축구 경기를 보지 않았다.
▸ ④ will not의 줄임말은 won't이다. (willn't → won't)

12 그 회의는 오늘 오후에 열리지 않을 것이다.
▸ 조동사가 있는 문장의 부정문은 조동사 바로 뒤에 not을 써서 만든다.

13 ① 그 일은 빌에 의해 행해지지 않았다.
② 그 영화는 10대 청소년들 사이에서 인기가 있다.
어휘 teen 10대 청소년
③ 쿠키들이 오븐에서 구워졌다.
④ 네 차는 언제 도난당했니?
어휘 steal 훔치다 (steal-stole-stolen)
⑤ 이 잼은 그 농부에 의해 만들어졌니?
어휘 farmer 농부
▸ ②는 be동사가 있는 현재시제의 능동태 문장이며, 나머지는 「be동사 + 과거분사」 형태의 수동태 문장이다.

14 •그는 그 시험을 정말 잘 봤다. 그는 똑똑한 게 틀림없다.
•다니엘은 밤 10시까지는 집에 와야 한다.
▸ 조동사 must에는 '~인 게 틀림없다'라는 강한 확신이 담긴 추측의 뜻과 '~해야 한다'라는 의무의 뜻이 있다.

15 나를 도와줄 수 있니?
① 물론이지. ② 문제 없어. (물론이지.) ③ 응, 너 그렇게 해도 돼. ④ 물론이지. (당연하지.) ⑤ 미안하지만 그럴 수 없어.
▸ ③의 'Yes, you can.'은 허가를 묻는 질문인 'Can I ~?'(~해도 될까요?)에 대한 긍정의 대답이다.

16 ① 그녀는 병원에 가야 할 것이다.
▸ 조동사 뒤에는 동사원형을 쓴다. (will has to → will have to)
② 나는 내일 그녀를 만날 수 있을 것이다[만날 수 있다 / 만날 것이다].
▸ 조동사는 연이어 쓸 수 없다. (will can → will be able to 또는 will이나 can 중 하나 삭제)
③ 너는 내일 일찍 일어나야만 한다.
▸ 조동사 뒤에는 동사원형을 쓴다.
(must got up → must get up)
④ 우리는 그녀를 걱정할 필요가 없다.
⑤ 그는 내 도움 없이 그 일을 할 수 있다.
▸ 조동사는 주어의 수와 인칭에 따라 변하지 않는다.
(cans do → can do)

17 ▸ 현재까지의 경험을 나타내고 있으므로, 현재완료형을 쓴다. 현재완료형은 「have[has] + 과거분사」의 형태로 쓴다.

18 [보기] 너는 여기에서 전화를 사용하면 안 된다. (허가)
① 네 목소리가 들리지 않아. (능력)
② 그는 옳을 리가 없다. (추측)
③ 여기에 주차하시면 안 됩니다. (허가)
④ 그녀는 한국어를 말하지 못한다. (능력)
⑤ 나는 안경 없이는 볼 수 없다. (능력)
어휘 glasses 안경
▸ [보기]와 ③의 can't는 '~하면 안 된다'라는 뜻을 나타낸다.

19 ① 내가 그 표를 예매해야 하니?
어휘 book 책; *예약하다
▸ must는 have to로 바꿔쓸 수 있다.
② 나는 자전거를 탈 수 있다.
▸ can은 be able to로 바꿔쓸 수 있다.
③ 너는 사전을 사용해서는 안 된다.
- 너는 사전을 사용할 필요가 없다.
▸ must not은 '~해서는 안 된다(금지)'라는 뜻이고, don't have to는 '~할 필요가 없다(불필요)'라는 뜻이다.

④ 그 파티는 오후 6시에 열릴 것이다.
▶ will은 be going to로 바꿔쓸 수 있다.
⑤ 제가 여기에 앉아도 될까요?
▶ may와 can은 모두 허가를 나타낼 수 있다.

20 레니가 그 접시를 깨뜨렸다.
→ 그 접시는 레니에 의해 깨졌다.
어휘 plate 접시
▶ 과거시제의 수동태는 「was[were] + 과거분사」의 형태이다.

21 그들은 그 파티를 취소할 것이다.
→ 그 파티는 취소될 것이다.
▶ be going to가 있는 문장의 수동태는 「be going to + be + 과거분사」의 형태이다. 문장 끝에 행위자를 나타내는 by them이 생략되었다.

22 ・영어는 많은 나라에서 말해진다.
▶ 주어(English)가 행동(speak)의 대상이므로 「be동사 + 과거분사」의 수동태를 쓴다.
・너는 언제 그녀와 결혼할 것이니?
▶ 미래의 계획을 묻는 것이므로 be going to를 쓴다.

23 ① 내 부탁을 들어줄래?
② 너는 숙제했니?
어휘 do one's homework 숙제하다
③ 너는 보통 언제 잠자리에 드니?
④ 너는 자동차를 운전할 수 있게 될 거야.
⑤ 내가 지금 그녀에게 사과해야 할까?
어휘 apologize 사과하다
▶ ④ '~할 수 있다'라는 뜻의 be able to가 적절하며, 조동사 will 뒤에 오므로 동사원형 be를 쓴다. 나머지는 모두 do(①, ②는 '하다'라는 뜻의 일반동사 do, ③, ⑤는 의문문을 만드는 do)를 쓴다.

24 ① 그는 미국에 가버렸다.
② 지수는 하와이에 가 본 적이 있다.
어휘 Hawaii 하와이
③ 나는 5년간 요가를 해 왔다.
④ 나는 그녀를 2010년 이래로 계속 알고 지냈다.
⑤ 나는 어제 그 프로젝트를 시작했다.
▶ ⑤ yesterday와 같이 구체적인 과거를 가리키는 말은 현재완료형과 함께 쓸 수 없다. (have started → started)

25 ① 너는 새 차를 샀니?
② 너는 언제 집에 올 거니?
③ 너는 얼마나 오래 여기에 살았니?
④ 벨라는 2013년 5월부터 이곳에 있었다.

⑤ 그는 아직 점심 식사를 끝내지 못했다.
▶ ① 과거시제의 일반동사 의문문은 「Did + 주어 + 동사원형 ~?」이다. (bought → buy)

26 ① 그는 매일 샤워를 한다.
② 뉴욕에 가 본 적 있니?
③ 나는 컴퓨터 게임을 하고 있다.
④ 넌 무엇을 살 거니?
⑤ 많은 사람들이 그 이벤트에 초대되었다.
▶ ⑤ 주어(Many people)가 행동(invite)의 대상이므로 수동태가 되어야 한다. (are inviting → are invited)

27 ① 너는 여기에서 조용히 해야 한다.
② 제시카는 프랑스에 가버렸니?
③ 나는 기타를 칠 수 있게 될 것이다.
④ 그 영화는 그 배우에 의해 감독될 것이다.
⑤ 그 카메라는 현재 사용될 수 없다.
▶ ② 현재완료형 문장의 의문문은 「Have[Has] + 주어 + 과거분사 ~?」의 형태이다. (Does Jessica have gone ...? → Has Jessica gone ...?)

28 나는 지금 그 빨간 펜을 사용하고 있다.
▶ 일정한 상태를 나타내는 동사(own, want, have, know 등)는 진행형으로 쓰지 않는다.

29 (1) 내일은 월요일이고, 그러므로 너는 학교에 가야만 한다. 너는 숙제를 오늘 끝내야 한다.
▶ 주어(You)가 행동(finish)의 주체이므로 능동태를 써야 한다.
(2) 동백나무는 11월과 4월 사이에 꽃을 피운다. 그래서 그 꽃은 겨울에 보일 수 있다.
어휘 bloom 꽃이 피다
▶ 주어(their flowers)가 행동(see)의 대상이므로 수동태를 써야 한다.
(3) 그 차는 주유소에서 세차될 것이다. 이것은 그들의 고객에게 무료이다.
어휘 gas station 주유소 / customer 고객
▶ 주어(The car)가 행동(wash)의 대상이므로 수동태를 써야 한다.

30 A: 여름 방학 동안 넌 무엇을 할 거니?
B: 난 많은 책을 읽을 거야. 두 달 동안 단 한 권의 책도 읽지 않았어.
▶ (1) ⓑ 의문사가 있는 be going to의 의문문은 「의문사 + be동사 + 주어 + going to + 동사원형 ~?」의 형태이다.
(2) ⓓ 주어 I가 1인칭이므로 현재완료형에서 has가 아니라 have를 써야 한다.

UNIT

19 형용사

EXERCISE

A

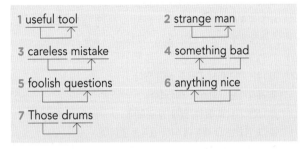

1 useful tool 2 strange man

3 careless mistake 4 something bad

5 foolish questions 6 anything nice

7 Those drums

0 베티는 큰 집에 산다.
1 인터넷은 유용한 도구이다.
2 이상한 남자가 방 안으로 들어갔다.
3 그것은 부주의한 실수였다.
4 그들은 나쁜 무언가를 발견했다.
  ▶ something과 같이 -thing으로 끝나는 말은 형용사가 뒤에서 꾸며준다.
5 그는 어리석은 질문을 했다.
6 케이는 결코 좋은 무언가를 말하지 않는다.
  ▶ anything과 같이 -thing으로 끝나는 말은 형용사가 뒤에서 꾸며준다.
7 그 북들은 내 형의 것이다.
  ▶ 형용사처럼 쓰이는 대명사 Those가 뒤에 나오는 명사 drums를 꾸며준다.

B

1 short, O 2 terrible, S 3 angry, S 4 sweet, S
5 famous, S 6 sad, O 7 interesting, O 8 fine, S

1 새라는 요즘 자신의 머리를 짧게 유지한다.
2 나는 이것을 먹을 수 없다. 그것은 끔찍한 맛이 난다.
3 그는 화나 보여. 무슨 일이 있니?
4 엄마가 쿠키를 굽고 계신다. 그것들은 달콤한 냄새가 난다.
5 그녀는 19세에 유명해졌다. 그녀는 아직도 대단한 스타이다.
6 그 곡은 나를 슬프게 하지만 정말 아름답다.
7 너는 이 책이 아주 재밌다는 것을 알게 될 거야.
8 나는 어제 아팠다. 오늘 나는 괜찮다.
1, 6, 7 ▶ 형용사가 동사와 목적어 뒤에서 목적어를 보충 설명하고 있다.
2~5, 8 ▶ 형용사가 동사 뒤에서 주어를 보충 설명하고 있다.

C

1 any 2 a lot of 3 many 4 some
5 a lot of 6 a few 7 much 8 any

1 어떤 문제가 있니?
  ▶ 의문문이므로 주로 부정문과 의문문에 쓰이는 any가 적절하다.
2 안토니오는 많은 돈을 썼다.
  ▶ 뒤에 셀 수 없는 명사 money가 이어지므로, 셀 수 있는 명사와 셀 수 없는 명사 앞에 모두 쓰이는 a lot of가 적절하다.
3 그 가수는 많은 팬이 있다. (그 가수는 팬이 많다.)
  ▶ 뒤에 셀 수 있는 명사 fans가 이어지므로 셀 수 있는 명사에 쓰이는 many가 적절하다.
4 나는 어제 몇 장의 CD를 샀다.
  ▶ 긍정문이므로 주로 긍정문에 쓰이는 some이 적절하다.
5 존은 전 세계의 많은 동전을 모은다.
  ▶ 뒤에 셀 수 있는 명사 coins가 이어지므로, 셀 수 있는 명사와 셀 수 없는 명사 앞에 모두 쓰이는 a lot of가 적절하다.
6 나는 오늘 아침에 약간의 도넛을 먹었다.
  ▶ 뒤에 셀 수 있는 명사 donuts가 이어지므로, 셀 수 있는 명사 앞에 쓰이는 a few가 적절하다.
7 엘렌은 물을 많이 마시지 않는다.
  ▶ 뒤에 셀 수 없는 명사 water가 이어지므로, 셀 수 없는 명사 앞에 쓰이는 much가 적절하다.
8 우리는 꽃을 조금도 사지 않았다.
  ▶ 부정문이므로 주로 부정문과 의문문에 쓰이는 any가 적절하다.

D

1 a few 2 little 3 few 4 a little

1 A: 너는 만화책을 가지고 있니?
  B: 응, 나는 만화책이 좀 있어.
  ▶ a few는 셀 수 있는 명사(comic books) 앞에 쓰여 수를 나타내며 '조금 있는, 약간의'라는 뜻이다.
2 A: 이번 여름에 비가 거의 안 왔어.
  B: 맞아, 우리는 정말로 비가 좀 필요해.
  ▶ little은 셀 수 없는 명사(rain) 앞에 쓰여 양을 나타내며 '거의 없는'이라는 부정의 뜻이다.
3 A: 도로에 차가 많이 있니?
  B: 아니. 차가 거의 없어.
  ▶ few는 셀 수 있는 명사(cars) 앞에 쓰여 수를 나타내며 '거의 없는'이라는 부정의 뜻이다.
4 A: 너 정말 혼자서 스페인을 여행할 거니?
  B: 그럼! 난 스페인어를 조금 할 줄 알거든.
  ▶ a little은 셀 수 없는 명사(Spanish) 앞에 쓰여 양을 나타내며 '조금 있는, 약간의'라는 뜻이다.

20 부사

EXERCISE

A

1 really 2 carefully 3 happily 4 gently 5 enough
6 horribly 7 heavily 8 early 9 badly 10 quietly

1 real 혱 정말의 / really 뫵 정말로
  ▶ real의 부사형은 형용사에 -ly를 붙인 형태이다.
2 careful 혱 주의 깊은 / carefully 뫵 주의 깊게
  ▶ careful의 부사형은 형용사에 -ly를 붙인 형태이다.
3 happy 혱 행복한 / happily 뫵 행복하게
  ▶ happy의 부사형은 형용사의 y를 i로 바꾸고 -ly를 붙인
  형태이다.
4 gentle 혱 친절한; 부드러운 / gently 뫵 다정하게; 부드럽게
  ▶ gentle의 부사형은 형용사에서 e를 빼고 -y를 붙인 형태이다.
5 enough 혱 충분한 / enough 뫵 충분히
  ▶ enough는 형용사와 부사의 형태가 같다.
6 horrible 혱 끔찍한 / horribly 뫵 끔찍하게
  ▶ horrible의 부사형은 형용사에서 e를 빼고 -y를 붙인
  형태이다.
7 heavy 혱 무거운 / heavily 뫵 무겁게, 심하게
  ▶ heavy의 부사형은 형용사의 y를 i로 바꾸고 -ly를 붙인
  형태이다.
8 early 혱 이른 / early 뫵 일찍
  ▶ early는 형용사와 부사의 형태가 같다.
9 bad 혱 나쁜 / badly 뫵 나쁘게, 심하게
  ▶ bad의 부사형은 형용사에 -ly를 붙인 형태이다.
10 quiet 혱 조용한 / quietly 뫵 조용하게
  ▶ quiet의 부사형은 형용사에 -ly를 붙인 형태이다.

B

1 quite simple
2 plays the piano very well
3 too short
4 Sadly, our team lost the game
5 almost empty
6 come here soon
7 Surely, he will pass the exam
8 Spell your name correctly

0 그 이야기는 매우 우스웠다.
1 그 해결책은 꽤 간단했다.
  ▶ 부사 quite가 형용사 simple을 앞에서 꾸며준다.
2 그녀는 피아노를 매우 잘 친다.
  ▶ 부사 very가 부사 well을 앞에서, 부사 well이 동사 plays를
  뒤에서 꾸며준다.
3 우리의 방학은 너무 짧았다.
  ▶ 부사 too가 형용사 short를 앞에서 꾸며준다.
4 슬프게도 우리 팀이 경기에서 졌다.
  ▶ 부사 Sadly가 문장의 맨 앞에서 문장 전체를 꾸며준다.
5 그 영화관은 거의 비어 있었다.
  ▶ 부사 almost가 형용사 empty를 앞에서 꾸며준다.
6 그들은 곧 여기로 올 것이다.
  ▶ 부사 here와 soon이 동사 come을 뒤에서 꾸며준다.
7 반드시 그는 시험에 통과할 것이다.
  ▶ 부사 Surely가 문장의 맨 앞에서 문장 전체를 꾸며준다.
8 네 이름의 철자를 정확히 말해줘.
  ▶ 부사 correctly가 동사 Spell을 뒤에서 꾸며준다.

C

1 well 2 good 3 easy 4 easily 5 late 6 lately
7 hardly 8 hard

1 나는 어젯밤에 잘 잤다.
  ▶ slept는 보어와 함께 쓰지 않는 동사이므로 동사를 꾸며줄 수
  있는 부사 well이 적절하다.
2 그것은 내게 좋게 들려. (그거 좋은 생각이야.)
  ▶ sound는 보어와 함께 쓰는 동사이므로, 보어 역할을 할 수
  있는 형용사 good이 적절하다.
3 그 문제는 쉬워 보인다.
  ▶ seem은 보어와 함께 쓰는 동사이므로, 보어 역할을 할 수
  있는 형용사 easy가 적절하다.
4 그녀는 그 무거운 상자를 쉽게 들어 올렸다.
  ▶ 동사 lifted를 뒤에서 꾸며주는 부사 easily가 적절하다.
5 빌리는 오늘 아침에 늦게 일어났다.
6 나는 최근에 그 박물관을 방문한 적이 없다.
5, 6 ▶ 부사 late는 '늦게'라는 뜻이고, lately는 '최근에'라는
  뜻이다.
7 더 크게 말해줄 수 있어요? 당신 말을 거의 들을 수 없어요.
8 그는 평생 열심히 일했다.
7, 8 ▶ 부사 hard는 '열심히'라는 뜻이고, hardly는 '거의 ~않는'
  이라는 뜻이다.

D

1 그는 사고로 심각하게 다쳤다.
   ▸ 부사 seriously가 형용사 hurt를 앞에서 꾸며준다.
2 그 벨은 오랫동안 큰 소리로 울렸다.
   ▸ 부사 loudly가 동사 rang을 뒤에서 꾸며준다.
3 그녀는 빙판 위에서 아름답게 스케이트를 탔다.
   ▸ 부사 beautifully가 동사 skated를 뒤에서 꾸며준다.
4 그들은 안전하게 길을 건넜다.
   ▸ 부사 safely가 동사 crossed를 뒤에서 꾸며준다.

E

1 often gives me good advice
2 My sister is rarely sick
3 Jim sometimes stays home
4 We will always remember him
5 was never ashamed of my mistakes
6 My aunt usually opens her store
7 They seldom met on weekends

1, 3, 6, 7 ▸ 빈도부사는 일반동사 앞에 위치한다.
2, 5 ▸ 빈도부사는 be동사 뒤에 위치한다.
4 ▸ 빈도부사는 조동사 뒤, 일반동사 앞에 위치한다.

UNIT
21 비교

EXERCISE

A

1 worse, worst 2 sadder, saddest
3 prettier, prettiest 4 more popular, most popular
5 more beautiful, most beautiful 6 more, most
7 faster, fastest 8 more dangerous, most dangerous
9 safer, safest 10 less, least

1 ▸ bad는 불규칙적으로 변화한다.
2 ▸ 「단모음 + 단자음」으로 끝나는 형용사[부사]는 마지막 자음을
   한 번 더 쓰고 -er 또는 -est를 붙인다.

---

3 ▸ 「자음 + y」로 끝나는 형용사[부사]는 y를 i로 바꾸고 -er 또는
   -est를 붙인다.
4, 5, 8 ▸ 3음절 이상의 형용사[부사]는 앞에 more 또는 most를
   붙인다.
6 ▸ much는 불규칙적으로 변화한다.
7 ▸ 대부분의 경우 형용사[부사] 뒤에 -er 또는 -est를 붙인다.
9 ▸ -e로 끝나는 형용사[부사]에는 -r 또는 -st를 붙인다.
10 ▸ little은 불규칙적으로 변화한다.

B

1 (1) heavier (2) less heavy (3) as heavy as
  (4) the heaviest
2 (1) The highest (2) as high as (3) higher than

1 (1) 양은 토끼보다 더 무겁다.
   ▸ '…보다 더 ~한[하게]'이라는 뜻이 되어야 하므로 「비교급 +
     than + 비교 대상」을 쓴다.
   (2) 토끼는 양보다 덜 무겁다.
   ▸ '…보다 덜 ~한[하게]'이라는 뜻이 되어야 하므로 「less + 원급
     + than + 비교 대상」을 쓴다.
   (3) 캥거루는 양만큼 무겁다.
   ▸ '…만큼 ~한[하게]'이라는 뜻이 되어야 하므로 「as + 원급 + as
     + 비교 대상」을 쓴다.
   (4) 코끼리는 모두 중 가장 무겁다.
   ▸ '…중에 가장 ~한[하게]'이라는 뜻이 되어야 하므로 「the +
     최상급 + of + 범위」를 쓴다.
2 (1) 셋 중에서 가장 높은 산은 에베레스트이다.
   ▸ '…중에 가장 ~한[하게]'이라는 뜻이 되어야 하므로 「the +
     최상급 + of + 범위」를 쓴다.
   (2) 설악산은 에베레스트만큼 높지 않다.
   ▸ '…만큼 ~하지 않은[않게]'이라는 뜻이 되어야 하므로 「not +
     as + 원급 + as + 비교 대상」을 쓴다.
   (3) 백두산은 설악산보다 더 높다.
   ▸ '…보다 더 ~한[하게]'이라는 뜻이 되어야 하므로 「비교급 +
     than + 비교 대상」을 쓴다.

C

1 shortest 2 expensive 3 most interesting 4 better
5 biggest 6 more difficult 7 famous

1 그녀는 반에서 키가 가장 작다.
   ▸ 앞에 the가 나오고 뒤에 「in + 범위」가 나오는 것으로 보아
     최상급을 써야 한다.
2 과일은 고기만큼 비싸지 않다.
   ▸ 앞에 as가 나오고 뒤에 「as + 비교 대상」이 나오는 것으로

보아 원급을 써야 한다.

3 이것은 모든 책들 중에 가장 재미있다.
  ▸ 앞에 the가 나오고 뒤에 「of + 범위」가 나오는 것으로 보아
    최상급을 써야 한다.

4 그는 나보다 요리를 더 잘할 수 있다.
  ▸ 뒤에 「than + 비교 대상」이 나오는 것으로 보아 비교급을 써야
    한다.

5 그는 그녀에게 세상에서 가장 큰 다이아몬드를 주었다.
  ▸ 앞에 the가 나오고 뒤에 「in + 범위」가 나오는 것으로 보아
    최상급을 써야 한다.

6 이 퍼즐은 저것보다 훨씬 더 어려워 보인다.
  ▸ 뒤에 「than + 비교 대상」이 나오는 것으로 보아 비교급을 써야
    한다. much는 차이 나는 정도를 강조하기 위해 쓰였다.

7 에펠탑은 자유의 여신상만큼 유명하다.
  ▸ 앞에 as가 나오고 뒤에 「as + 비교 대상」이 나오는 것으로 보아
    원급을 써야 한다.

D

> **1** less important **2** bright, brighter **3** more

1 건강은 돈보다 더 중요하다. = 돈은 건강보다 덜 중요하다.
  ▸ 'A가 B보다 더 ~하다'는 'B가 A보다 덜 ~하다'와 같은
    뜻이다.

2 내 방은 내 여동생 방보다 덜 밝다. = 내 방은 내 여동생 방만큼
    밝지 않다. = 내 여동생 방은 내 방보다 더 밝다.
  ▸ 'A가 B보다 덜 ~하다'는 'A는 B만큼 ~하지 않다', 'B가
    A보다 더 ~하다'와 같은 뜻이다.

3 서울은 런던보다 비가 덜 온다. = 런던은 서울보다 비가 더 온다.
  ▸ 'A가 B보다 덜 ~하다'는 'B가 A보다 더 ~하다'와 같은
    뜻이다.

E

> **1** the busiest **2** more tired **3** as hard as possible
> **4** not as sweet as

1 ▸ '…중에 가장 ~한[하게]'이라는 뜻이 되어야 하므로 「the +
    최상급 + in + 범위」를 쓴다.

2 ▸ '…보다 더 ~한[하게]'이라는 뜻이 되어야 하므로 「비교급 +
    than + 비교 대상」을 쓴다. 일부 2음절 형용사[부사]는 앞에
    more를 붙여 비교급을 나타낸다.

3 ▸ '가능한 한 ~한[하게]'이라는 뜻이 되어야 하므로 「as + 원급 +
    as possible」을 쓴다.

4 ▸ '…만큼 ~하지 않은[않게]'이라는 뜻이 되어야 하므로 「not +
    as + 원급 + as + 비교 대상」을 쓴다.

UNIT

22 전치사 I

EXERCISE

A

> **1** (at Sinchon station) **2** (beside the tree)
> **3** (between Jack and me) **4** (out of his pocket)
> **5** (into the cave)

0 나는 내 휴대전화를 가방 안에 넣었다.

1 우리는 신촌역에서 만날 것이다.
  ▸ at은 '~에(서)'라는 뜻이며, 전치사구 at Sinchon station은
    동사 are going to meet을 꾸며주는 부사 역할을 한다.

2 그들은 나무 옆에 누워 있다.
  ▸ beside는 '~ 옆에'라는 뜻이며, 전치사구 beside the tree는
    동사 are lying을 꾸며주는 부사 역할을 한다.

3 잭과 나 사이에 있는 소녀는 케이트이다.
  ▸ between은 '~ 사이에'라는 뜻이며, 전치사구 between
    Jack and me는 앞의 명사 The girl을 꾸며주는 형용사
    역할을 한다.

4 그는 동전 몇 개를 주머니 밖으로 꺼냈다.
  ▸ out of는 '~ 밖으로'라는 뜻이며, 전치사구 out of his
    pocket은 동사 took을 꾸며주는 부사 역할을 한다.

5 그 사냥꾼은 천천히 동굴 안으로 들어갔다.
  ▸ into는 '~ 안으로'라는 뜻이며, 전치사구 into the cave는
    동사 went를 꾸며주는 부사 역할을 한다.

B

> **1** in front of **2** by **3** from, to **4** out of **5** down
> **6** around **7** across from **8** under

1 ▸ in front of: ~ 앞에
2 ▸ by: ~ 옆에
3 ▸ from ~ to …: ~부터 …까지
4 ▸ out of: ~ 밖으로
5 ▸ down: ~ 아래로
6 ▸ around: ~ 주위에
7 ▸ across from: ~의 맞은편에
8 ▸ under: ~ 아래에

C

1 개가 침대 아래에서 자고 있다. → 개가 침대 위에서 자고 있다.
▶ under: ~ 아래에, on: (표면에 붙어서) ~ 위에

2 전등이 침대 옆에 있다.

3 침대가 책상과 전등 사이에 있다.

4 실내화가 책상 위에 있다. → 슬리퍼가 책상 아래에 있다.
▶ over: (떨어져서) ~ 위에, under: ~ 아래에

5 책들이 상자 옆에 있다. → 책들이 상자 안에 있다.
▶ beside: ~ 옆에, in: ~ 안에

6 벽에 그림이 있다.

D

1 into **2** over **3** behind **4** up

1 쥐가 구멍 안으로 뛰어들어갔다.
▶ into: ~ 안으로

2 비행기가 바다 위를 날고 있다.
▶ over: (떨어져서) ~ 위에

3 그들은 커튼 뒤에 숨었다.
▶ behind: ~ 뒤에

4 한 소년이 나무 위로 올라가고 있다.
▶ up: ~ 위로

UNIT
23 전치사 II

EXERCISE

A

1 at **2** until **3** for **4** with **5** about **6** by **7** from
8 without

1 그 영화는 오후 6시에 시작한다.
▶ 「at + 시각, 한 시점」은 '~에'라는 뜻이다.

2 나는 여기에 크리스마스까지 머물 것이다.
▶ until은 '~까지'라는 뜻이며, 그때까지 동작이나 상태가 계속됨을 나타낸다.

3 이틀 동안 비가 오고 있다.

▶ 「for + 구체적인 시간의 길이」는 '~ 동안'이라는 뜻이다.

4 그 페이지는 가위로 잘려져 있었다.
▶ 「with + 사물」은 '~을 가지고'라는 뜻이다.

5 너는 무엇에 관해 생각하고 있니?
▶ about은 '~에 관해'라는 뜻이다.

6 그녀는 자전거를 타고 도서관에 갔다.
▶ 「by + 교통수단」은 '~을 타고'라는 뜻이다.

7 그는 6월부터 9월까지 이곳에서 일할 것이다.
▶ 「from ~ to ...」는 '~부터 ...까지'라는 뜻이다.

8 나는 그녀의 조언 없이 그것을 할 수 없다.
▶ without은 '~ 없이'라는 뜻이다.

B

1 during **2** of **3** in **4** before

1 ▶ 「during + 특정한 기간」은 '~ 동안, ~ 중에'라는 뜻이다.

2 ▶ of는 '~의'라는 뜻이다.

3 ▶ 월을 나타낼 때는 전치사 in을 쓴다.

4 ▶ before는 '~ 전에'라는 뜻이다.

C

1 by **2** for **3** from

1 ⓐ 너는 11시까지 공항에 도착할 수 있니?
▶ 「by + 기한」은 '(기한이) ~까지'라는 뜻이며, 그때까지 어떤 일이 완료되어야 함을 나타낸다.
ⓑ 그 드레스는 유명한 디자이너에 의해 만들어졌다.
▶ 「by + 사람」은 '~에 의해'라는 뜻으로 행위자를 나타낸다.

2 ⓐ 나는 내 여자친구를 위해 꽃을 좀 샀다.
▶ for는 '~을 위해'라는 뜻이다.
ⓑ 그는 세 시간 동안 게임을 했다.
▶ 「for + 구체적인 시간의 길이」는 '~ 동안'이라는 뜻이다.

3 ⓐ 나는 방금 LA에서 뉴욕으로 이사했다.
▶ 「from ~ to ...」는 '~부터 ...까지'라는 뜻이다.
ⓑ 나는 그 쇼를 시작부터 보았다.
▶ from은 '~부터'라는 뜻이다.

D

1 (c) **2** (e) **3** (d) **4** (a) **5** (b)

1 그 가게는 몇 시에 여니? - (c) 아침 9시에.
▶ 「at + 시각, 한 시점」은 '~에'라는 뜻이다.

2 언제 이 보고서를 끝마쳐야 하니? - (e) 다음 주 화요일까지.
▶ by는 '(기한이) ~까지'라는 뜻이다.

3 브라이언의 생일은 언제니? – (d) 7월 9일.
> 「on + 날짜, 요일, 특정한 날」은 '~에'라는 뜻이다.

4 꽃은 언제 피니? – (a) 봄에.
> 계절 앞에는 전치사 in을 쓴다.

5 너는 얼마나 오래 모스크바에 머물고 있니? – (b) 지난달부터.
> since는 '~이래로 (지금까지 계속)'라는 뜻이다.

E

@ with ⓑ During ⓒ about ⓓ at ⓔ on ⓕ from
ⓖ to ⓗ by ⓘ for

유스 뮤직 페스티벌

유스 뮤직 페스티벌에 오신 걸 환영합니다! 페스티벌에서 여러분은 음악을 즐기고, 친구들과 함께 휴식을 취할 수 있습니다!

페스티벌 동안 댄스 경연대회가 있을 것입니다. 그 후에 우리는 노래를 좀 들을 것입니다. 그 곡들은 젊음과 행복에 관한 것일 것입니다. 마지막으로, 힙합 공연들이 오후 7시에 시작할 것입니다.

이 페스티벌은 11월 17일 토요일에 오후 3시부터 9시까지 열릴 것입니다. 여러분은 버스나 지하철을 타고 경기장에 오실 수 있습니다. 더 많은 정보를 위해서는 02-050-0505로 전화 주세요.

@ ▶ 「with + 사람」은 '~와 함께'라는 뜻이다.
ⓑ ▶ 「during + 특정한 기간」은 '~ 동안, ~ 중에' 라는 뜻이다.
ⓒ ▶ about은 '~에 관해'라는 뜻이다.
ⓓ ▶ 「at + 시각, 한 시점」은 '~에'라는 뜻이다.
ⓔ ▶ 「on + 날짜, 요일, 특정한 날」은 '~에'라는 뜻이다.
ⓕ, ⓖ ▶ 「from ~ to ...」는 '~부터 …까지'라는 뜻이다.
ⓗ ▶ 「by + 교통수단」은 '~을 타고'라는 뜻이다.
ⓘ ▶ for는 '~을 위해'라는 뜻이다.

REVIEW TEST 04

1 ② **2** ⑤ **3** ② **4** ② **5** ④ **6** ① **7** ② **8** less **9** careful
10 ③ **11** ③ **12** ④ **13** ② **14** ⑤ **15** ④ **16** ⑤ **17** between
18 during **19** after **20** for **21** ⑤ **22** Alex **23** (1) Eva
is the tallest of the three (2) Alex is not as tall as Hye-
jin **24** ② **25** more **26** ④ **27** ② **28** doesn't have any
sisters **29** complete this project by, Monday
30 on the morning → in the morning, fastest → fast,
carelessly → careless, many → much

1 ① 사랑스러운 ② 친절하게 ③ 졸린 ④ 신중한 ⑤ 위험한
> ②는 부사이고 나머지는 형용사이다.

2 ① 자주 ② 이미 ③ 매우 ④ 보통 ⑤ 조용한
> ⑤는 형용사이고 나머지는 부사이다.

3 ▶ ① hot - hotter - hottest
  ③ many - more - most
  ④ easy - easier - easiest
  ⑤ short - shorter - shortest

4 그녀는 _____ 정보가 없었다.
① 많은 ② 조금의 ③ 많은 ④ 어느 ⑤ 많은
> ② a few는 수를 나타내는 형용사이며 셀 수 있는 명사 앞에 쓴다.

5 그는 _____ 예의 바르게 말한다.
① 보통 ② 항상 ③ 거의 ~않다 ④ 매우 ⑤ 결코 ~않다
어휘 politely 예의 바르게
> ④ very는 형용사나 부사를 꾸미는 역할을 하는 부사이며, 꾸미는 말 바로 앞에 온다. 나머지는 빈도부사로 일반동사 앞에 쓰여 어떤 일이 얼마나 자주 일어나는지를 나타낸다.

6 • 나는 많은 책을 샀다.
• 나는 그것에 너무 많은 돈을 썼다.
> books는 셀 수 있는 명사이므로 앞에 little, a little, much가 올 수 없고, money는 셀 수 없는 명사이므로 앞에 many가 올 수 없다.

7 • 여러분의 관심에 감사드립니다.
• 한국인들은 젓가락으로 먹는다.
어휘 attention 주의, 주목 / chopsticks 젓가락
> '~에 대해'라는 뜻으로 with, by가 올 수 없고, '~을 가지고'라는 뜻으로 of, for, from이 올 수 없다.

8 그녀는 그녀의 여동생보다 더 예쁘다.
= 그녀의 여동생은 그녀보다 덜 예쁘다.

▶ '…보다 덜 ~한[하게]'이라는 뜻은 「less + 원급 + than + 비교 대상」의 형태로 쓴다.

9 그는 열심히 일한다. → 그는 열심히 일하는 직원이다.
   그는 신중하게 운전한다. → 그는 신중한 운전자이다.
   ▶ 「동사 + 부사」를 같은 뜻의 「형용사 + 명사」로 나타낼 수 있다.
      hard는 부사와 형용사의 형태가 같으며, 부사 carefully의
      형용사 형태는 careful이다.

10 ① 그는 일본에서 온 친구가 있다.
   ② 책상 위의 펜은 내 것이다.
   ③ 우리는 두 시간 동안 야구를 했다.
   ④ 긴 머리를 가진 저 소녀를 봐.
   ⑤ 나는 교실에 있는 소년들을 안다.
   ▶ 밑줄 친 부분은 모두 전치사구로써 ③은 동사 played를
      꾸며주는 부사 역할을, 나머지는 앞에 나온 명사를 꾸며주는
      형용사 역할을 한다.

11 ① 나는 어떤 도움도 원하지 않는다.
   ② 시간이 거의 없다.
   ③ 그는 항상 많은 질문을 한다.
   ④ 무슨 문제가 있니?
   ⑤ 나는 많은 재미있는 이야기를 들었다.
   ▶ ③ questions는 셀 수 있는 명사이므로 much 대신 many나
      a lot of, lots of 등이 와야 한다. (much → many 또는 a
      lot of, lots of)

12 ① 새는 파리만큼 작지 않다.
   어휘 fly 파리
   ② 말은 코끼리보다 더 빠르다.
   ③ 거북이는 달팽이보다 덜 느리게 움직인다.
   어휘 turtle 거북이 / snail 달팽이
   ④ 파리는 코끼리보다 훨씬 더 작다.
   ⑤ 코끼리는 가장 무거운 육지 동물이다.
   ▶ ④ 비교급에서 차이의 정도를 강조할 때는 much, a lot, far
      등을 쓴다. very는 비교급을 강조할 수 없다. (very → much
      또는 a lot, far)

13 ① 슈퍼마켓은 오후 11시에 닫는다.
   ② 잭은 버스를 타고 출근한다.
   ③ 나는 3시간 동안 TV를 보았다.
   ④ 너의 고향에 대해 말해줘.
   어휘 hometown 고향
   ⑤ 너는 내일까지 이것을 끝내야 한다.
   ▶ ② '~을 타고'라는 뜻을 나타낼 때는 「by + 교통수단」의 형태로
      쓴다. (with bus → by bus)

14 [보기] 나는 어제 유명한 사람을 만났다.
   ① 그녀는 유명해졌다.
   ② 나는 그를 유명하게 만들 것이다.
   ③ 그녀의 남편은 부유하고 유명하다.
   ④ 너희 나라는 무엇으로 유명하니?
   ⑤ 나의 가장 친한 친구는 유명한 피아노 연주자이다.
   ▶ [보기]의 famous는 대명사 someone을 꾸며준다. -one,
      -body, -thing으로 끝나는 말은 형용사가 뒤에서 꾸며준다.
      ⑤의 famous는 뒤의 명사(pianist)를 꾸며주고, 나머지는
      주어 또는 목적어를 보충 설명하는 보어 역할을 한다.

15 ▶ '…보다 더 ~한[하게]'이라고 말할 때에는 「비교급 + than +
      비교 대상」의 형태로 쓴다. expensive의 비교급은 more
      expensive이다.

16 ① 이곳은 세계에서 가장 큰 공원이다.
   ▶ 앞에 the가 있고 뒤에 범위를 나타내는 표현이 있으므로
      최상급이 되어야 한다. (larger → largest)
   ② 그 책은 사전만큼 두껍다.
   어휘 dictionary 사전
   ▶ as + 원급 + as + 비교 대상: …만큼 ~한[하게]
      (thicker → thick)
   ③ 오늘은 어제보다 더 춥다.
   ▶ cold의 비교급은 colder이다. (more cold → colder)
   ④ 이것은 세계에서 가장 오래된 나무이다.
   ▶ old의 최상급은 oldest이다. (the most oldest → the
      oldest)
   ⑤ 나의 컴퓨터는 네 것보다 훨씬 더 좋다.
   ▶ much는 비교급에서 차이의 정도를 강조하므로 적절하다.

17 ▶ between: ~ 사이에

18 ▶ during + 특정한 기간: ~ 동안, ~ 중에

19 ▶ look after: ~을 돌보다

20 ▶ look for: ~을 찾다

21 ① 나는 그것을 거의 믿을 수 없다.
   ▶ hard 혱 어려운 뷔 열심히 / hardly 뷔 거의 ~하지 않는
      (hard → hardly)
   ② 우리 어머니께서는 늦게 일어나신다.
   ▶ late 혱 늦은 뷔 늦게 / lately 뷔 최근에 (lately → late)
   ③ 그는 보통 빠르게 운전한다.
   ▶ fast는 형용사와 부사의 형태가 같다. (fastly → fast)
   ④ 나는 그 보고서를 거의 끝냈다.
   ▶ near 혱 가까운 뷔 가까이 / nearly 뷔 거의
      (near → nearly)

⑤ 그 영화는 매우 성공적이었다.
▸ high 형 높은 ♦ 높게 / highly ♦ 매우

22-23 알렉스와 혜진이는 에바 앞에 서 있다. 에바는 혜진이 바로
뒤에 서 있다.

22 ▸ 앞에서부터 알렉스-혜진-에바 순으로 서 있으므로 가장 앞에
서 있는 사람은 알렉스이다.

23 (1) 에바는 셋 중에서 가장 키가 크다.
▸ '…중에 가장 ~한[하게]'이라는 뜻은 「the + 최상급 + of +
범위」로 나타낸다.
(2) 알렉스는 혜진이만큼 키가 크지 않다.
▸ '…만큼 ~하지 않은[않게]'이라는 뜻은 「not + as + 원급 +
as」로 나타낸다.

24 ① 아서는 그의 방 안에 있다.
② 월요일에 만나자.
③ 그들은 곧 돌아올 것이다.
④ 내 남동생은 8월에 태어났다.
⑤ 저녁에는 주로 무엇을 하니?
▸ ②는 전치사 on을 써서 요일을 나타내며, 나머지는 전치사
in을 쓴다.
① in: ~ 안에
③ in a moment: 곧, 바로
④, ⑤ in + 아침, 점심, 저녁, 월, 연도, 계절: ~에

25 서울에는 뉴욕보다 더 많은 사람들이 있다.
▸ '더 많은'이라는 뜻은 many의 비교급 more를 써서 나타낸다.

26 ① 서울은 도쿄보다 더 작다.
② 뉴욕은 도쿄만큼 크지 않다.
③ 서울은 뉴욕보다 더 크지 않다.
④ 뉴욕은 세 도시 중에서 가장 작다.
⑤ 뉴욕에는 도쿄보다 더 적은 사람들이 있다.
▸ ④ 세 도시 중 가장 작은 곳은 서울이다.
(New York → Seoul)

27 ▸ ② nearly는 '거의'라는 뜻의 부사이다.
(→ 그는 바다에 거의 빠질 뻔했다.)

28 ▸ 부정문에서 '조금도 (…않다)'라는 뜻을 나타낼 때 any를 쓴다.
any는 셀 수 있는 명사와 셀 수 없는 명사 앞에 모두 쓰인다.

29 ▸ '~까지'라는 뜻의 완료 기한을 나타낼 때 전치사 by를 쓴다.

30 〈최악의 날〉
나는 아침에 늦게 일어났다. 나는 버스도 놓쳤다. 나는 학교에

가능한 한 빨리 뛰어갔다. 운 없게도, 나는 온종일 부주의한
실수들을 했다. 그리고 선생님들은 나에게 너무나 많은 숙제를
주셨다. 오, 이런!
어휘 unluckily 운 없게도
▸ '아침에'라는 뜻을 나타낼 때는 전치사 in을 쓴다.
▸ '가능한 ~한[하게]'이라는 뜻을 나타낼 때 「as + 원급 + as
possible」을 쓴다.
▸ 명사 mistakes를 꾸미려면 형용사가 와야 한다.
▸ 셀 수 없는 명사 homework를 꾸미려면 much가
적절하다. too much는 '너무나 많은'이라는 뜻이다.

24 to부정사 I

EXERCISE

A

1 (c) **2** (b) **3** (a)

1 나는 마실 무언가를 원한다. – (c) 나는 어떤 조언도 필요하지 않다.
▸ to부정사구가 형용사처럼 대명사 something을 꾸며주고
형용사 any가 명사 advice를 꾸며준다.
2 사람들은 더 많은 돈을 갖기를 원한다. – (b) 우리 엄마는 영화를
좋아하신다.
▸ to부정사구가 명사처럼 동사 want의 목적어로 쓰였고 명사
movies가 동사 likes의 목적어로 쓰였다.
3 이 책은 이해하기에 쉽지 않다. – (a) 이번 시합은 특히 재미있다.
▸ to부정사구가 부사처럼 형용사 easy를 꾸며 뜻을 더해주고
부사 especially가 형용사 exciting을 꾸며 뜻을 더해준다.

B

1 보어 **2** 주어 **3** 보어 **4** 목적어 **5** 목적어 **6** 주어 **7** 보어
8 보어

1 그의 계획은 내년에 그녀와 결혼하는 것이다.
▸ 주어 His plan을 보충 설명하는 주격 보어이다.
2 물 없이 사는 것은 불가능하다.
▸ 주어 자리에 가주어 It을 쓰고 문장 뒤로 이동한 진주어이다.
3 나는 그에게 그 상자들을 나르라고 부탁했다.
▸ 목적어 him을 보충 설명하는 목적격 보어이다.

4 그녀는 개들과 노는 것을 좋아한다.
  ▶ 동사 loves의 목적어이다.

5 패트릭은 훌륭한 요리사가 되기를 원한다.
  ▶ 동사 wants의 목적어이다.

6 머리 모양을 바꾸는 것은 좋은 생각이다.
  ▶ 주어 자리에 가주어 It을 쓰고 문장 뒤로 이동한 진주어이다.

7 가장 중요한 것은 포기하지 않는 것이다.
  ▶ 주어 The most important thing을 보충 설명하는 주격 보어이다.

8 우리 엄마는 내게 낯선 사람과 말하지 말라고 하셨다.
  ▶ 목적어 me를 보충 설명하는 목적격 보어이다.

C

@ what ⓑ how ⓒ when

수지: 아빠, 뭐하고 계세요?
아빠: 차고를 고치고 있단다.
수지: 제가 도와드리고 싶어요! 저에게 @ 무엇을 하면 되는지 말씀해주세요.
아빠: 훌륭하구나! 나를 위해 페인트를 섞어줄 수 있겠니?
수지: 아, 그걸 ⓑ 어떻게 하는지 모르겠어요.
아빠: 어렵지 않단다. 그냥 이 붓으로 그것을 살살 섞으렴. 내가 너에게 ⓒ 언제 멈춰야 할지 알려주마.
  ▶ 「의문사 + to부정사(구)」가 명사 역할을 하여 목적어와 보어로 쓰였다.
    @ what + to부정사: 무엇을 ~할지
    ⓑ how + to부정사: 어떻게 ~할지
    ⓒ when + to부정사: 언제 ~할지

D

1 want to travel **2** is difficult to speak
3 is to be **4** told me not to play

1 나는 전 세계를 여행하고 싶다.
  ▶ to부정사구가 동사 want의 목적어로 쓰인 문장이다.

2 스페인어를 말하는 것은 어렵다.
  ▶ 가주어 It이 문장 앞에 나오고 진주어인 to부정사구가 문장 뒤로 이동한 형태이다.

3 내 목표는 요가 강사가 되는 것이다.
  ▶ to부정사구가 주어 My goal을 보충 설명하는 주격 보어로 쓰인 문장이다.

4 엄마는 나에게 밤늦게 기타를 치지 말라고 말씀하셨다.
  ▶ to부정사구가 동사 told의 목적어 me를 보충 설명하는 목적격 보어로 쓰인 문장이므로, 「주어 + 동사 + 목적어 + to부정사」의 형태로 쓴다. to부정사의 부정형은 to 앞에 not을 써서 만든다.

E

1 I decided to write in my diary every day.
2 She wants her husband not to smoke.
3 My parents expect me to be a nice person.
4 It's impossible to get there on time.

1 나는 매일 일기를 쓰기로 결심했다.
  ▶ 동사 decided의 목적어가 되어야 하므로 동사 write를 to부정사의 형태로 써야 한다. (write → to write)

2 그녀는 자신의 남편이 담배를 피우지 않기를 바란다.
  ▶ 동사 wants의 목적어 her husband를 보충 설명하는 목적격 보어로 to부정사가 와야 하며, to부정사의 부정형은 to 앞에 not을 써서 만든다. (to doesn't smoke → not to smoke)

3 우리 부모님께서는 내가 좋은 사람이 되기를 기대하신다.
  ▶ expect는 문장 전체의 동사이므로 to부정사의 형태가 되면 안 된다. be 이하가 목적어 me를 보충 설명하는 목적격 보어가 되어야 하므로 동사 be를 to부정사 형태로 써야 한다. (to expect → expect, be → to be)

4 제시간에 그곳에 도착하는 것은 불가능하다.
  ▶ 가주어 It이 문장 앞에 나오고 진주어가 문장 뒤로 이동한 형태이다. 진주어는 to부정사구의 형태로 써야 한다.
    (get there → to get there)

UNIT

25 to부정사 II

EXERCISE

A

1 부사 **2** 형용사 **3** 부사 **4** 형용사 **5** 부사

1 한글은 배우기 쉽다.
  ▶ 형용사 easy를 꾸며주는 부사 역할을 한다.

2 우리는 오늘 갈 길이 멀다.
  ▶ 명사 way를 꾸며주는 형용사 역할을 한다.

3 우리 형은 버스를 잡기 위해 뛰었다.
  ▶ to부정사구가 부사 역할을 하며 '~하기 위해, ~하려고'라는 목적의 뜻을 나타낸다.

4 내 가방에 먹을 무언가가 있다.
  ▶ 대명사 something을 꾸며주는 형용사 역할을 한다.

5 그는 가족과 함께 살아서 행복하다.

▶ to부정사구가 부사 역할을 하며, 감정을 나타내는 형용사 happy 뒤에 쓰여 '~해서, ~하니'라는 원인의 뜻을 나타낸다.

B

1 something to make 2 someone to fix her car
3 lots of homework to finish
4 too full to eat the dessert
5 in order to finish the report

1~3 ▶ 형용사 역할을 하는 to부정사는 (대)명사를 뒤에서 꾸며준다.
4 ▶ '~하기에 너무 …한'이라는 뜻을 나타낼 때는 「too + 형용사 + to부정사」를 쓴다.
5 ▶ 목적의 뜻을 분명히 하기 위해 to부정사 앞에 in order를 붙이기도 한다.

C

1 too 2 to pass 3 rich enough 4 time to think
5 glad to be

1 네 남동생은 운전하기에 너무 어리다.
   ▶ 「too + 형용사 + to부정사」는 '~하기에 너무 …한'이라는 뜻을 나타낸다.
2 그녀는 시험에 합격하기 위해 열심히 공부하고 있다.
   ▶ 문장의 동사 역할이 아닌 부사 역할을 해야 하는 위치이므로 to부정사의 형태가 적절하다.
3 그 남자는 그 건물을 사기에 충분히 부유하다.
   ▶ 「형용사 + enough + to부정사」는 '~하기에 충분히 …한'이라는 뜻을 나타낸다.
4 나는 그것에 대해 생각할 시간이 필요하다.
   ▶ 형용사 역할을 하는 to부정사는 명사(time)를 뒤에서 꾸며준다.
5 나는 너의 친구여서 기쁘다.
   ▶ 감정을 나타내는 형용사(glad) 뒤의 to부정사는 '~해서, ~하니'라는 뜻을 나타낸다.

D

1 happy√be 2 hard√read 3 surprised√hear
4 books√read 5 a visa√go

1 너와 함께 있어서 행복하다.
   ▶ 감정을 나타내는 형용사(happy) 뒤의 to부정사는 '~해서, ~하니'라는 뜻을 나타낸다.
2 이 편지는 읽기 어렵다.
   ▶ 쉽고 어려운 정도를 나타내는 형용사(hard) 뒤의 to부정사는

'~하기에'라는 뜻을 나타낸다.
3 나는 그의 이름을 들어서 놀랐다.
   ▶ 감정을 나타내는 형용사(surprised) 뒤의 to부정사는 '~해서, ~하니'라는 뜻을 나타낸다.
4 미아는 읽을 책들을 살 것이다.
   ▶ 형용사 역할을 하는 to부정사는 명사(books)를 뒤에서 꾸며준다.
5 일본에 가기 위해서 비자가 필요하니?
   ▶ to부정사구(to go to Japan)가 '~하기 위해, ~하려고'라는 목적의 뜻을 나타낸다.

E

1 He is too weak to lift the box.
2 This washing machine is easy to use.
3 Do you have anything to give me?
4 I was shocked to see the price tag.

0 켈리는 의사가 되기 위해 열심히 공부한다.
1 그는 그 상자를 들기에 너무 약하다.
   ▶ 「too + 형용사 + to부정사」는 '~하기에 너무 …한'이라는 뜻을 나타낸다.
2 이 세탁기는 사용하기 쉽다.
   ▶ to부정사가 부사 역할을 하며 쉽고 어려움의 정도를 나타내는 형용사 easy 뒤에 쓰여 '~하기에'라는 뜻을 나타낸다.
3 제게 줄 뭔가가 있나요?
   ▶ to부정사가 형용사 역할을 하며 대명사 anything을 꾸며 '~할'이라는 뜻을 나타낸다.
4 나는 그 가격표를 보고 충격을 받았다.
   ▶ to부정사가 부사 역할을 하며 감정을 나타내는 형용사 shocked 뒤에 쓰여 '~해서, ~하니'라는 뜻을 나타낸다.

UNIT

26 동명사

EXERCISE

A

> 1 I like making[to make] strawberry jam.
> 2 Filming[To film] movies is exciting.
> 3 I don't mind doing hard work.
> 4 Reading[To read] comic books is really fun.

0 나는 어젯밤에 그 프로그램을 즐겼다.
→ 나는 어젯밤에 그 프로그램 보는 것을 즐겼다.
▸ 동사 enjoy는 목적어로 동명사를 쓴다.

1 나는 딸기 잼을 좋아한다.
→ 나는 딸기 잼 만드는 것을 좋아한다.
▸ 동사 like는 목적어로 동명사(또는 to부정사)를 쓴다.

2 영화는 재미있다.
→ 영화를 촬영하는 것은 재미있다.
▸ 동사가 문장에서 명사처럼 주어로 쓰일 때는 동명사(또는 to부정사)의 형태가 되어야 한다.

3 나는 힘든 일을 꺼리지 않는다.
→ 나는 힘든 일 하는 것을 꺼리지 않는다.
▸ 동사 mind는 목적어로 동명사를 쓴다.

4 만화책은 정말 재미있다.
→ 만화책을 읽는 것은 정말 재미있다.
▸ 동사가 문장에서 명사처럼 주어로 쓰일 때는 동명사(또는 to부정사)의 형태가 되어야 한다.

2, 4 ▸ 주어로 쓰인 동명사구(또는 to부정사구)는 단수 취급한다.

B

> 1 cooking 2 producing 3 listening 4 is 5 drinking
> 6 cleaning

1 내 취미는 중국 음식을 요리하는 것이다.
▸ 동사가 문장에서 명사처럼 주격 보어로 쓰일 때는 동명사(또는 to부정사)의 형태가 되어야 한다.

2 프랑스는 좋은 와인을 생산하는 것으로 유명하니?
▸ 전치사(for) 뒤에 동사가 이어질 때는 동명사의 형태로 써야 한다.

3 앨리스는 록 음악 듣는 것을 좋아한다.
▸ 동사 love는 목적어로 동명사(또는 to부정사)를 쓴다.

4 조부모님과 함께 사는 것은 요즘 흔하지 않다.
▸ 주어로 쓰인 동명사구는 단수 취급한다.

5 그 남자는 술 마시는 것을 그만둘 것이다.
▸ 동사 quit은 목적어로 동명사를 쓴다.

6 너는 정오까지 네 방을 청소하는 것을 끝마쳐야 한다.
▸ 동사 finish는 목적어로 동명사를 쓴다.

C

> 1 being 2 to do 3 going[to go] 4 Wearing[To wear]
> 5 having[to have]

1 나는 어둠 속에 혼자 있는 것을 무서워했다.
▸ 전치사(of) 뒤에 동사가 이어질 때는 동명사의 형태로 써야 한다.

2 너는 이번 주말에 무엇을 할 계획이니?
▸ 동사 plan은 목적어로 to부정사를 쓴다.

3 빌은 치과에 가는 것을 싫어한다.
▸ 동사 hate는 목적어로 동명사(또는 to부정사)를 쓴다.

4 선글라스를 끼는 것은 눈에 좋다.
▸ 동사가 문장에서 명사처럼 주어로 쓰일 때는 동명사(또는 to부정사)의 형태가 되어야 한다.

5 행복이란 좋은 친구들을 갖는 것이다.
▸ 동사가 문장에서 명사처럼 주격 보어로 쓰일 때는 동명사(또는 to부정사)의 형태가 되어야 한다.

D

> 1 Washing[To wash] your hands
> 2 walking to school with my friends
> 3 to be a movie director
> 4 showing your student ID

1 손을 씻는 것은 건강해지는 쉬운 방법이다.
▸ 동사가 문장에서 명사처럼 주어로 쓰일 때는 동명사(또는 to부정사)의 형태가 되어야 한다.

2 나는 친구들과 함께 학교에 걸어가는 것을 즐긴다.
▸ 동사 enjoy는 목적어로 동명사를 쓴다.

3 나는 언젠가 영화감독이 되고 싶다.
▸ 동사 want는 목적어로 to부정사를 쓴다.

4 학생증을 보여줌으로써 10% 할인을 받을 수 있다.
▸ 전치사(by) 뒤에 동사가 이어질 때는 동명사의 형태로 써야 한다.

E

> 1 His job is selling[to sell] cars.
> 2 You can't avoid meeting her.
> 3 Not eating fast food is a good habit.
> 4 Can I lose weight by doing yoga?
> 5 I've decided not to waste money.

1 그의 직업은 차를 파는 것이다.
  ▸ 동사가 문장에서 명사처럼 주격 보어로 쓰일 때는 동명사(또는 to부정사)의 형태가 되어야 한다. (sell → selling[to sell])
2 너는 그녀를 만나는 것을 피할 수 없다.
  ▸ 동사 avoid는 목적어로 동명사를 쓴다. (meet → meeting)
3 패스트푸드를 먹지 않는 것은 좋은 습관이다.
  ▸ 동명사의 부정형은 「not + 동명사」이다. (Eating not → Not eating)
4 요가를 함으로써 살을 뺄 수 있을까?
  ▸ 전치사(by) 뒤에 동사가 이어질 때는 동명사의 형태로 써야 한다. (to do → doing)
5 나는 돈을 낭비하지 않기로 결심했다.
  ▸ 동사 decide는 목적어로 to부정사를 쓴다. to부정사의 부정형은 「not + to부정사」이다. (not wasting → not to waste)

UNIT

27 분사

EXERCISE

A

> 1 stolen 2 melting 3 hidden 4 rising
> 5 wanting to become famous 6 taken in 2015

0 그 소년들은 농구를 하고 있다. → 농구하고 있는 소년들
1 내 시계를 도난당했다. → 내 도난당한 시계
  ▸ stolen은 동사 steal의 과거분사로, '도난당한'(수동)이라는 뜻을 나타낸다.
2 눈이 녹고 있다. → 녹고 있는 눈
  ▸ melting은 동사 melt의 현재분사로, '녹고 있는'(진행)이라는 뜻을 나타낸다.
3 비밀은 숨겨져 있다. → 숨겨진 비밀
  ▸ hidden은 동사 hide의 과거분사로, '숨겨진'(수동)이라는

뜻을 나타낸다.
4 가격이 오르고 있다. → 오르고 있는 가격
  ▸ rising은 동사 rise의 현재분사로, '오르고 있는'(진행)이라는 뜻을 나타낸다.
5 사람들은 유명해지기를 원한다. → 유명해지기를 원하는 사람들
  ▸ wanting은 동사 want의 현재분사로, '원하는'(능동)이라는 뜻을 나타낸다.
6 그 사진들은 2015년에 찍혔다. → 2015년에 찍힌 사진들
  ▸ taken은 동사 take의 과거분사로, '찍힌'(수동)이라는 뜻을 나타낸다.

B

> 1 baked 2 leaving 3 lost

1 이것은 갓 구워진 빵이다.
  ▸ 분사가 꾸며주는 명사(bread)가 행동(bake)의 대상이므로 수동을 나타내는 과거분사를 쓴다.
2 우리는 오후 2시에 떠나는 기차를 놓쳤다.
  ▸ 분사가 꾸며주는 명사(the train)가 행동(leave)의 주체이므로 능동을 나타내는 현재분사를 쓴다.
3 그는 잃어버린 가방을 찾았다.
  ▸ 분사가 꾸며주는 명사(bag)가 행동(lose)의 대상이므로 수동을 나타내는 과거분사를 쓴다.

C

> 1 amazing 2 told 3 barking 4 interesting 5 driving
> 6 laughing

1 나는 놀라운 불꽃놀이를 보았다.
  ▸ 분사가 꾸며주는 명사(fireworks)가 행동(amaze)의 주체이므로 능동을 나타내는 현재분사가 적절하다.
2 〈신데렐라〉는 전 세계적으로 말해지는(전해지는) 이야기이다.
  ▸ 분사가 꾸며주는 명사(a story)가 행동(tell)의 대상이므로 수동을 나타내는 과거분사가 적절하다.
3 나는 짖는 개들이 무섭다.
  ▸ 분사가 꾸며주는 명사(dogs)가 행동(bark)의 주체이므로 능동·진행을 나타내는 현재분사가 적절하다.
4 너는 이 웹사이트에서 흥미로운 기사들을 읽을 수 있다.
  ▸ 분사가 꾸며주는 명사(articles)가 행동(interest)의 주체이므로 능동을 나타내는 현재분사가 적절하다.
5 차를 운전하던 남자가 병원에 실려 갔다.
  ▸ 분사가 꾸며주는 명사(The man)가 행동(drive)의 주체이므로 능동을 나타내는 현재분사가 적절하다.
6 너는 저 뒤의 웃고 있는 소녀가 보이니?
  ▸ 분사가 꾸며주는 명사(the girl)가 행동(laugh)의 주체이므로

진행을 나타내는 현재분사가 적절하다.

D

1 broken 2 arrived 3 shouting 4 written 5 dancing
6 standing 7 talking 8 seen 9 signed

1 짐은 <u>부서진</u> 우산을 가져왔다.
▶ '부서진'이라는 수동의 뜻이 되어야 하므로 과거분사를 쓴다.
2 그는 막 역에 <u>도착했다</u>.
▶ 현재완료형이므로 have동사 뒤에 과거분사를 쓴다.
3 아이들에게 <u>소리 지르고 있는</u> 저 남자는 누구니?
▶ '소리 지르고 있는'이라는 진행의 뜻이 되어야 하므로
현재분사를 쓴다.
4 그 책은 유명한 작가에 의해 <u>쓰였다</u>.
▶ 수동태이므로 be동사 뒤에 과거분사를 쓴다.
5 무대 위에서 <u>춤추고 있는</u> 소녀가 있다.
▶ '춤추고 있는'이라는 진행의 뜻이 되어야 하므로 현재분사를
쓴다.
6 내 앞에 <u>서 있는</u> 사람들은 키가 너무 컸다.
▶ '서 있는'이라는 능동 · 진행의 뜻이 되어야 하므로 현재분사를
쓴다.
7 제리는 새라와 전화로 <u>이야기하고 있다</u>.
▶ 현재진행형이므로 be동사 뒤에 현재분사를 쓴다.
8 너는 히치콕 영화 중 하나를 <u>본 적이 있니</u>?
▶ 현재완료형이므로 have동사 뒤에 과거분사를 쓴다.
9 그 유니폼은 그 선수들에 의해 <u>사인 되었다</u>.
▶ 수동태이므로 be동사 뒤에 과거분사를 쓴다.

E

1 a dog named Sparky 2 carrying a heavy bag
3 watching the exciting game

1 ▶ named는 과거분사로 수동의 뜻을 나타낸다. 분사에 다른
말이 붙어 길어지면 명사를 뒤에서 꾸며준다.
2 ▶ carrying은 현재분사로 능동 · 진행의 뜻을 나타낸다. 분사에
다른 말이 붙어 길어지면 명사를 뒤에서 꾸며준다.
3 ▶ 동사 enjoy는 목적어로 동명사를 쓴다. exciting은
현재분사(또는 형용사)로, 명사 앞에서 명사를 꾸며준다.

F

1 동 2 분 3 분 4 분 5 동 6 동

1 그녀의 업무는 전화를 받는 것이다.
▶ 주어(Her task)를 보충 설명하는 주격 보어로 쓰인 동명사이다.

2 나는 내 양말의 구멍을 꿰매고 있다.
▶ 동사의 활용(진행형)에 쓰인 현재분사이다.
3 자는 아기들은 너무 귀여워!
▶ 형용사처럼 쓰여 명사(babies)를 앞에서 꾸며주는
현재분사이다.
4 파란 모자를 쓴 소년은 내 친구이다.
▶ 형용사처럼 쓰여 명사(The boy)를 뒤에서 꾸며주는
현재분사이다.
5 새로운 기술을 배우는 것은 매우 어렵다.
▶ 문장의 주어로 쓰인 동명사이다.
6 나는 내 강아지와 노는 것을 매우 좋아한다.
▶ 동사 love의 목적어로 쓰인 동명사이다.

REVIEW TEST 05

1 ⑤ 2 ③ 3 ④ 4 ④ 5 Thank, helping 6 ③ 7 ① 8 ④
9 ③ 10 ① 11 ③ 12 ② 13 ④ 14 ③ 15 ② 16 ② 17 ③
18 ④ 19 ③ 20 ④ 21 ③ 22 ① 23 ① 24 is not easy
to use 25 It is important to study English 26 is too
hot to drink 27 am willing to accept your offer
28 built 29 playing 30 ⓐ staying up → to stay up

1 ① 오다 ② 떨어지다 ③ 깨지다 ④ 쓰다 ⑤ 알다
▶ ⑤ know의 과거분사형은 known이다.
(know-knew-known)

2 나는 이 책을 읽는 것을 즐겼다.
▶ 동사 enjoy는 목적어로 동명사를 쓴다.

3 우리는 너를 거기서 보게 되어 놀랐다.
▶ 감정을 나타내는 형용사(surprised) 뒤에 쓰여 '~해서,
~하니'라는 원인을 나타내므로 to부정사를 쓴다.

4 그들은 로마에 가는 것을 계획했다.
▶ 동사 plan은 목적어로 to부정사를 쓴다.

5 ▶ 전치사(for) 뒤에 동사가 이어질 때는 동명사의 형태로 써야
한다.

6 ① 나는 영화 보는 것을 좋아한다.
② 그는 피아노를 <u>치기를</u> 원한다.
③ 이 시험은 <u>합격하기</u> 불가능하다.
어휘 impossible 불가능한
④ 마야는 일본에 <u>가는 것을</u> 결정했다.
⑤ 나는 가능한 한 빨리 너의 소식을 <u>듣기를</u> 희망한다.

▶ ③은 형용사를 수식하는 부사 역할을 하는 to부정사, 나머지는 동사의 목적어로서 명사 역할을 하는 to부정사이다.

7   ① 프랑스어를 읽는 것은 어렵다.
    ② 일본어는 배우기 쉽다.
    ③ 당신을 만나서 정말 기쁩니다.
    ④ 이 기계는 사용하기 어렵다.
    어휘 machine 기계
    ⑤ 그 질문은 대답하기 어렵다.
    ▶ ①은 진주어로서 명사 역할을 하는 to부정사, 나머지는 형용사를 수식하는 부사 역할을 하는 to부정사이다.

8   ▶ ④ '~하기에 충분히 …한'이라는 뜻은 「형용사 + enough + to부정사」로 나타낸다.

9   [보기] 나는 뉴스를 보기 위해 TV를 켰다.
    ① 준은 낚시 가는 것을 좋아한다.
    ② 나는 해야 할 많은 일이 있다.
    ③ 그는 의사가 되기 위해 열심히 공부했다.
    ④ 우리는 약간의 쓸 돈이 필요하다.
    ⑤ 이 책은 이해하기 쉽다.
    ▶ [보기]와 ③은 부사 역할을 하며 '~하기 위해, ~하려고'라는 목적의 뜻을 나타내는 to부정사이다.
    ① 동사 likes의 목적어로 쓰인 to부정사이다.
    ②, ④ 명사를 수식하는 형용사 역할을 하는 to부정사이다.
    ⑤ 형용사를 수식하는 부사 역할을 하는 to부정사이다.

10 ① 톰은 읽을 책을 샀다.
    ② 그는 늦지 않겠다고 약속했다.
    ▶ 동사 promise는 목적어로 to부정사를 쓴다. to부정사의 부정형은 「not + to부정사」이다. (not be → not to be)
    ③ 그는 진실을 알 필요가 있다.
    ▶ to부정사는 주어의 수와 인칭에 관계없이 「to + 동사원형」의 형태로 쓴다. (to knows → to know)
    ④ 마실 것 좀 있니?
    ▶ 형용사 역할을 하는 to부정사는 (대)명사를 뒤에서 꾸며준다. (to drink anything → anything to drink)
    ⑤ 케이트는 해외에서 공부하길 원한다.
    어휘 abroad 해외로[에서]
    ▶ hope는 문장 전체의 동사이므로 to부정사의 형태로 쓰지 않고 주어의 수와 인칭에 맞추어 쓴다. (to hope → hopes)

11 ① 그는 커피 마시는 것을 좋아한다.
    ② 나는 그 편지 쓰는 것을 마쳤다.
    ③ 나는 많은 돈을 모으고 싶다.
    ④ 우리는 너를 다시 만나기를 바란다.
    ⑤ 티나는 테니스 하는 것을 좋아한다.

▶ ③ 동사 want는 목적어로 to부정사를 쓴다.
   (saving → to save)

12 ① 그는 무엇을 해야 할지 몰랐다.
    ② 나는 새 차를 사는 것을 생각하고 있다.
    ③ 네 옆에 앉아 있는 그 남자는 누구니?
    ④ 나는 아침 식사로 삶은 달걀을 먹는 것을 좋아한다.
    ⑤ 아침에 일찍 일어나는 것은 어렵다.
    ▶ ② 전치사(about) 뒤에 동사가 이어질 때는 동명사의 형태로 써야 한다. (buy → buying)

13 너는 문 앞에 서 있는 그 남자를 아니?
    ▶ '서 있는'이라는 능동 · 진행의 뜻이 되어야 하므로 현재분사 standing을 쓴다.

14 이것은 중국어로 쓰인 시이다.
    어휘 poem 시
    ▶ '쓰인'이라는 수동의 뜻이 되어야 하므로 과거분사 written을 쓴다.

15 우리는 놀라운 소식을 들었다.
    ▶ '놀라게 하는'이라는 능동의 뜻이 되어야 하므로 현재분사 amazing을 쓴다.

16 그는 잠긴 문을 열기 위해 노력했다.
    ▶ '잠긴'이라는 수동의 뜻이 되어야 하므로 과거분사 locked를 쓴다.

17 A : 나는 놀라운 소식을 들었어. 셸리 선생님께서 학교를 떠나신대.
    B : 오, 그분은 학생들에게 사랑받으셔.
    ▶ '놀라게 하는'이라는 능동의 뜻이 되어야 하므로 현재분사(surprising)를 쓰며, 문맥상 수동태가 되어야 하므로 be동사 뒤에 과거분사(loved)를 쓴다.

18 A : 너 해야 할 숙제가 있니?
    B : 아니. 난 숙제 하는 것을 끝마쳤어.
    ▶ 각각 명사(homework)를 꾸며주는 to부정사와 finished의 목적어 역할을 하는 동명사가 들어가야 한다.

19 (교무실 문 앞에서)
    화이트 선생님: 카이! 왜 여기에 있니? 누굴 기다리고 있는 거야?
    카이: 그레이 선생님이요! 그분은 매우 바빠 보여요. 언제 그분께 질문을 해야 할지 잘 모르겠어요.
    화이트 선생님: 그분은 너를 도와줄 시간이 많지 않을지도 몰라. 나에게 그 문제들을 어떻게 푸는지 물어봐도 된단다.
    어휘 solve (문제를) 풀다

▶ when + to부정사: 언제 ~할지
how + to부정사: 어떻게 ~할지(~하는 방법)

20 ① 우리 아버지는 담배 피우는 것을 그만두셨다(담배를 끊으셨다).
② 그녀는 음악 듣는 것을 좋아한다.
③ 나는 그 다큐멘터리 보는 것을 즐겼다.
④ 야구를 하는 것은 재미있다.
⑤ 우리는 늦게 자는 것을 피해야 한다.
▶ ④는 주어로 쓰인 동명사구이고, 나머지는 동사의 목적어로
쓰인 동명사구이다.

21 ① 나는 슈퍼마켓에 걸어가는 중이다.
② 제이슨은 통화 중이다.
③ 내 취미는 농구하는 것이다.
④ 루시는 그녀의 방에서 자고 있다.
⑤ 그녀는 신문을 읽고 있다.
▶ ③은 주격 보어로 쓰인 동명사이고, 나머지는 be동사와 함께
진행형을 만드는 현재분사이다.

22 ① 맥스는 울고 있는 아기들을 돌보고 있다.
② 그는 이탈리아 음식을 만드는 것을 잘한다.
③ 산드라는 늦는 것에 대해 걱정했다.
④ 사실을 말하는 게 어때?
⑤ 우리는 서로 사랑함으로써 세계에 평화를 불러올 수 있어.
▶ ①은 명사 babies를 꾸며주는 현재분사이고, 나머지는
전치사의 목적어로 쓰인 동명사이다.

23 ① 나는 떨어진 나뭇잎 위로 걸었다.
② 우리는 충격적인 이야기를 들었다.
▶ '충격을 주는'이라는 능동의 뜻이 되어야 하므로 현재분사를
써야 한다. (shocked → shocking)
③ 깨진 유리를 만지지 말아라.
▶ '깨진'이라는 수동의 뜻이 되어야 하므로 과거분사를 써야
한다. (breaking → broken)
④ 그것은 매우 흥미진진한 쇼였다.
▶ '흥미진진한'이라는 능동의 뜻이 되어야 하므로 현재분사를
써야 한다. (excited → exciting)
⑤ 너는 그녀에게 말하고 있는 남자를 아니?
▶ '말하고 있는'이라는 진행의 뜻이 되어야 하므로 현재분사를
써야 한다. (talked → talking)

24 ▶ 쉽고 어려운 정도를 나타내는 형용사(easy) 뒤의 to부정사는
'~하기에'라는 뜻을 나타낸다.

25 ▶ to부정사구가 주어인 경우 보통 주어 자리에 가주어 It을 쓰고
to부정사구는 문장 뒤로 보낸다.

26 ▶ too + 형용사 + to부정사: ~하기에 너무 …한

27 어휘 accept 받아들이다 / offer 제안
▶ to부정사는 willing, sure, ready, likely 등의 형용사와 자주
쓰인다.

28 ▶ '지어진'이라는 수동 · 완료의 뜻이 되어야 하므로 과거분사
built가 적절하다.

29 ▶ '치고 있는, 연주하는'이라는 능동 · 진행의 뜻이 되어야 하므로
현재분사 playing이 적절하다.

30 내 여동생 미아와 나는 늦게까지 깨 있는 것을 원했다. 우리는
부엌에서 얼려진[냉동] 피자를 구웠다. 우린 부모님을 깨우지
않기 위해 조용히 이야기했다. 갑자기 전등이 꺼졌고 누군가가
부엌으로 들어왔다. 내 여동생과 나는 소리를 지르기 시작했다.
그러나 그것은 우리를 확인하러 오신 부모님이셨다.
어휘 stay up 깨어 있다 / quietly 조용히 / light 빛; *전등
▶ ⓐ 동사 want는 목적어로 to부정사를 쓰므로 to stay up이
되어야 한다.

UNIT

28 접속사

EXERCISE

A

1 and 2 so 3 but 4 or 5 but 6 or 7 so

1 조와 토니는 쌍둥이 형제이다.
▶ A and B는 'A와 B'라는 뜻으로 명사와 명사를 연결하고 있다.
2 추워서 우리는 난방기를 틀었다.
▶ A, so B는 'A, 그래서 B'라는 뜻으로 so 앞은 원인, 그 뒤를
결과를 나타낸다.
3 제인은 수학을 잘하지만 나는 그렇지 않다.
▶ A but B는 'A 그러나 B'라는 뜻으로 서로 반대되는 내용을
연결한다.
4 당신은 당신의 호텔까지 버스 또는 택시를 탈 수 있다.
▶ A or B는 'A 또는 B'라는 뜻으로 선택을 나타낸다.
5 케빈은 지난주에 아팠지만, 지금은 좋아 보인다.
▶ A but B는 'A 그러나 B'라는 뜻으로 서로 반대되는 내용을

연결한다.
6 스테이크 또는 치즈버거 중에 어느 것을 먹을 거니?
  ▶ A or B는 'A 또는 B'라는 뜻으로 선택을 나타낸다.
7 영화가 곧 시작하니 우리는 서둘러야 한다.
  ▶ A, so B는 'A, 그래서 B'라는 뜻으로 so 앞은 원인, 그 뒤는 결과를 나타낸다.

B

1 ⓐ 2 ⓑ 3 ⓐ 4 ⓐ 5 ⓐ

1 나는 ⓐ 이를 닦은 후에 잠자리에 들었다.
  ⓑ 나는 내일 시험이 있다.
  ▶ after는 때를 나타내는 종속접속사로, '~한 후에'라는 뜻이다. 접속사 after가 이끄는 부사절이 주절보다 먼저 일어난 일이다.
2 ⓑ 내일 날씨가 화창하다면 우리는 소풍을 갈 것이다.
  ⓐ 그녀는 그것을 좋아할 것이다.
  ▶ if는 조건을 나타내는 종속접속사로, '~하다면, ~하는 경우에는'이라는 뜻이다. 조건을 나타내는 부사절에서는 현재형 동사로 미래의 일을 나타낸다.
3 ⓐ 내가 샤워를 하는 동안에 전화가 울렸다.
  ⓑ 제이슨은 나와 말하는 것을 좋아한다.
  ▶ while은 때를 나타내는 종속접속사로, '~하는 동안에'라는 뜻이다. 의미상 while 앞뒤의 사건이 동시에 일어난다.
4 비가 많이 왔기 때문에 ⓐ 그 경기는 취소되었다.
  ⓑ 나는 우산을 가져오지 않았다.
  ▶ because는 이유를 나타내는 종속접속사로, '~하기 때문에'라는 뜻이다. 접속사 because가 이끄는 부사절이 주절의 이유를 나타낸다.
5 ⓐ 내가 어렸을 때 나는 수영 선수가 되고 싶었다.
  ⓑ 나는 올림픽에서 메달을 딸 것이다.
  ▶ when은 때를 나타내는 종속접속사로, '~할 때'라는 뜻이다.

C

1 It is clear√she 2 The fact is√I've 3 Do you think√he
4 The problem is√they 5 It's surprising√you

1 그녀가 영국에서 왔다는 것은 확실하다.
  ▶ that이 절(she came from England)을 이끌어 절이 문장 안에서 주어 역할을 하게 한다. 주어 자리의 It은 가주어이고 that이 이끄는 명사절이 진주어이다.
2 사실은 내가 모든 돈을 써버렸다는 것이다.
  ▶ that이 절(I've spent all the money)을 이끌어 절이 문장 안에서 보어 역할을 하게 한다.
3 너는 그가 진짜 그녀를 사랑한다고 생각하니?
  ▶ that이 절(he really loves her)을 이끌어 절이 문장 안에서

동사 think의 목적어 역할을 하게 한다.
4 문제는 그들에게 연료가 떨어졌다는 것이다.
  ▶ that이 절(they are out of gas)을 이끌어 절이 문장 안에서 보어 역할을 하게 한다.
5 네가 그것을 알지 못했다는 것이 놀랍다.
  ▶ that이 절(you didn't know that)을 이끌어 절이 문장 안에서 주어 역할을 하게 한다. 주어 자리의 It은 가주어이고 that이 이끄는 명사절이 진주어이다.

D

1 and 2 before 3 but 4 if 5 because 6 that

1 나는 파스타와 샐러드를 주문했다.
  ▶ 'A와 B'라고 연결하는 것이 자연스러우므로 and가 적절하다.
2 그 밴드는 콘서트가 시작되기 전에 리허설했다.
  ▶ 문맥상 '~ 하기 전에'라는 뜻의 before가 적절하다.
3 마이크는 열심히 공부했지만, 또 떨어졌다.
  ▶ 서로 반대되는 내용이 연결되므로 but이 적절하다.
4 네가 그녀를 알게 된다면 그녀를 좋아하게 될 것이다.
  ▶ 문맥상 '~하다면, ~하는 경우에는'이라는 뜻의 if가 적절하다. 조건을 나타내는 부사절에서는 현재형 동사로 미래의 일을 나타낸다.
5 그녀는 화가 났기 때문에 한마디도 하지 않았다.
  ▶ 문맥상 '~하기 때문에'라는 뜻의 because가 적절하다.
6 나는 그가 그의 약속을 지킬 것이라고 믿는다.
  ▶ 절(he will keep his promise)이 문장 안에서 동사 believe의 목적어 역할을 해야 하므로 명사절을 이끄는 접속사 that이 적절하다.

E

1 If you want to lose weight
2 so I can't[am not able to] buy the car
3 because he missed the bus
4 and (I) bought some eggs
5 after you finish school
6 while I had[was having] lunch
7 (that) he didn't tell the truth

1 ▶ '~하다면, ~하는 경우에는'이라는 뜻의 접속사 If가 적절하다.
2 ▶ 앞 내용의 결과를 나타내야 하므로 '그래서'라는 뜻의 접속사 so가 적절하다.
3 ▶ '~하기 때문에'라는 뜻의 접속사 because가 적절하다.
4 ▶ 서로 비슷한 내용을 연결하는 접속사 and가 적절하다.
5 ▶ '~한 후에'라는 뜻의 접속사 after가 적절하다. 때를 나타내는 부사절에서는 현재형 동사로 미래의 일을 나타낸다.

6 ▶ '~하는 동안에'라는 뜻의 접속사 while이 적절하다.

7 ▶ 절이 문장 안에서 동사 knew의 목적어의 역할을 해야 하므로 접속사 that이 적절하다. 목적어로 쓰인 that절의 that은 생략될 때가 많다.

29 관계대명사

EXERCISE

A

1 which 2 which 3 which 4 who 5 who 6 which
7 who

1 나는 내가 빌렸던 DVD를 가져오는 것을 잊어버렸다.
 ▶ 선행사 the DVD가 사물이고, 관계대명사절 안에서 동사 borrowed의 목적어 역할을 하므로 목적격 관계대명사 which를 쓴다.

2 이것은 너의 인생을 바꿀 수 있는 책이다.
 ▶ 선행사 a book이 사물이고, 관계대명사절 안에서 주어 역할을 하므로 주격 관계대명사 which를 쓴다.

3 그녀는 여행 중에 찍은 몇 장의 사진을 업로드했다.
 ▶ 선행사 a few photos가 사물이고, 관계대명사절 안에서 동사 took의 목적어 역할을 하므로 목적격 관계대명사 which를 쓴다.

4 브라운 씨는 지난밤 바이올린을 연주한 나이 든 부인이다.
 ▶ 선행사 the old woman이 사람이고, 관계대명사절 안에서 주어 역할을 하므로 주격 관계대명사 who를 쓴다.

5 교실에는 내가 아는 두 명의 사람이 있었다.
 ▶ 선행사 two people이 사람이고, 관계대명사절 안에서 동사 knew의 목적어 역할을 하므로 목적격 관계대명사 who를 쓴다.

6 나는 누구도 이전에 풀 수 없었던 문제를 풀었다.
 ▶ 선행사 a problem이 사물이고, 관계대명사절 안에서 동사 could solve의 목적어 역할을 하므로 목적격 관계대명사 which를 쓴다.

7 정기적으로 운동하는 사람들은 건강하다.
 ▶ 선행사 People이 사람이고, 관계대명사절 안에서 주어 역할을 하므로 주격 관계대명사 who를 쓴다.

B

1 who helps sick animals 2 which can't fly
3 which washes dishes 4 which grows in a desert

1 수의사는 아픈 동물을 돕는 사람이다.
 ▶ 선행사 a person이 사람이므로 관계대명사는 who를 쓰고, 관계대명사 뒤의 동사는 선행사의 수에 일치시킨다.

2 펭귄은 날지 못하는 새이다.
 ▶ 선행사 a bird가 동물이므로 관계대명사는 which를 쓴다.

3 식기세척기는 그릇을 닦는 기계이다.
 ▶ 선행사 a machine이 사물이므로 관계대명사는 which를 쓰고, 관계대명사 뒤의 동사는 선행사의 수에 일치시킨다.

4 선인장은 사막에서 자라는 식물이다.
 ▶ 선행사 a plant가 사물이므로 관계대명사는 which를 쓰고, 관계대명사 뒤의 동사는 선행사의 수에 일치시킨다.

C

1 (that I receive) 2 (I watched last night)
3 (which made him a star)
4 (that is made without sugar) 5 (I bought last month)

0 나는 프랑스에 사는 친구가 있다.

1 내가 받는 이메일 대부분은 스팸메일이다.
 ▶ that I receive는 선행사 the e-mails를 꾸며주는 목적격 관계대명사절이다.

2 내가 어젯밤에 본 축구 경기는 지루했다.
 ▶ I watched last night은 선행사 The soccer match를 꾸며주는 목적격 관계대명사절이며, 앞에 목적격 관계대명사 which 또는 that이 생략되어 있다.

3 이것이 그를 스타로 만들어준 영화이다.
 ▶ which made him a star는 선행사 the movie를 꾸며주는 주격 관계대명사절이다.

4 나는 설탕 없이 만들어진 요구르트를 마신다.
 ▶ that is made without sugar는 선행사 yogurt를 꾸며주는 주격 관계대명사절이다.

5 내가 지난달에 산 휴대전화는 고장 났다.
 ▶ I bought last month는 선행사 The cell phone을 꾸며주는 목적격 관계대명사절이며, 앞에 목적격 관계대명사 which 또는 that이 생략되어 있다.

D

1 which I want to visit
2 the sound that came from upstairs
3 the jeans I gave her on her birthday

1 ▶ the city가 선행사이며 which가 이끄는 목적격 관계대명사절이 이를 꾸며준다.

2 ▶ the sound가 선행사이며 that이 이끄는 주격 관계대명사절이 이를 꾸며준다.

3 ▶ the jeans가 선행사이며 which 또는 that이 생략된 목적격 관계대명사절이 이를 꾸며준다.

E

> 1 Have you read the book that I gave you?
> 2 I like teachers who[that] have a good sense of humor.
> 3 I don't like people who talk too much.
> 4 The man who is talking to the students is the principal.
> 5 Chess is a game (which[that]) many people play.

1 내가 너에게 준 책을 읽어보았니?
   ▶ 목적격 관계대명사 that이 관계대명사절 안에서 목적어 역할을 하고 있으므로 목적어를 중복으로 쓰지 않는다. (that I gave you the book → that I gave you)

2 나는 좋은 유머 감각이 있는 선생님들이 좋다.
   ▶ 선행사가 사람일 때는 관계대명사 who 또는 that을 쓴다. (which → who[that])

3 나는 말을 너무 많이 하는 사람들을 좋아하지 않는다.
   ▶ 주격 관계대명사 뒤의 동사는 선행사(people)의 수에 일치시킨다. (who talks → who talk)

4 학생들에게 이야기하고 있는 남자는 교장이다.
   ▶ 주어는 주격 관계대명사절 who is talking to the students가 꾸며주는 3인칭 단수 The man이므로 문장 전체의 동사인 be동사는 is로 쓴다. (are → is)

5 체스는 많은 사람들이 하는 게임이다.
   ▶ 선행사가 사물일 때는 관계대명사 which 또는 that을 쓰며, 목적격 관계대명사는 생략할 수 있다. (who → which 또는 that 또는 생략)

EXERCISE

A

> 1 isn't she 2 don't you 3 can't he 4 did you
> 5 was it 6 didn't they

1 로라는 너보다 나이가 더 많아, 그렇지 않니?
   ▶ be동사가 있는 문장의 부가의문문은 「be동사 + 대명사?」 형태이다. 긍정문 뒤에는 부정의 부가의문문을 쓴다.

2 너는 그녀의 어머니를 알아, 그렇지 않니?
   ▶ 일반동사가 있는 문장의 부가의문문은 「do동사 + 대명사?」 형태이다. 긍정문 뒤에는 부정의 부가의문문을 쓴다.

3 폴은 컴퓨터를 고칠 수 있어, 그렇지 않니?
   ▶ 조동사가 있는 문장의 부가의문문은 「조동사 + 대명사?」 형태이다. 긍정문 뒤에는 부정의 부가의문문을 쓴다.

4 너는 어제 샤워를 하지 않았어, 그렇지?
   ▶ 일반동사가 있는 문장의 부가의문문은 「do동사 + 대명사?」 형태이다. 시제는 앞 문장(과거시제)에 일치시킨다. 부정문 뒤에는 긍정의 부가의문문을 쓴다.

5 라이언의 차는 건물 뒤에 주차되어 있지 않았어, 그렇지?
   ▶ be동사가 있는 문장의 부가의문문은 「be동사 + 대명사?」의 형태이다. 시제는 앞 문장(과거시제)에 일치시킨다. 부정문 뒤에는 긍정의 부가의문문을 쓴다.

6 그 학생들은 그가 자신들의 선생님이 되기를 바랐어, 그렇지 않니?
   ▶ 일반동사가 있는 문장의 부가의문문은 「do동사 + 대명사?」의 형태이다. 시제는 앞 문장(과거시제)에 일치시킨다. 긍정문 뒤에는 부정의 부가의문문을 쓴다.

B

> 1 Don't 2 Do 3 Let's 4 Don't be 5 Never 6 Go

1 움직이지 마.
   ▶ 부정 명령문은 「Don't + 동사원형 ~.」의 형태이다.

2 최선을 다해라.
   어휘 do one's best 최선을 다하다
   ▶ 긍정 명령문은 「동사원형 ~.」의 형태이다.

3 동물원에 가자.
   ▶ 「Let's + 동사원형 ~」은 '~하자.'라는 뜻이다.

4 다시는 지각하지 마라.
   ▶ be동사가 쓰인 문장의 부정 명령문은 「Don't be ~.」의 형태이다.

5 나를 절대 잊지 마.
- ▶ 「Never + 동사원형 ~.」은 '절대 ~하지 마라.'는 뜻으로 「Don't + 동사원형 ~.」보다 더욱 강한 금지를 나타낸다.

6 지금 당장 자러 가라.
- ▶ 긍정 명령문은 「동사원형 ~.」의 형태이다.

C

1 Let's start now
2 How about sending the book
3 Shall we make some cookies
4 Let's not buy this color
5 What about heating this spaghetti
6 Why don't we join the science club

1 ▶ 「Let's + 동사원형 ~」은 '~하자.'라는 뜻이다.
2 ▶ 「How about + 동사원형-ing ~?」는 '~하는 게 어때?'라는 뜻이다.
3 ▶ 「Shall we + 동사원형 ~?」은 '우리 ~할까?'라는 뜻이다.
4 ▶ 「Let's + 동사원형 ~」의 부정문은 Let's 뒤에 not을 붙여 만들며, '~하지 말자.'라는 뜻이다.
5 ▶ 「What about + 동사원형-ing ~?」은 '~하는 게 어때?'라는 뜻이다.
6 ▶ 「Why don't we + 동사원형 ~?」은 '~하는 게 어때?'라는 뜻이다.

D

1 this puzzle is **2** What a sad movie **3** What a nice boy

1 이 퍼즐은 정말 어렵구나!
2 정말 슬픈 영화구나!
3 그는 정말 착한 소년이구나!
1 ▶ 강조하는 것이 형용사 또는 부사일 때는 「How + 형용사[부사] (+ 주어 + 동사)!」 형태의 How로 시작하는 감탄문을 쓴다.
2, 3 ▶ 강조하는 것이 명사일 때는 「What + (a[an]) + (형용사) + 명사 (+ 주어 + 동사)!」 형태의 What으로 시작하는 감탄문을 쓴다.

E

1 You like coffee, don't you?
  또는 You don't like coffee, do you?
2 Don't be angry.
3 How gently the rain falls!
4 Let's not use the escalator.

5 What a sweet pie it is!
6 She didn't come to the party, did she?
7 How about opening the door?

1 너는 커피를 좋아해, 그렇지 않니? / 너는 커피를 좋아하지 않아, 그렇지?
- ▶ 긍정문 뒤에는 부정의 부가의문문을, 부정문 뒤에는 긍정의 부가의문문을 써야 한다. (do you → don't you 또는 like → don't like)

2 화내지 마.
- ▶ be동사가 쓰인 문장의 부정 명령문은 「Don't be ~.」의 형태이다. (Don't → Don't be)

3 비가 정말 부슬부슬 떨어지는구나!
- ▶ 강조하는 것이 부사(gently)이므로 How로 시작하는 감탄문을 쓴다. (What → How)

4 그 에스컬레이터를 이용하지 말자.
- ▶ 「Let's + 동사원형 ~」의 부정문은 Let's 뒤에 not을 붙여 만든다. (Let's use not → Let's not use)

5 정말 달콤한 파이구나!
- ▶ 강조하는 것이 명사(a sweet pie)이므로 What으로 시작하는 감탄문을 쓴다. (How → What)

6 그녀는 그 파티에 오지 않았어, 그렇지?
- ▶ 부가의문문의 do동사는 앞 문장과 시제가 일치해야 한다. (does she → did she)

7 문을 여는 게 어때?
- ▶ '~하는 게 어때?'라는 뜻의 제안문은 「How about + 동사원형-ing ~?」의 형태이다. (open → opening)

REVIEW TEST 06

1 나는 너와 함께 가고 싶지만, 그럴 수 없어.
▶ 서로 반대되는 내용을 연결하므로 등위접속사 but이 적절하다.

2 당신이 우리를 도와줄 수 있다면 기쁠 것입니다.
▶ '~하다면, ~하는 경우에는'이라는 뜻의 조건을 나타내는
종속접속사 if가 적절하다.

3 문제는 우리에게 충분한 시간이 없다는 것이다.
▶ 주격 보어로 쓰인 명사절을 이끄는 종속접속사 that이
적절하다.

4 비가 오고 있었기 때문에 나는 택시를 탔다.
▶ '~이기 때문에'라는 뜻의 이유를 나타내는 종속접속사
because가 적절하다.

5 그녀의 아버지는 그녀가 어렸을 때 돌아가셨다.
▶ '~할 때'라는 뜻의 때를 나타내는 종속접속사 when이
적절하다.

6 ① 그 아기는 정말 사랑스럽구나!
② 그는 정말 빠른 스케이터구나!
③ 그녀는 정말 아름답게 춤추는구나!
④ 그들은 정말 친절한 사람들이구나!
⑤ 그 동물은 정말 이상한 꼬리를 가졌구나!
▶ ④ 강조하는 것이 명사(kind people)이므로 How가 아닌
What으로 시작하는 감탄문을 써야 한다. (How → What)

7 ① 나는 그들이 나를 좋아하지 않는다는 것을 안다.
② 그녀는 편지 한 통을 쓰고 그것을 보냈다.
③ 그는 그녀에게 전화를 걸었지만, 그녀는 받지 않았다.
④ 나는 커피를 좋아하지 않기 때문에 차를 마신다.
⑤ 내일 화창하다면 우리는 축구를 할 것이다.
▶ ⑤ 조건의 부사절에서는 현재형 동사로 미래의 일을 나타낸다.
(it will be → it's[it is])

8 ① 나는 의사인 친구가 있다.
② 제니퍼는 내가 좋아하는 소녀다.

③ 나는 빌린 책을 읽고 있다.
④ 이것은 일본에서 만들어진 자동차이다.
⑤ 내가 어제 본 그 영화는 재밌었다.
▶ ③ 선행사 the book이 사물이므로 관계대명사 which 또는
that을 써야 한다. (whom → which[that])

9 우리 버스에 타면 어떤 것도 먹지 말자.
▶ '~하자.'라는 뜻의 「Let's + 동사원형 ~」의 부정문은 「Let's
not + 동사원형 ~」의 형태로 쓴다.

10 ① 네가 오늘 만난 소녀를 봐.
② 거북이는 오래 사는 동물이다.
③ 나는 나의 남자친구가 원한 모자를 샀다.
④ 내 여동생은 내가 산 코트를 좋아하지 않는다.
⑤ 짐은 내가 버스에서 보는 이웃이 있다.
▶ ② 목적격 관계대명사는 생략할 수 있으나, 주격 관계대명사는
생략할 수 없다.

11 내 사무실에서 일하는 사람들은 매우 부지런하다.
[어휘] diligent 부지런한
▶ 선행사 The people이 사람이고 관계대명사절 안에서 주어
역할을 하므로 주격 관계대명사 who[that]를 쓰며, 이때 동사
work는 선행사의 수에 일치시킨다.

12 네가 잃어버린 그 열쇠들을 찾았니?
▶ 선행사 the keys가 사물이고 관계대명사절 안에서 목적어
역할을 하므로 목적격 관계대명사 which[that]를 쓰며, 이때
목적격 관계대명사는 생략할 수 있다.

13 ▶ 일반동사가 쓰인 문장의 부정 명령문은 「Don't + 동사원형
~.」이다.

14 ▶ 「Let's + 동사원형 ~」은 '~하자.'라는 뜻이며, 부정문은 「Let's
not + 동사원형 ~」의 형태로 써서 '~하지 말자.'라는 뜻을
표현한다.

15 ▶ 조동사가 있는 문장의 부가의문문은 「조동사 + 대명사?」
형태이다. 부정문 뒤에는 긍정의 부가의문문을 쓴다.

16 [보기] 그녀가 그린 그림은 매우 아름답다.
① 나는 그가 쓴 곡들을 정말 좋아한다.
② 그는 매우 비싼 차를 가지고 있다.
③ 이것은 금으로 만들어진 반지이다.
[어휘] be made of ~로 만들어지다
④ 답을 아는 그 소년은 미소를 지었다.
⑤ 선글라스를 쓰고 있는 그 남자를 봐.
▶ [보기]와 ①의 that은 목적격 관계대명사이며, 나머지는 주격
관계대명사이다.

17 ▶ '~하는 동안에'라는 뜻의 때를 나타내는 접속사 while이 적절하다.

18 (1) 그는 정말 진지하구나!
어휘 serious 심각한, 진지한
(2) 그의 여동생은 정말 세심하구나!
어휘 sensitive 세심한, 예민한
▶ 강조하는 말이 둘 다 형용사이므로 How로 시작하는 감탄문을 쓴다.

19 (1) 부디 아무 말도 하지 말아줘.
(2) 너는 스포츠를 즐기지 않아, 그렇지?
▶ (1)의 Don't는 '~하지 마라.'는 뜻의 부정 명령문을, (2)의 don't는 긍정의 부가의문문 앞에 쓰인 평서문을 부정문으로 만든다.

20 (1) 나는 네가 내게 준 스카프를 했다.
(2) 그는 내가 자기를 좋아한다고 생각한다.
▶ (1)에는 목적격 관계대명사 that이, (2)에는 동사 thinks의 목적어로 쓰이는 명사절을 이끄는 접속사 that이 들어갈 수 있다.

21 ① 너는 그의 주소를 알지, 그렇지 않니?
▶ 부가의문문은 앞 문장의 시제(현재시제)와 일치시킨다.
(didn't you → don't you)
② 그는 골프 하는 것을 좋아하지, 그렇지 않니?
▶ 부정문 뒤에는 긍정의 부가의문문을 쓴다.
(does he → doesn't he)
③ 너는 내게 다시 전화할 거지, 그렇지 않니?
▶ 긍정문 뒤에는 부정의 부가의문문을 쓴다.
(will you → won't you)
④ 프레드는 너보다 나이가 더 많지, 그렇지 않니?
▶ 부가의문문은 앞 문장의 시제(현재시제)와 일치시킨다.
(wasn't he → isn't he)
⑤ 그들은 네 친구야, 그렇지 않니?

22 ① 새라는 매우 영리한 고양이가 있다.
▶ 주격 관계대명사는 생략할 수 없다. (a cat is very clever → a cat which[that] is very clever)
② 마이크는 키가 매우 큰 형이 있다.
③ 이것은 내가 지난주에 산 시계이다.
▶ 목적격 관계대명사 which[that]가 생략된 문장으로, 관계대명사절 안에서 목적어를 중복으로 쓰지 않는다. (the watch I bought it last week → the watch I bought last week)
④ 그는 내가 어제 만난 남자이다.
▶ 목적격 관계대명사 that이 쓰였으므로, 관계대명사절 안에서 목적어를 중복으로 쓰지 않는다. (the man that I met him

yesterday → the man that I met yesterday)
⑤ 열심히 공부하지 않는 많은 학생들이 있다.
▶ 주격 관계대명사 who가 쓰였으므로, 관계대명사절에서 주어를 중복으로 쓰지 않는다. (many students who they don't study hard → many students who don't study hard)

23 ▶ 강조하는 말이 명사(a beautiful place)이므로 「What + a[an] + 형용사 + 명사 (+ 주어 + 동사)!」 형태의 감탄문으로 써야 한다.

24 ▶ 강조하는 말이 형용사(small)이므로 「How + 형용사[부사] + 주어 + 동사!」 형태의 감탄문으로 써야 한다.

25 어휘 Irish 아일랜드인(의), 아일랜드어(의), 아일랜드의
▶ The man이 선행사이고 관계대명사절 who sits next to you가 선행사를 꾸며주는 형태로 써야 한다.

26 ▶ ① 조건을 나타내는 부사절에서는 현재형 동사로 미래의 일을 나타낸다.

27 ▶ ④ 'Why do we park here?'는 '우리는 왜 여기에 주차하니?'라는 뜻이다. 우리말과 같은 뜻이 되려면 'Why don't we park here?'로 써야 한다.
Why don't we + 동사원형 ~?: ~하는 게 어때?

28 ① 나는 우리가 규칙을 준수해야 한다고 생각한다.
어휘 obey 복종하다, 따르다
② 그는 네가 여기 있다는 것을 모른다.
③ 너는 그가 이걸 할 수 있다고 믿니?
④ 나는 사고가 있었던 것을 기억한다.
⑤ 그녀가 작가였다는 것은 놀라웠다.
▶ ⑤의 that은 (진)주어로 쓰인 명사절을 이끄는 that이고, 나머지는 목적어로 쓰인 명사절을 이끄는 that이다.

29 ① 한 씨는 한국인이다. 그는 미국으로 이사했다.
→ 한 씨는 미국으로 이사한 한국인이다.
② 그 경기는 재밌었다. 나는 그것을 보았다.
→ 내가 본 그 경기는 재밌었다.
③ 이것은 그 CD이다. 나는 그것을 사고 싶다.
→ 이것은 내가 사고 싶은 CD이다.
④ 사진을 보여줘. 너는 그것을 찍었다.
→ 네가 찍은 사진을 보여줘.
⑤ 이것은 길이다. 그것은 그 호텔로 이어진다.
→ 이것은 그 호텔로 이어지는 길이다.
어휘 lead to ~로 이어지다
▶ ② The game을 선행사로 하는 목적격 관계대명사절이 연결되어야 하며, 내용상 관계대명사절이 선행사 바로 다음에 와야 한다.

(→ The game that I watched was exciting.)

30 A : 우리 펜싱 동아리에 드는 게 어때?

    B : 나는 그게 비싼 스포츠라고 들었어.

    A : 흠... 회비를 확인한 후에 결정해도 돼. 펜싱은 내가 정말 배우고 싶은 스포츠야.

    B : 너는 정말 에너지 넘치는 아이야!

    어휘 fee 요금; *회비 / energetic 에너지 넘치는, 활동적인

    ▶ (1) ⓐ '~하는 게 어때?'라는 뜻의 제안문은 「Why don't we + 동사원형 ~?」을 쓴다. (Why we don't → Why don't we)

    (2) ⓑ 절이 문장에서 명사 역할(동사 heard의 목적어)을 하도록 이끄는 접속사는 that이다. (which → that)

    (3) ⓔ 명사를 강조할 때는 「What + (a[an]) + (형용사) + 명사 (+ 주어 + 동사)!」 형태의 What으로 시작하는 감탄문을 쓴다. 발음이 모음으로 시작되는 단어 앞에는 a 대신 an을 쓴다. (What energetic a boy → What an energetic boy)

총괄 TEST 01

1 ⑤ 2 ③ 3 ④ 4 Are you 5 there aren't 6 ③ 7 What do you usually have for lunch 8 ② 9 ③ 10 (1) ⓐ (2) ⓓ (3) ⓒ (4) ⓑ 11 ③ 12 ② 13 (1) harder (2) luckiest 14 ③ 15 was made, by 16 ③ 17 ④ 18 ④ 19 ① 20 ① 21 ③ 22 ⑤ 23 ① 24 Why don't we 25 don't be[get] 26 How easy 27 aren't they 28 ② 29 ③ 30 ⑤

1 ① 만나다 - 듣다   ② 컴퓨터 - 물

    ③ 그녀 - 그들[그것들]   ④ 흥미로운 - 가득 찬

    ⑤ ~부터 - ~ 때문에

    ▶ ① 동사 ② 명사 ③ 대명사 ④ 형용사 ⑤ 전치사 - 접속사

2 ① open (열다) - opened - opened

    ② try (시도하다) - tried - tried

    ③ sleep (자다) - slept - slept

    ④ eat (먹다) - ate - eaten

    ⑤ see (보다) - saw - seen

    ▶ ③ sleep은 불규칙 동사로, 과거형은 slept이다.

3 ① 지금 몇 시니?

    ② 오늘은 춥고 바람이 분다.

    ③ 오늘은 무슨 요일이니?

    ④ 로렌은 어제 그것을 샀다.

    ⑤ 5시이다.

    ▶ ④의 it은 '그것'이라는 뜻의 대명사이며, 나머지는 시간, 날씨, 요일 등을 나타낼 때 쓰는 비인칭 주어로 따로 해석하지 않는다.

4 A : 너는 누군가를 기다리고 있니?

    B : 응, 나는 헬렌을 기다리고 있어.

    ▶ Yes로 답하였고 대답의 주어가 I, 동사가 be동사인 것으로 보아, 「Are you ~?」로 시작하는 의문문(진행형)이다.

5 A : 이것을 바꿀 계획이 있니?

    B : 아니, 없어.

    ▶ 「Are there ~?」에 대한 대답은 'Yes, there are.' 또는 'No, there aren't.'이다. No로 답하였으므로 there aren't를 쓴다.

6 ① 너는 몇 살이니?

    ② 너는 얼마나 많은 연필을 가지고 있니?

    ③ 너의 어머니 생신은 언제니?

    ④ 너의 형은 키가 얼마나 크니?

    ⑤ 이 딸기잼은 얼마예요?

    ▶ ③은 날짜를 묻고 있으므로 When, 나머지는 형용사[부사]와 함께 쓰며 '얼마나 ~한[~하게]'이라는 뜻을 나타내므로 How를 쓴다.

7 B : 나는 보통 샌드위치를 먹어.

    ▶ 의문사가 있는 일반동사의 의문문은 「의문사 + do[does] + 주어 + 동사원형 ~?」의 형태로 쓴다. 빈도부사 usually는 일반동사 앞에 쓴다.

8 나는 오늘 아침에 _____ 우유를 마셨다.

    ①, ②, ④ 조금의, 약간의 ③, ⑤ 많은

    ▶ ② a few는 셀 수 있는 명사 앞에 쓰여 수를 나타낸다. milk는 셀 수 없는 명사이다.

9 나는 오늘 아침에 편지를 _____.

    ① 썼다 ② 받았다 ③ 남았다 ④ 보냈다 ⑤ 읽었다

    ▶ ③ remain은 목적어와 함께 쓰는 동사가 아니다.

10 (1) put(놓다) - put - put (A - A - A)

    (2) go(가다) - went - gone (A - B - C)

    (3) buy(사다) - bought - bought (A - B - B)

    (4) come(오다) - came - come (A - B - A)

11 ① 나는 매일 샤워를 한다.

    ② 그는 오사카에 있는 학교에서 수학을 가르친다.

    ③ 그 아이들은 노래 부르는 것을 좋아한다.

    ④ 신디와 나는 함께 공부하고 일한다.

    ⑤ 그들은 우리에 관해 알지 못한다.

    ▶ ③ 주어 The children이 복수이므로 동사원형을 써야 한다. (loves → love)

12 ① 그는 어렸을 때 키가 매우 작았다.

    ② 그녀는 한 시간 전에 집에 갔다.

③ 나뭇잎들은 가을에 빨갛고 노랗게 변한다.
④ 그 영화는 오늘 밤 10시에 시작한다.
⑤ 나는 다음 주에 뉴욕으로 떠날 것이다.
어휘 leave for ~로[~을 향해] 떠나다
▶ ② 현재완료형은 an hour ago와 같이 구체적인 과거를
나타내는 말과 함께 쓰지 않으므로 과거시제를 써야 한다.
(has gone → went)

13 ▶ (1) '더 열심히'라는 뜻은 hard의 비교급 harder로 나타낸다.
(2) '가장 운이 좋은'이라는 뜻은 lucky의 최상급 luckiest로
나타낸다. 「자음 + y」로 끝나는 형용사의 최상급은 y를 i로
바꾸고 -est를 붙인다.

14 ① 그 아기는 다섯 개의 이가 있다.
▶ tooth의 복수형은 teeth이다. (tooths → teeth)
② 내게 10장의 종이를 줄래?
▶ 종이는 셀 수 없는 명사이므로 piece 등의 단위를 써서 양을
나타낸다. (ten papers → ten pieces of paper)
③ 나는 여행 중에 물 한 병을 마셨다.
④ 그는 아침 식사로 빵 두 조각을 먹는다.
▶ 빵은 셀 수 없는 명사이므로 -s를 붙일 수 없다.
(two slices of breads → two slices of bread)
⑤ 그녀는 매일 한 시간 동안 영어를 공부한다.
▶ hour는 발음이 모음으로 시작하므로 앞에 an을 쓴다.
(a hour → an hour)

15 다나는 그녀의 아기를 위해 아름다운 드레스를 만들었다.
→ 아름다운 드레스는 다나에 의해 그녀의 아기를 위하여
만들어졌다.
▶ 과거시제의 수동태는 「was[were] + 과거분사」이고, 행위자는
「by + 목적격」의 형태로 나타낸다.

16 ① 나는 일본어를 할 수 있다.
② 브라운 씨와 얘기할 수 있을까요?
③ 너는 그 강 근처에 가면 안 된다.
 - 너는 그 강 근처에 갈 필요가 없다.
④ 제가 정장을 입어야 하나요?
어휘 suit 정장 (한 벌)
⑤ 브라이언이 옳을지도 모른다.
▶ ③ must not은 '~해서는 안 된다'라는 금지의 뜻이고, don't
have to는 '~할 필요가 없다'라는 불필요의 뜻이다.

17 ・그 영화는 10시 반까지는 끝날 것이다.
・너는 내일까지 그것을 해야 한다.
・헨리는 자전거로 출근한다.
▶ by는 '~까지'라는 뜻의 완료 기한을 나타내거나, '~을 타고,
~을 이용하여'라는 뜻의 교통수단을 나타낸다.

18 A : 제가 창문을 닫아도 될까요?
B : _____
①, ②, ③ 물론입니다.
④ 네, 그래야만 합니다.
⑤ 죄송하지만 안 됩니다.
▶ ④의 'Yes, you must.'는 의무를 묻는 질문인 「Must I
~?」(~해야 하나요?)에 대한 긍정의 대답이다.

19 ▶ look은 전치사 for/at/after와 함께 하나의 동사처럼 쓰이기도
한다. 전치사에 따라 뜻이 달라짐에 유의한다.
look for: ~을 찾다
look at: ~을 보다
look after: ~을 돌보다

20 [보기] 미란다는 조심스럽게 운전한다. (동사 drives를 꾸밈)
① 짐은 숙제를 빨리 끝냈다. (동사 finished를 꾸밈)
② 소진이는 매우 친절한 소녀이다. (형용사 kind를 꾸밈)
③ 이 빵은 맛이 정말 좋다. (형용사 good을 꾸밈)
④ 벤은 기타를 꽤 잘 연주할 수 있다. (부사 well을 꾸밈)
⑤ 운 좋게도, 우리는 시험을 통과했다. (문장 전체를 꾸밈)
▶ [보기]의 부사 carefully는 동사를 꾸며주고, ①의 부사
quickly도 동사를 꾸며준다. 나머지도 부사들은 형용사, 다른
부사, 문장 전체를 꾸미고 있다.

21 ① 리사는 영화 표를 샀다.
② 맥스는 여행하는 것을 아주 즐긴다.
③ 알렉스와 헨리는 친한 친구이다.
④ 나는 아침 식사로 시리얼을 먹는다.
어휘 cereal 시리얼
⑤ 맨디는 그녀의 친구들을 사랑한다.
▶ ③ best friends는 주어 Alex and Henry를 보충 설명하는
보어이며, 나머지는 동사의 목적어이다.

22 ① 나는 패션모델인 여자를 안다.
② 전화 통화를 하고 있는 여자는 내 언니이다.
어휘 talk on the phone 전화 통화를 하다
③ 그는 내가 TV에서 본 작가이다.
④ 내가 가장 좋아하는 배우는 휴 잭맨이다.
⑤ 오렌지는 풍부한 비타민C가 들어있는 과일이다.
▶ ⑤는 선행사 a fruit가 사물이므로 which를, 나머지는
선행사가 사람이므로 who를 쓴다. ①, ②, ⑤는 주격
관계대명사, ③, ④는 목적격 관계대명사이다.

23 ▶ ① 과거부터 현재까지 계속되는 일을 묻고 있으므로
현재완료형을 쓴다. 의문사가 있는 현재완료형의 의문문은
「의문사 + have[has] + 주어 + 과거분사 ~?」 형태로 쓴다.

24 ▶ '~하는 게 어때?'라는 제안문은 「Why don't we + 동사원형 ~?」 또는 「How[What] about + 동사원형-ing ~?」의 형태로 쓴다.

25 ▶ 부정 명령문은 「Don't + 동사원형 ~.」 형태이다.

26 ▶ 강조하는 말이 형용사(easy)이므로 「How + 형용사 + 주어 + 동사!」 형태의 감탄문을 쓴다.

27 ▶ 긍정문 뒤에는 부정의 부가의문문을, 부정문 뒤에는 긍정의 부가의문문을 쓴다. be동사가 있는 문장의 부가의문문은 「be동사 + 대명사?」의 형태로 쓴다.

28 ① 금은 광산에서 발견된다.
   어휘 mine 광산
   ② 피곤한 하루였다.
   ③ 정말 실망스러운 쇼구나!
   어휘 disappointing 실망스러운
   ④ 제임스는 스페인어로 쓰인 책을 샀다.
   ⑤ TV 켜지 마세요! 아기가 자고 있어요.
   ▶ ② '피곤하게 만드는'이라는 능동의 뜻이 되어야 하므로 현재분사를 써야 한다. (tired → tiring)

29 ① 그녀는 낯선 장소들을 여행하는 것을 무척 좋아한다.
   ② 나의 꿈은 유명한 가수가 되는 것이다.
   ③ 그들은 인도네시아에 가는 것을 계획했다.
   ④ 그의 취미는 컴퓨터 게임을 하는 것이다.
   ⑤ 그 수업은 가정식 파스타 만들기에 관한 것이었다.
   어휘 homemade 집에서 만든, 손으로 만든
   ▶ ③ 동사 plan은 목적어로 to부정사를 쓴다. (going to Indonesia → to go to Indonesia)

30 ① 나의 꿈은 피겨 스케이팅 선수가 되는 것이다. (보어)
   ② 잘 자는 것은 건강에 중요하다. (주어)
   ③ 사진을 찍는 것은 흥미롭다. (진주어)
   ④ 나는 뭔가 단것을 먹고 싶다. (동사 want의 목적어)
   ⑤ 나를 도와줄 누구 없니?
   ▶ ⑤는 대명사 anyone을 꾸며주는 형용사 역할을 하는 to부정사구이며, 나머지는 주어, 보어, 목적어로 쓰여 명사 역할을 하는 to부정사구이다.

총괄 TEST 02

1 ④ 2 ② 3 ③ 4 ⑤ 5 (1) a piece of (2) a cup of 6 ⑤
7 ④ 8 ② 9 ③ 10 has known, since 11 No, doesn't
12 ③ 13 ② 14 ② 15 ⑤ 16 ④ 17 ② 18 ③ 19 ③
20 ② 21 ③ 22 ⑤ 23 is not as tall as 24 ④ 25 ②
26 ① 27 much faster than 28 ② 29 ① 30 (1) ⓐ
nice day → a nice day (2) ⓓ go → going

1 ① 어리석은 ② 다정한 ③ 운이 좋은 ④ 빨리 ⑤ 사랑스러운
   ▶ ④ quickly는 부사이고, 나머지는 모두 형용사이다.

2 어휘 belief 믿음
   ① box - boxes   ③ belief - beliefs
   ④ photo - photos ⑤ potato - potatoes

3 ▶ ③ '주다'라는 뜻을 가진 수여동사 뒤에는 '누구에게'에 해당하는 간접목적어와 '무엇을'에 해당하는 직접목적어가 순서대로 이어진다. 간접목적어는 me, 직접목적어는 English이다.

4 [보기] 우와, 금요일이다! (요일)
   ① 오늘은 바람이 많이 분다. (날씨)
   ② 여기서 우리 학교까지는 3km이다. (거리)
   ③ 이 방은 매우 어둡다. (명암)
   ④ 10시이다. (시간)
   ⑤ 그것은 나의 책가방이다.
   ▶ ⑤의 It은 '그것'이라는 뜻의 대명사이고, [보기]와 나머지는 모두 시간, 요일, 날씨, 명암, 거리 등을 나타낼 때 쓰는 비인칭 주어이다.

5 (1) 종이 한 장 줄래?
   (2) 로렌은 점심 식사 후에 커피 한 잔 마시는 것을 좋아한다.
   ▶ paper와 coffee는 셀 수 없는 명사(물질명사)이므로 piece, cup 등의 단위를 써서 양을 나타낸다.

6 ▶ ⑤ read는 read[riːd] - read[red] - read[red]로 불규칙 변화한다.

7 그것은 오전 11시에 시작해.
   ① 지금 몇 시니?
   ② 너는 하루를 어떻게 시작하니?
   ③ 어떤 색이 네가 가장 좋아하는 색이니?
   ④ 그 경기는 언제 시작하니?
   ⑤ 너는 왜 골프 수업을 듣기 시작했니?
   ▶ ④ 시작하는 시간에 대해 답하고 있으므로, 언제인지를 묻는 의문사 When으로 시작하는 질문이 자연스럽다.

8 A : 너는 어제 어디에 있었니?
    B : 나는 집에 있었어.
    ▶ be동사의 과거형(was)으로 답하고 있고 yesterday가
    있으므로, 과거의 일을 질문했음을 알 수 있다. 질문의 주어가
    you이므로 were가 적절하다.

9 [보기] 죄송하지만, 저도 여기에 처음 온 사람입니다.
    [어휘] stranger *(어떤 곳에) 처음 온 사람; 낯선 사람
    ① 린다는 모델처럼 매우 키가 크다.
    ② 나는 방과 후에 보통 과학을 공부한다.
    ③ 그들은 나의 부모님이다. 그들은 선생님이다.
    ④ 휴는 코미디언이다. 그는 아주 웃기다.
    ⑤ 그녀의 꿈은 변호사가 되는 것이다.
    [어휘] lawyer 변호사
    ▶ ②의 science는 동사 study의 목적어이고, [보기]와 나머지는
    모두 be동사 뒤에서 주어를 보충 설명하는 주격 보어로
    쓰였다.

10 ▶ 과거 시점인 2010년부터 현재까지의 일을 말하고 있으므로
    현재완료형을 쓴다. 주어가 3인칭 단수(Judy)이므로 has를
    써야 한다. '~이래로 (지금까지)'라는 뜻으로 완료형과 주로
    쓰이는 전치사는 since이다.

11 A : 제시는 운동하는 것을 좋아하지 않니?
    ▶ '~하지 않니?'라는 뜻의 부정의문문은 질문의 형태를 의식하지
    말고 대답의 내용이 긍정이면 Yes, 부정이면 No로 답한다.

12 [보기] 나는 자전거를 아주 잘 탈 수 있다. (능력)
    ① 여기에서 담배를 피우셔도 됩니다. (허가)
    ② 제가 들어가도 될까요? (허가)
    ③ 나는 바이올린을 켤 수 있다. (능력)
    ④ 너 나를 도와줄 수 있니? (요청)
    ⑤ 너 내 부탁 좀 들어줄래? (요청)
    [어휘] do ~ a favor ~의 부탁을 들어주다

13 ▶ ② 능력을 나타내는 be able to의 부정형은 「be동사 + not
    able to」이다.

14 ▶ ② 제안이나 권유를 할 때 쓰는 「Let's + 동사원형 ~」의
    부정문은 「Let's not + 동사원형 ~」으로 나타내며, '~하지
    말자.'라는 뜻이다.

15 ① 나는 너에게 보여주려고 이 책(들)을 가져왔다.
    ▶ this는 단수형 명사를, these는 복수형 명사를 꾸미므로
    these 또는 book을 고친다. (these book → these books
    또는 this book)
    ② 그녀는 자기 지갑을 잃어버렸다.

▶ 명사 wallet을 꾸미는 소유격이 필요하므로 소유대명사
    hers를 소유격으로 고친다. (hers wallet → her wallet)
    ③ 그들은 그녀를 아주 많이 사랑한다.
    ▶ 문장의 주어로 쓰였으므로 소유격 Their를 주격으로 고친다.
    (Their → They)
    ④ 이 가방은 내 가방이[것이] 아니다. 그것은 그의 것이다.
    ▶ my를 my bag으로 고치거나, 소유대명사 mine으로 고친다.
    (my → my bag 또는 mine)
    ⑤ 그는 모든 학생의 이름을 안다.

16 제니는 _____ 서울에서 살아왔다.
    ① 2012년 이래로   ② 대학 때 이래로
    ③ 5년 동안   ④ 10년 전에
    ⑤ 8월 이래로
    ▶ 현재완료형 문장이므로 ④의 ten years ago와 같이 구체적인
    과거를 가리키는 말은 쓸 수 없다.

17 그녀는 요리하는 것을 _____ 않았다.
    ① 좋아하지   ② 즐기지   ③ 사랑하지
    ④ 시작하지   ⑤ 싫어하지
    ▶ ② 동사 enjoy는 목적어로 동명사를 쓴다. like, love, begin,
    hate 등의 동사는 to부정사와 동명사 모두 목적어로 쓴다.

18 메리는 _____ 보인다.
    ① 멋진 (형용사)   ② 늙은 (형용사)
    ③ 행복하게 (부사)   ④ 목이 마른 (형용사)
    ⑤ 매우 바쁜 (부사 + 형용사)
    ▶ look은 보어와 함께 쓰는 동사이다. 부사는 보어로 쓸 수 없다.

19 ① 나는 전에 그를 본 적이 있다.
    ② 캐시는 베를린에 가본 적이 없다.
    ③ 너는 숙제를 끝냈니?
    ④ 수잔은 3년 전에 부산으로 이사했다.
    ⑤ 우리는 오늘 밤에 그 파티에 가지 않을 것이다.
    ▶ ③ 「have[has] + 과거분사」 형태의 현재완료형 문장에서
    의문문은 주어와 have[has]의 자리를 바꾸고, 과거분사는
    그대로 둔다. (finish → finished)
    또는 Have를 Did로 바꾸어 과거시제 문장으로 써야 한다.
    (Have you finish → Did you finish)

20 ① 그녀는 거실에 없다.
    ② 나의 아버지는 병원에서 일하지 않으신다.
    ③ 해변에 사람들이 많지 않다.
    ④ 그들은 함께 설거지하지 않는다.
    ⑤ 나는 오늘 밤에 일찍 자러 가지 않을 거야.
    ▶ ② 일반동사가 현재형이고 주어가 3인칭 단수일 때 부정문은
    「doesn't[does not] + 동사원형」의 형태이다. (doesn't
    works → doesn't work)

21 • 제가 질문을 해도 될까요? (허가)
  • 조금 더 크게 말씀해 주시겠어요? (요청)
  어휘 a little bit 조금
  ▶ ③ 과거형 조동사 could는 '허가'와 '요청'을 나타내는 문장에 모두 쓸 수 있으며 can보다 더 공손한 표현이다.

22 • 그녀는 우리를 위해 저녁 식사를 요리했다.
  • 당신의 도움에 고맙습니다.
  • 우리는 여기에 이틀 동안 머무를 것이다.
  ▶ ⑤ 전치사 for는 '~을 위해', '~에 대해(이유)'의 뜻으로 쓰인다. 또한, '~동안'의 뜻으로 구체적인 시간의 길이 앞에 쓴다.

23 ▶ '…만큼 ~하지 않은[않게]'은 「not as + 원급 + as + 비교 대상」의 형태로 나타낸다.

24 ① 그녀의 아들은 버스로 학교에 간다. (교통수단)
  ② 나는 전화로 표를 예매했다. (수단 · 방법)
  ③ 너는 내일까지 그것을 해야 한다. (완료 기한)
  ④ 그들은 걸어서 그 도시들을 탐험했다.
  어휘 explore 탐험하다
  ⑤ 그는 신용카드로 책을 구매했다. (수단 · 방법)
  어휘 purchase 구매하다 / credit card 신용카드
  ▶ ④ '도보로', '걸어서'의 뜻으로 on foot을 쓴다. 나머지는 모두 전치사 by를 쓴다.

25 [보기] 무대에서 춤추는 소녀는 소피아이다.
  ① 별들은 밝게 빛나고 있다. (진행형)
  ② 그녀는 다리가 부러졌다.
  ③ 우리는 새로운 무언가를 만들고 있다. (진행형)
  ④ 주방은 내 아내에 의해 치워졌다. (수동태)
  ⑤ 그들은 도쿄에 가본 적이 있다. (완료형)
  ▶ [보기]의 dancing은 명사 The girl을 꾸며 형용사처럼 쓰인 현재분사이고, ②의 broken은 명사 leg를 꾸며 형용사처럼 쓰인 과거분사이다. 나머지는 동사의 활용에 쓰인 현재분사 또는 과거분사이다.

26 • 나는 조금 늦을 것 같아.
  • 나는 돈이 많이 없다.
  ▶ minute은 셀 수 있는 명사이므로 앞에 a little이나 much가 올 수 없고, money는 셀 수 없는 명사이므로 앞에 many가 올 수 없다. lots of나 a lot of는 셀 수 있는 명사와 셀 수 없는 명사 앞에 모두 쓸 수 있다.

27 보통, 기차는 차나 버스보다 훨씬 더 빠르다.
  ▶ '…보다 더 ~한[하게]'이라고 말할 때는 「비교급 + than + 비교 대상」의 형태로 쓴다. '훨씬'의 뜻으로 차이 나는 정도를 강조하는 much, a lot, far 등의 표현은 비교급 앞에 쓴다.

fast의 비교급은 faster이고, very는 비교급을 강조할 수 없다.

28 • 거대한 쇼핑센터가 여기에 지어질 것이다.
  ▶ 주어(A huge shopping center)가 행동(build)의 대상이므로 「be동사 + 과거분사」 형태의 수동태를 쓴다.
  • 그녀는 언제 일어날까?
  ▶ 그녀가 일어날 예상 시간을 묻는 것이므로 be going to를 쓴다. be going to가 있는 문장의 의문문은 「(의문사 +) be동사 + 주어 + going to + 동사원형 ~?」이다.

29 ① 물을 많이 마시는 사람들은 건강하다.
  ② 내가 응원하는 팀이 경기에서 이겼다.
  어휘 support 응원하다
  ③ 나는 네가 그것을 더 잘할 수 있다고 생각한다.
  ④ 나는 그가 나에게 진실을 말했다고 믿는다.
  ⑤ 나는 우리가 함께 봤던 첫 영화를 기억한다.
  ▶ ① 주격 관계대명사는 생략할 수 없다.
   ②, ⑤는 목적격 관계대명사로 생략할 수 있다.
   ③, ④는 동사의 목적어로 쓰인 명사절을 이끄는 접속사로, 이때 that은 생략될 때가 많다.

30 A : 정말 날씨 좋다! 우리 소풍 가자.
  B : 너 오늘 일 안 하지, 그렇지?
  A : 응, 안 해. 오늘은 공휴일이야.
  B : 우리 집 근처에 있는 공원에 가는 건 어때?
  A : 그거 좋게 들린다! (그거 좋은데!)
  어휘 national holiday 공휴일, 국경일
  ▶ (1) ⓐ 명사를 강조하는 감탄문은 「What + (a[an]) + (형용사) + 명사 (+ 주어 + 동사)!」의 형태로 쓴다. day가 셀 수 있는 명사이므로 a(n)가 필요하다. (nice day → a nice day)
  (2) ⓓ '~하는 게 어때?'라는 뜻의 제안문은 「How[What] about + 동사원형-ing ~?」를 쓴다. (go → going)

MEMO

대한민국 영문법 교재의 표준

G-ZONE

THE STANDARD
FOR ENGLISH
GRAMMAR BOOKS

G-ZONE 입문편의 특징

Core Grammar
중등 영어를 시작하는 학습자에게 꼭 필요한 핵심 문법 학습

Various Types of Grammar Questions
해당 문법 이해에 가장 효과적인 유형들로 구성된 풍부한 연습 문제

Preparation for School Tests
서술형 주관식을 비롯한 내신 유형과 종합적인 이해를 점검하는
누적 테스트를 통한 실전 대비